基督教文化研究丛书

主编 何光沪 高师宁

二编 第 5 册

追隨論證：有神信念的知識辯護

柏斯丁 著

花木兰文化出版社

國家圖書館出版品預行編目資料

追隨論證：有神信念的知識辯護／柏斯丁 著 -- 初版 -- 新北市：
花木蘭文化出版社，2016〔民 105〕
序 2+ 目 4+274 面；19×26 公分
（基督教文化研究叢書　二編　第 5 冊）
ISBN 978-986-404-514-3（精裝）
1. 基督教哲學　2. 神學
240.8　　　　　　　　　　　　　　　　105001926

ISBN-978-986-404-514-3

基督教文化研究叢書
二編　第五冊　　　　　　　ISBN：978-986-404-514-3

追隨論證：有神信念的知識辯護

作　　者　柏斯丁
主　　編　何光滬 高師寧
執行主編　張　欣
企　　劃　北京師範大學基督教文藝研究中心
總 編 輯　杜潔祥
副總編輯　楊嘉樂
編　　輯　許郁翎
出　　版　花木蘭文化出版社
社　　長　高小娟
聯絡地址　臺灣 235 新北市中和區中安街七二號十三樓
電話：02-2923-1455 ／傳真：02-2923-1452
網　　址　http://www.huamulan.tw 信箱 hml810518@gmail.com
印　　刷　普羅文化出版廣告事業
初　　版　2016 年 3 月
全書字數　260648 字
定　　價　二編 11 冊（精裝）台幣 20,000 元

追隨論證：有神信念的知識辯護
Follow the Argument: An Epistemic Defense for the Theistic Belief

柏斯丁 著

作者简介

　　柏斯丁，本名禤慶文，出生成長在粵北南嶺山中。中山大學哲學學士（1991），哲學博士（2010）。現任教於東南大學，主講邏輯導論、知識論和中西比較哲學等課程。學習和訪問研究的經歷如下：香港道風山漢語神學研究所 / 信義宗神學院（2005 年）；UBC Regent College，Vancouver（2007 年）；Calvin College, Michigan（2008 年）；TCU Brite Divinity School，Texas（2010 年）。

提　　要

　　猶太－基督教信念從起初就面對兩種主要的質疑，第一，有神信念是否為真？第二，有神信念能否在知識上得到辯護？奧古斯丁、聖托馬斯和安瑟倫等思想大家都試圖為此給出肯定的答案。啓蒙運動以降，伴隨世俗化的浪潮，這兩種質疑聲音日益高漲，以致知識界對有神信念有普遍的懷疑。本書作者遵循蘇格拉底的格言──追隨論證，不問結論。本書首先考察有神論證的各個版本和“惡與苦難”的難題，提出有神信念的肯定和否定的答案都沒有確定無誤的論證。然後探討有神信念的知識辯護，重點關注柏亭格（Alvin Plantinga）的保證知識論和反自然主義論證。作者認為，反自然主義論證背後的思路是一種比較優勢下的理性選擇，而啓蒙批判無論何種形式，都有潛在的自我挫敗。本書最後討論多元論和獨一論的信念分歧，指出信念的獨一立場是無法避免的困境，在此困境中需要警惕無知之惡的肆虐。

追隨論證：有神信念的知識辯護
Follow the Argument: An Epistemic Defense for the Theistic Belief

此書大陸版 2013 年由上海人民出版社/世紀出版集團出版

給哲培和哲蘭
愛是永不止息
（《哥林多前書》13：8）

To Jacob and Eva
CARITAS NUMQUAM EXCIDIT
(1Cor 13:8)

序

許志偉

　　看到褟慶文博士這本《追隨論證》，就題目而言，範圍確是非常廣大，正因如此，讓我們看見作者的毅力和勇氣。論證有神論，就要回歸到像柏拉圖那麼遠古的年代，然後從中世紀一直"追隨"至 20 世紀，有神論的論證是多麼的千絲萬縷，作者需要有非常清晰和緊密的邏輯頭腦進入了奧古斯丁、阿奎那、加爾文、笛卡爾、康得、米切爾、史雲賓和柏庭格等大師的思辨中，分析他們的種種論據。這功夫實在博大精深，假如沒有毅力和勇氣是不可能達成的。

　　褟博士在 2007 年來維眞學院參加共同培訓博士生的項目時，就給我們非常深刻的印象。在和同學相處時，他面上常帶著親切的笑容，他待人接物的成熟表現使他很容易成爲同學中的大哥哥，幾乎每週他都很主動地組織同學和他一起討論神學、人類學和哲學的課題。有神論、泛神論、宇宙論、目的論和本體論等，也就理所當然地成爲他們的討論範圍。

　　有神論作爲哲學的一個分支，自中世紀開始就一直被重視，宗教哲學家們認爲他們有責任爲上帝的存在及上帝的工作提供一種理性的、邏輯的，以致人可以明白的理據；褟博士最後從云云的哲學家中選了柏庭格——當代美國著名的分析哲學家以及基督教改革宗的神學家。褟博士追隨他的思路，仔細地分析了各種有神信念論證，並採用柏庭格的模態邏輯概念，論證惡與苦難和上帝的存在並不矛盾，從而建立有神信念的融貫一致性。在進一步建立有神信念的合法知識地位時，柏庭格提出極具原創性的以"保證"爲中心的知識論，在褟博士的書中都有精闢的分析。褟博士在維眞訪學期間搜集了大量的第一手資料，爲他這部著作作準備。在維眞學院，對柏庭格熟識的教授也不少，禤博士在與他們的討論中對柏庭格思想獲得了更深刻的瞭解。

柏庭格的貢獻之一是改革了知識論的論證，對 20 世紀哲學界有深遠的影響。我們期待這本書能夠進一步將柏庭格的思想介紹給中國讀者。

許志偉
2013 年於維眞學院

目次

第一章　導　言

在知識上，人們首先會問一個信念是否爲眞。如可以有普遍接受的一個證明來表明一個信念爲眞，則知識上此信念不容置疑。反之，如可證明一信念爲假，則此信念知識上可不予考慮。這是知識的理想狀態。事實上，有許多信念是難以有無誤的證明來表明眞假的，同時，對這些信念又必須要有一個知識的立場，要作出接受或拒絕的抉擇。這時對一個信念的知識立場，人們如果靠拋擲骰子來決定要站哪一邊，當然是知識上不負責任的表現。第二種選擇是懷疑論，認爲既然無法證明眞假，就索性懸隔判斷。第三種選擇是積極的態度，承認無法證明一個信念眞假的前提下，試圖爲此信念找出接受或拒斥的根據。這就是知識論上所說的信念的辯護，即一個信念是否知識上可靠的，比如是否得到辯護，是否有保證等。一個日常語言的表達即是，一個信念有什麼理由，又或有什麼證據。

有神信念也面臨這兩個問題。首先，有神信念是否爲眞，到底有無猶太一基督教所理解的那樣一個上帝。歷史上有許多人試圖爲此給出肯定的答案，這就有了各種版本的有神論證，其中最爲人熟知的是托馬斯的五路論證和安瑟倫的本體論證。而在啓蒙運動以後，則有許多人認爲有神信念是假的，甚至有如尼采那樣的宣告，"上帝已死"。類似的宣稱從者甚眾，但鮮有學理上完整的論證。學理上對有神信念的眞最有力的質疑，依然是古老的惡與苦難的問題。有神信念面臨的第二個問題是知識上是否可靠。這種知識上對有神信念的質疑以多種方式出現，如有無證據，是否融貫一致，能否得到辯護，有無保證等。這些不同的質疑方式背後是對知識的不同理解，是不同的知識圖景。這些圖景有證據主義，融貫論，保證的知識論等。

本書即是要討論這兩個問題：一有神信念是否為真，二有神信念知識上是否可靠。此書將要論證，從論證的角度而言，有神論證和反有神論證都沒有一個決定性的結果；而從知識論的角度看，有神信念不僅可以得到辯護，還比與之相對的其他信念體系有優勢。在開始之前有必要作些界定。這裏所說的有神信念，是指猶太—基督教傳統中所認信的上帝，即是他們所相信的那位創造了世界和人類的上帝，即亞伯拉罕、以撒和雅各的上帝。這個上帝是有智慧、有能力並有愛心的一個位格，他創造並掌管世界進程。作這樣的界定是必要的，因為上帝這個概念雖然曾經很明確，但這個概念在後現代的今日有太多不同的理解。

關於有神信念的兩個問題，其歷史淵源久遠。這個導言要回顧一下思想史的背景，將簡述啟蒙運動以來對有神信念的各種批判，以及哲學—神學家們對這些批判的回應，並介紹近幾十年來基督教哲學的復興。並將回顧一下華語學界的基督教思想史，指出對於有神信念教義的基本主題，一直都鮮有深入探討。華語學界現處在重新理解西方傳統的時刻，而直面有神信念基本問題，乃為匡正百年片面接受西方思想的關鍵。

（一）反有神五路論證

對有神信念知識上的質疑，啟蒙運動以後則在知識界有廣泛影響。這些或從真的角度，或從知識地位的角度對有神信念的質疑，和啟蒙運動的精神一脈相承，可以稱之為啟蒙批判。這些批判出發的角度各不相同，但結論都認為有神信念或者是假，或者知識上有缺陷。這些批判大致有五類，對比聖托馬斯的五路論證，權且稱之為反有神五路論證（Five Ways of Atheological Argument）。

一為哲學的質疑。笛卡爾、休謨和康德等人是這方面的代表。他們直接質疑了猶太—基督教的上帝的概念，如笛卡爾設想了最高的存在有可能是個狡詐的惡魔[1]，休謨則認為上帝有可能是個拙劣的工匠[2]。休謨還深入討論了惡的問題，認為惡的存在足可表明沒有全知全能全善的一個位格。休謨還試圖論證神跡都是虛假的。康德在這方面為人所熟知的是《純粹理性批判》中對

---

1 笛卡爾：《第一哲學沉思錄》，龐景仁譯，北京：商務印書館，1998，第 20 頁。

2 David Hume, *Dialogues Concerning Natural Religion*, Part V（1779）in *Philosophy of Religion*, ed. Eleonore Stump and Michael J. Murray, Malden（MA: Blackwell Publishing, 1999）.

有神論證的批駁。其中重點是對笛卡爾版本的本體論證的反駁，提出了"存在不是一個謂詞"的命題。這個命題對後來的分析哲學有重要影響。康德沒有直接論證有神信念爲假，但從此以後人們常引用他來支持對有神信念的反駁。這些反駁所圍繞的主題，就是有神論證和惡的問題。這是此書第一部分處理的主題。

　　第二種批判和《聖經》文本研究和歷史考據有關。信徒對《聖經》的傳統理解，最好的表述是在保羅書信，《提摩太后書》3：16 就明確，"《聖經》都是神所默示的，於教訓、督責、使人歸正、教導人學義都是有益的，叫屬神的人得以完全，預備行各樣的善事。"千百年來教會和信徒都是如此理解《聖經》，認爲這不是個普通文本，而是上帝的啓示眞理。對《聖經》文本的批評肇始於斯賓諾莎的《神學政治論》。斯氏出身拉比世家，精研《聖經》。但他沒有如先祖之願，成爲一個拉比，相反他成了一位叛教者，被逐出猶太會堂。其中原因，就是他對《聖經》的熟悉不僅無助堅固他的信仰，相反動搖了《聖經》乃神所默示的這一信念。他根據自己的研究，指出《聖經》中許多可疑和自相矛盾之處[3]。在他的時代，斯氏不可能直白否定信仰，但人們不難發現他既不承認《聖經》也不承認亞伯拉罕的上帝。他的上帝等同於自然。考慮到 17 世紀沒有完備的工具書，更沒有電腦檢索和統計等技術，斯氏的研究成果在當時是驚人的。儘管從今天的《聖經》研究來看，斯氏所論問題，大多已有很好的解答，並無損《聖經》權威。

　　斯氏影響深遠。其後《聖經》考古學的興起，人們對古代世界有了更多的瞭解。史料和證據自己並不說話，但不同的人則有不同的解釋。固然有學者認爲歷史考據是印證了《聖經》的啓示，與此相對，則有學者認爲歷史考據支持了《聖經》爲普通文本的觀點。後者的觀點魏豪森（Julius Wellhausen）有集大成之作[4]。這本 1878 年出版的著作，名爲《以色列古史導論》，就是 Prolegomena。名爲 Prolegomena 的書，一般是指康德的《任何一種能夠作爲科學出現的未來形而上學導論》。此書是《純粹理性批判》的先行簡寫本，康德要通過 Prolegomena 此書完成哲學的哥白尼革命，使形而上學成爲科學。魏氏對康德有樣學樣，很明顯是胸有大志。魏氏要完成的是《聖經》研究的革命，

3　斯賓諾莎：《神學政治論》，溫錫增譯，北京：商務印書館，1963。

4　Julius Wellhausen, *Prolegomena to the History of Ancient Israel*（Wipf & Stock Publishers, 2003）.

即要建立符合科學的《聖經》研究。魏氏為神學教授，而這屬於神職人員。在出版他的名著後，辭去了哥廷根神學教授職位，從此只以世俗的哲學教授身份任教。他為此發了個聲明，說明自己不能再持有原來的信仰。此舉不失為誠實君子。後來大有影響的 JPED 舊約四底本說，在此書得到完整闡述。這些《聖經》批判要建立的結論就是，《聖經》非為上帝默示，乃為人手編撰的文本，底本就是新月地帶至埃及的廣大古代世界多神文化中的眾多宗教典籍。

在 19 世紀末和 20 世紀大部分時間，這種《聖經》批判幾乎都是學界主流，尤其是自由派神學。近幾十年《聖經》研究出現了新動向，對以往成見提出了質疑。儘管底本說等“科學”在相關學校課程裏還是必有的內容，現在人們只把它作為一種解釋的假說，而非魏氏所標榜的科學。這其中有兩點尤其引人注意。一是《聖經》考古的進展，證明《聖經》所載的精確無誤。其二，很多學者則從《聖經》文本的獨有（Uniqueness）特性來論證，《聖經》的這種獨特性，不是單純的人手編撰所能解釋的，而恰當的解釋，就是上帝的啟示。比如，聖約的主題貫穿新舊約全書。這個聖約可以追溯到創世時上帝給人的權柄，到逐出伊甸園時對人的判詞，再到諾亞方舟的彩虹之約，到亞伯拉罕的“萬國要因你的福”，再到與大衛和所羅門的約，直至先知預言上帝的新約，和耶穌所設立的新約。其中一個慈愛信實的天父，從沒有改變。新舊約各卷書時代作者不同，但這聖約背後所傳達的上帝的形象是始終一致的。若說這純為偶然，實在牽強。而信徒正是基於這樣的理由，認為《聖經》是神所默示的。

三為科學主義的興起。近現代科學逐漸展示的力量對人類的信仰傳統構成直接的挑戰。對很多人而言，體驗了聲光化電的威力後，很難再相信新舊約的神跡奇事。許多哲學－神學家都持此觀點，比如布爾特曼（Rudolf Bultman）就對此有深切感受，完全無法接受奇跡之說。法國大革命時，革命者在巴黎街頭豎立了“理性”女神像，要以理性來代替上帝。實證主義的前驅孔德晚年致力於建立“人性宗教”。他設計的這種宗教有基督教的幾乎所有形式，但都置換了其中內容。這新宗教有崇拜，但不是拜上帝，而是拜人性。教堂裏也有聖像，但不是天使和聖徒，而是如盧梭和康得這樣的傑出人士[5]。孔德甚至設計了新曆法，不再以耶穌降生為紀元之始，並以啟蒙人士來命名十二個月。而孔德自己則是這“人性宗教”的教皇。

5　William Lawhead, *Modern Voyage*（Wadsworth/Thomson Learning, 2002）, pp.436-437.

　　在科學主義興起之前，西方世界只有猶太─基督教提供一個完整的世界觀。雖然對教義一直都有各種不同聲音，但全盤拋棄有神信念並以另一種信念代替，這在啓蒙之前的時代是不可想像的。所以科學主義的出現對整個思想界有極大的震動。人們發現對世界的解釋可以有另一選擇。科學主義成爲一種系統的世界觀，有三種重要的影響來源，分別來自馬克思、達爾文和佛洛伊德。馬克思確立了一種客觀科學爲基礎的世界觀，以科學解釋所有現象，不再需要宗教。達爾文則以進化論補充了馬克思學說，解釋了世界和人的來龍去脈。這是科學主義取得普遍認同的非常重要的一步。在此以前，科學解釋的現象畢竟只是聲光化電，沒有解釋宏觀的世界和人類的起源。儘管如此，對世界的認識不等同對人自己的認識。難道人類歷史上的信仰都錯了？如果真錯了，那根源又在那裏？馬克思以“鴉片說”來從政治經濟角度解釋人的迷信來源。佛洛伊德的學說則更進一步，從人自己的腦子深處的潛意識，解釋宗教源自人自己的願望滿足。至此，科學主義理論上有了完整的體系，提供了一個關於世界和人類的完整解釋。這不僅僅是在以往基督教義之外提供多一個選擇，而是選擇了科學主義就必然否定有神信仰。這種完整的世界觀，在 20 世紀成爲哲學界的主流，即自然主義。

　　第四種批判是社會經濟和文化批判。啓蒙以來，百科全書派和伊拉斯謨等對教會多有冷嘲熱諷，主要是針對天主教的積弊。到了馬克思，批評就變得理直氣壯。到了尼采，對教會的批評就變成了痛斥。而到了羅素時代，反教會成爲知識界的普遍態度。總的來說，這些都是宗教現象批判，精確些說，就是對教會的批判，針對的是教會的種種醜聞陋習。羅素大有影響的著作，《我爲什麼不是基督徒》，很多人認爲證明了有神信念是假的，但這本書可以說是作者的個人見證，並沒有學理上完整的論證。

　　人們對教會的痛斥並非空穴來風。歷史上的種種錯誤自不待言。到了現代，教會似乎也沒有長進。納粹和法西斯清除猶太人時，歐洲大陸的多數大教會都成爲幫兇，巴特、潘霍華（Bonnhoeffer，又譯爲朋霍費爾）等人後來雖有大名，當時所代表反納粹的教會卻是極少數。不僅如此，教會本來是傳統美德的守護者，如今教會卻似乎以引領時代潮流爲己任。西方的大教會都爭先恐後追趕後現代潮流，惟恐趕不上時代先鋒，惟恐想像力不夠豐富。在神學院裏，《聖經》不可靠，上帝是個女的，耶穌和他的十二使徒是個同性戀團體等等論點，早已不出奇。而保羅身上那根著名的刺（2 Cor 12：7-8），以前人們一直不知這寡人之疾究為何物，後現代啓蒙人士找到了正解，原來這是保羅所苦惱的自己的斷袖之癖。更吸引人的理論有待你去大膽假設，無須小心求證。不要說按立女牧師，按立同性戀者為神職人員都已為大教會的主流。家庭觀念不再神聖。神父牧師的穢聲醜聞此起彼伏。對比傳統的基督教價值觀，非常反諷的是，現在西方很多神學院裏，恰好是男女同性戀猬堆的地方。很有可能，正是由於這後現代信念，無所不可（anything goes），田立克等雖為神學教授且是按立牧師，生活風格卻瀟瀟無礙。教會的墮落也不能一味怪罪自由派。巴特號稱改革宗新正統，是保守派的神學代表，也曾牧會多年，好作咆哮怒吼的佈道，生活風格似乎也相當後現代[6]。你如果是個保守信徒，也許會咂舌掉眼，這並不妨礙眾多先鋒人士對此頗為激賞，津津樂道[7]。人們對基督教假冒偽善的指責可不是無中生有。有個流行的笑話說，天堂裏什麼人都有，惟獨沒有神父牧師。這句玩笑也許有些過頭，但至少，天堂沒有這些後現代大師恐怕是可以確定的，因為，他們對天堂本來就不在乎，恐怕還覺得天堂無趣乏味，避之不及。

從信仰角度來看，教會有種種弊端並不為奇。基督教義重要的一點就是對人性的悲觀，如保羅所斷言的，"沒有義人，一個也沒有"。教會既然由罪人組成，當然就不免有缺點。這不僅是基督設立教會後才有，早在舊約時代，以色利人就有各種問題，以致先知們不斷指責以色列。因此，社會和經濟文化批判和基督教義是否為真沒有直接的聯繫，儘管許多人把這些批判作為權威，來印證有神信念的教義為假。對於本書所關注的哲學論證而言，這些批判可以忽略。

第五是邏輯實證主義的反宗教批判。分析哲學興起後，邏輯實證主義在 20 世紀上半葉有重大影響。儘管邏輯實證主義的陣營裏，維也納小組等主要的成員之間立場有很大差別，一般認為邏輯實證主義的一個最重要的原則就是

---

6 田立克和巴特大名如斯，他們的傳紀資料自是汗牛充棟，生活軌跡後人追述甚詳，僅舉兩書：

Suzanne Selinger, *Charlotte von Kirschbaum and Karl Barth: a study in biography and the history of theology*（Pennsylvania State University Press, 1998）.

Hannah Tillich, *From Time to Time*（Stein & Day Publishers, 1973）.

7 巴特幾十年一個屋簷下兩個婦人伺候，處之泰然。有些辯護說巴特和他的學生 Charlotte von Kirschbaum 是純真柏拉圖的精神戀愛，但巴特在《教會教義學》第三卷 "論創造" 有給她的致謝詞，說她讓他真正明白了何為有一個 "Helper"，這即是上帝為亞當造夏娃時候所說的話，中文和合本譯為 "配偶"。

有意義的命題必須是可證實的，即可還原到無誤的邏輯—數學的眞和原始的不可錯的經驗。艾耶爾等人正從此來指責所有神學和形而上學都是無意義的[8]。

這就是後來學界關注的宗教語言之可能。能否言說上帝，又或以何種方式言說，乃古老問題。然而，猶太—基督教傳統中，言說上帝乃頭等大事，雖知其難而不能不爲之。概而言之，言說上帝有幾種理論。其一爲否定式，認爲言說上帝僅止於說其不爲何物，而不能說其爲何物。其二爲類比說（Analogy），以人所知之事，類比上帝。如人有能力有意志，由此可類比上帝亦有能力有意志。又如，"耶和華是我的牧者"，"慈愛的天父"等。此說淵源久遠，爲聖托馬斯所倡，在大公教會奉爲權威。其三指言說上帝乃象徵，或曰隱喻（Metaphor），又或曰模型。此說本自教會釋經傳統。如《聖經》中所載，"上帝是光"，基督爲"獅子"又爲"羔羊"，此中所言上帝，均可視爲隱喻，而非字句本義。類比與隱喻似界限難分。根據許志偉的界定，類比乃爲兩者有同"類"的性質，如上帝和父親；隱喻乃爲兩者非同"類"，如上帝和獅子非爲同類，僅以獅子之威猛隱喻上帝權能[9]。宗教改革之後，《聖經》無誤之說大行，以經文本身字義釋經乃成保守教會之共識。現代神學家則多采象徵等說，不承認文字本義的上帝言說。田力克即爲代表，他的上帝乃"終極關懷"，又或"全然他者"。宗教語言不能把握上帝之實在，僅可得其表徵。

以往言說上帝，雖爲艱難，尚可"強名之"，20 世紀言說上帝則有更大困難。邏輯實證主義宣告所有神學皆爲廢話（nonsense），維特根斯坦則認爲上帝爲不可言說，故當沈默。維氏後期甚至認爲，如說我們知道有他心（Other Mind），實爲不負責任。上帝作爲　個他心，當然也無從知曉，更無從言說。在此背景下，二戰前後哲學—神學家乃群起應之。除田力克等人的象徵說，牛津則有蘭穆賽（Nolloth Professor Ian Ramsey）所主倡之模型說。又此類現代神學，爲宗教的反實在論，不承認"上帝"所指稱者爲實在，也不承認一個位格的上帝，即，他們不承認傳統的亞伯拉罕的上帝。沃特斯多夫（Nicholas Wolterstorff）追憶二十世紀五六十年代時說，那時神學-哲學家們認爲我們能談的僅是"關乎上帝的談論"（God-talk），而不能談上帝[10]。

8　Afred Ayer, Language, Truth, and Logic（London: Gollancz, 1936）.
9　許志偉，《基督教神學思想導論》，北京：中國社會科學出版社，2001，第 11 頁。
10　Nicholas Wolterstorff, "Then, Now and Al" in *Reason, Metaphysics and Mind*, ed. Kelly Clark and Michael Rea, Oxford University, 2012.

　　然而，我手上多種近二十年來的宗教哲學文選，幾乎沒有收錄此類有關宗教語言的論文，而宗教哲學的導論亦鮮有論及言說上帝的問題。過去幾十年，宗教哲學最重要的刊物是 Journal for Philosophy of Religion，可以代表宗教哲學的動向。朗（Thomas Long）曾長期擔任主編，他在 1995 年編輯出版了此刊的新論文，在導論裏，他就回顧了此刊物的歷程，著重提出，1980 年代以降，宗教語言的論文就急劇減少。[11]當年之顯學至今日之式微，學術俗諦（fashion）之變，誠令人有三十年河東河西之慨歎。究其原因，先有另一位牛津諾羅斯教授斯溫伯恩（Nolloth Professor Richard Swinburne）論證對上帝之言說是融貫一致的（coherent）[12]。又有阿爾斯頓（William Alston）在語言哲學中力辯對上帝的言說，用文字本義（literal）也沒有問題[13]。後有柏亭格對反實在論宗教學說的征討，爲言說上帝爭取知識的合法地位[14]。人無法言說上帝之宣稱，儼然已成哲學的僞問題。

　　學界雖不再談論人不能言說上帝，但那邏輯實證主義的知識觀念還在。這種對信念和知識的理解，其實是沿襲一個久遠的傳統，即是從洛克等人開始的古典基礎主義。本書將討論這種知識論。

（二）對啓蒙批判的三種回應

　　縱觀以上的各種啓蒙批判，大致又分爲兩類，一是質疑有神信念是否眞，二是指責有神信念（基督教）是迷信，是沒有科學依據的，是沒有證據的信念，是心理安慰或精神鴉片，等等。面對啓蒙批判，基督教神學上的三種回應，且把他們看做三兄弟，分別命名爲投降（Mr. Surrender），妥協（Mr. Compromise），堅守（Mr. Stick-to-his-gun）。第一種之所以稱爲投降的立場，是因爲其中的人們對信仰的理性辯護絕望了，他們向啓蒙批判俯首稱臣。這種人又分爲兩種，一種就改宗變成了無神論者，另一種走向神秘主義，或者追求在玄思冥想中與上帝的神秘相遇，又或者如齊克果和巴特那樣的唯信論（fideism），認爲上帝的奧秘非理性所能知曉，在理性和信仰之間劃道鴻溝。信仰是完全無關理性的，直接來自上帝的啓示。因此，他們否定所有理性角度的批判與自己相關。當然，他們也不認爲自己所信的需要理性的支持。從

11　Eugene Long, *God, Reason and Religions*（Kluwer Academic Publisher, 1995）, p.10.

12　Richard Swinburne, *The Coherence of Theism*（Clarendon Press, Oxford, 1977）.

13　William Alston, *Perceiving God*（Cornell University Press, 1991）.

14　Alvin Plantinga, *Warranted Christian Belief*（Oxford University Press, 2000）.

某種意義上說，這種態度其實是一種放棄，一種投降，把理性的力量拱手相讓。他們痛斥理性高舉信仰的嗓門很大，但心底恐怕是不安和恐懼。說到底，他們這種立場也是需要說理辯護的。說理說不過別人，就把理性貶得一文不值，這算什麼呢？宣稱自己就是真理，就是正確，神學家和潑婦罵街還有什麼區別呢？巴特及其同道雖言辭犀利，聲音很大，卻恐怕掩蓋不了心底的膽怯，不敢直面啓蒙批判。嗓門大不代表強大，這其實是投降繳械。他們從來沒有正式反駁過啓蒙批判，甚至沒有嘗試。因為他們心底就在狐疑不定。巴特他們處在一種緊張和衝突中，一方面對科學和啓蒙批判心懷敬畏，另一方面感情上不能放棄信仰。這種劃界的立場，實為自相矛盾。換句話，巴特他們這種態度其實是說，即使啓蒙批判有道理，也和我無關，我還是信我所信。

但這兩者真是無關嗎？如果啓蒙批判的自然主義立場是對的，那麼信仰就是謬誤，反之亦然。世上沒有圓的方。你如果承認啓蒙批判有道理，就要放棄信仰，不然你就是自相矛盾。這兩者不是沒有關係，而是非此即彼。鴕鳥把小小腦袋埋到沙土裏，不能使自己的龐大身子安全，同樣，單靠宣稱信仰與理性無關，也不能讓哲學─神學家住進磐石山寨。這裏要說明一點，對於巴特，我大致是依照一般的解讀。如講神學的課程，通常把他列為唯信派。這種解讀也許有些簡單化。我著重的是巴特他們那個時代對科學和啓蒙批判的敬畏（這種敬畏恐怕還廣布於中國知識人中），這一點是他們的時代脈搏，是理解他們的關鍵所在。一言以蔽之，他們對上帝所賦予的理性沒有信心。近幾十年的基督教哲學的一件大事，就是打破這種魔咒（Spell）。

第二種回應是自由派神學家的妥協。他們或多或少承認啓蒙批判的一些內容，特別是相信現代科學已經證明沒有一個位格的上帝，但他們同時認為宗教生活和信仰不能等同。他們認同教會傳統的價值和組織，並認為這些價值和組織對現代社會依然重要。在他們看來，基督教是個不錯的慈善機構，叫人向善，還照顧鰥寡孤獨。換個應時之語，他們認為宗教有利於建設和諧社會世界大同。換言之，他們不再相信上帝，但認為在現代社會世風日下的環境中，教會的價值和組織對此大有裨益。因此這些自由派神學家關心並宣揚社會福音，希望以此來改造社會造福人群。這些哲學─神學家由此而心裏得到極大優越成就感，因他們成了柏拉圖的哲學王，以謊言來餵養滿足這些尚未啓蒙的無知大眾。而他們閃閃爍爍高深莫測的磚頭著作，字面的意思是給無知大眾看的，下面其實都隱藏了密碼，這密碼只有啓蒙人士方能破解。

象牙塔裏回蕩著啓蒙精英的竊竊私語，清晨的風裏，就連小鳥都在展翅飛鳴，幫忙傳遞一個只有精英才聽得明白的龐大秘密：non est Deus! non est Deus!（沒有上帝）（《詩篇》14：1）由於自己都不信這些怪力亂神的清規戒律，他們生活風格瀟灑無礙就不足爲奇。象牙塔裏遍佈了斷袖之癖和薩福早已是公開秘密了。後現代諸大師如福柯者，可不是徒有理論的行動矮子，他們身體力行，求仁得仁，歡樂至死。

自由派神學更進一步，認爲信仰需借助於理性和科學來得以延續，來重新闡釋信仰，使其能適應時代的變遷。如施萊馬赫（Friedrich Schleiermacher），布爾特曼，田力克，德日進（Teilhard de Chardin），希克（John Hick），科布（John Cobb Jr.）等人。其中最主要的一個潮流就是神學家們普遍淡化甚至否定基督教的要義，或保留其名目，卻賦予其完全不同於傳統的意義。把傳統教義以現代的觀念和科學知識來解釋，讓業經啓蒙的現代人能夠接受。這其中的典型是布爾特曼，他的理論的要點是解神話，認爲《聖經》中所載奇事神跡都無外乎神話傳說，可以用現代的觀念和科學來解構。其中最出名的當然是對耶穌奇事神跡的解構，比如，五餅二魚喂飽五千人，其實非也，而是大家那天包裏都裝得滿滿的，他們被耶穌的五餅二魚的愛心所感召，或者是看見他拿出了全部身家，自己也就不好意思，也都將自己食物拿出來分享，所以喂飽了五千人。如此等等。對很多神學家來說，上帝早已不是亞伯拉罕、以撒和雅各的上帝，而是那不可捉摸的道或終極實在。田力克（Paul Tillich，又譯爲蒂利希）厚厚三大冊的《系統神學》裏，信仰也不再是對那三位一體上帝的委身，而是一種終極關懷，不管這關懷的是什麼。

這種對上帝重新命名的時尚潮流，有時會遭遇有趣故事。奎因（Wilard von Quine）也許是公認 20 世紀最重要的哲學家，至少在英美傳統的哲學界是這樣。奎因也是舉世皆知的無神論者。有一天田力克這來自大陸的神學大師和奎因相遇了。田氏是信義宗的按立牧師，也許是要傳講福音，兩人談話中，大師說奎因不能算是無神論者，因爲他所孜孜以求的邏輯和哲學就是終極關懷，就是他的上帝。作爲邏輯大家的奎因對此的回答很簡潔，他說，"我反對用定義來交談"[15]。既然奎因所追求的邏輯和哲學可以定義爲上帝，那麼，對於那些時代先鋒來說，當癮頭上來，要死要活找大麻，他們所追求的忘我

15　Paul Edwards, Timothy J. Madigan, *God and the Philosophers*（Prometheus Books, 2008）.

之境無疑就是他們的神靈了。如果一個工薪階層，他的女朋友對結婚的要求是要有房子，他朝思夜想的房子大概就是他的上帝了。依此類推，上帝可以定義爲裏衣外衣，眼霜臉霜，汽車汽水，啤酒紅酒，當然，也可以定義爲我家小孩所渴慕的萬聖節糖果。這些都是他們的終極關懷。我沒有興趣去查考田氏是否還相信天堂，如果他相信，大概他的天堂裏聖徒會與無神論者同住，稱頌耶和華的會與詛咒上帝的沒有區別，當然，那些拜土地財神瑪門巴力等等的，以及迦南人、埃及人甚至所多瑪人，殺人放火，草菅人命，都會在天堂有一席之地。隨心所欲，無所不能（anything goes），這也許就是，人類不僅是現代化了，而且還後現代化了。如田力克這樣的相當多哲學—神學家接受自然主義的本體立場，認爲沒有獨立於物質的精神實在，因此上帝和人都被理解爲物質所構成，而靈魂不過是物質和能量的一種組合。

第三種回應是堅守理性的立場，堅持信仰尋求理解的合理性。這就是基督教哲學和分析傳統的結合。1955 年出現的一本文集，《哲學神學新文集》（New Essays on Philosophical Theology）[16]，可以視爲一個新開始的標誌。這本文集第一次集中了多位神學—哲學家，以分析新工具來重新處理古老的神學主題[17]。從那以後基督教哲學開始復興。參與其中的主要兩大力量是改革宗知識論和當代的自然神學。兩者側重不同，但都以理性來爲信仰作辯護。兩者的大致分別在於，改革宗無意直接論證信仰的要義爲真，僅著眼闡明各種反駁都不成立，而信仰在知識上也是無可指責的；而自然神學的目標則是直接要論證信仰的要義爲真。

（三）基督教哲學的復興

上面提到地三種回應，前兩種立場基本是歐陸學界，而分析方法和基督教哲學的結合主要發生在英美學界。從這裏可以看到戰後西方思想的分野。歐陸學界不再關心傳統問題，也許是絕望或信心不足。他們轉而關心社會政治和文化問題，以及文藝批評。英美學界主流則依然關注傳統主題，並結合了分析新工具。

---

16 Athony Flew, Alasdair MacIntyre, eds., *New Essays in Philosophical Theology*（London: SCM Press, 1955）.

17 2005 年此書出版五十年之際，劍橋出了一本紀念文集，Andrew Dole, Andrew Chignell, eds. *God and the Ethics of Belief*（Cambridge University Press, 2005）。此書介紹了 *New Essays* 的影響和五十年來基督教哲學的變化。

關於基督教哲學的所指，這裏作點說明。這確實有名堂之爭，海德格爾及其追隨者甚至認爲這個名稱很荒唐。我所指的很明確，就是指一些傳統的基督教教義所涉及的主題，如有神論證，惡的問題，三位一體，神人二性，神的屬性，上帝與時間，基督救贖等等。當代的處境下，還有一些新的主題，如多元論與獨一論之爭。在英語學界，這些主題的討論也常列在宗教哲學的課程和書刊裏。國內也常有些無謂的名堂之爭，如漢語神學，大家爲此名堂爭論費神頗多。應該留意的是具體思考了什麼主題，提出了什麼論證，至於稱謂標籤，並不重要。上面所提的主題，沒有什麼證據表明這些是僞問題，也沒有哪位大師提出了什麼好論證來全部否認之。至於他們要用什麼後現代新名堂來指稱這些主題，那是他們要操心的了。但用基督教哲學的名稱來指稱這些主題，我想是比較符合傳統和常識的。

前面提到了基督教哲學的復興主要代表是改革宗知識論和新自然神學。兩者的分野淵源久遠，可溯源至保羅《羅馬書》的恩典與小學，及教父時代的雅典與耶路撒冷之爭。這也就是理性與信仰的區分，也就是學術史上通常區分的基督教思想的兩種主要傳統。奧古斯丁常被看做是信仰傳統的代表之一。理性的傳統則形成了後來的自然神學，並在阿奎那達到了頂峰。自然神學相信理性可以服務信仰，並力圖藉之證明信仰之眞理。這種努力最爲人知的就是阿奎那的有神信念五路論證。阿奎那思想後來成爲天主教神學之圭臬。而奧古斯丁的信仰傳統則在宗教改革時爲加爾文等改革之父所秉承，後來即形成改革宗。

基督教哲學的復興，改革宗知識論和當代自然神學都一同採用了分析方法，但目標卻不同。改革宗知識論人稱爲否定的，並無意論證信仰要義爲眞，而是反駁對信仰的責難，論證這些攻擊都不能成功證明有神信念爲假。另一方面，要爲信仰爭取知識地位，論證雖然有神信念不能有命題的證明爲眞，知識上也是可靠的。反駁各種對信仰的攻擊，並爲信仰作知識辯護成爲改革宗知識論的主要任務。

當代的自然神學則沿襲阿奎那傳統，依舊以論證信仰眞理爲己任。這其中最重要的代表是斯溫伯恩，人稱當代的阿奎那。斯溫伯恩自述他早年就立志要以當代的科學體系爲基準，去論證信仰的眞理[18]。他認爲科學的體系是先

---

18 Richard Swinburne, "The Vocation of a Natural Theologian" in *Philosophers Who Believe,* ed., Kelly James Clark（InterVarsity Press, 1993）.

建立假設，然後才去驗證。與此類似，信仰真理也可由此途徑得到確證。他提出的累積論證，力辯有神信念為真的證據壓倒性地勝過自然主義，上帝道成肉身和基督復活的幾率高達 97%，而現代科學的一些理論遠遠達不到這個標準[19]。

拉茲齊（Del Ratzsch）從智慧設計的角度來為有神信念辯護。他提出，何為科學這個問題一直沒有一個明確的說法，而反對智慧設計的人總堅稱設計的概念不符合科學標準。這就是科學的合法性標準（Criterion Of Scientific Ligitimacy）。到底成為科學要有一個什麼標準？一種理論如何就可以合法地稱之為科學？拉茲齊考察了科學標準的概念，如體系協調一致，可預見可測試，理論簡潔，等。他指出，按照這種標準，智慧設計論可以成為科學。[20]當然，你也可以不承認這種標準，但那樣就要放棄許多所謂的科學。

自然神學傳統深厚，從者甚眾，他們在更廣的範圍復興信仰的要義，以嚴謹的學術重新挖掘闡釋曾被邏輯實證主義譏為無意義的主題，如道成肉身，三位一體，身體復活，童真懷孕，等等。

經過半世紀的努力，結果是驚人的。總體上說，有神信念已經成功地為自己的理性地位辯護。尼采、羅素、佛洛伊德和布爾特曼等人曾理直氣壯的以理性名義來指責有神信念，這時代已經一去不返。其次，具體的有神信念的主題，如有神論證、惡與苦難、道成肉身等，在半個多世紀裏，也取得突破的進展。一些錯誤的觀念由此得到更正。如以前都認為康得一舉挫敗了各種版本的有神論證，而安瑟倫《宣講》（Proslogia）第三章的復活則打破了這神話[21]。又如自然主義和進化論的結合以前普遍被看做科學的代名，現在則發現其有潛在的自我挫敗[22]。又如，道成肉身和基督神人二性的教義，被啓蒙人士譏為荒唐矛盾，但邏輯學—哲學家莫里斯（Thomas Morris）為此教義作了成功的辯護。[23]

基督教哲學復興還有一個顯著的特點，就是參與其中的學者都是訓練有素的分析哲學家，許多人的影響不限於基督教哲學，如柏亭格就在知識論、

---

19 Richard Swinburne, *The Resurrection of God Incarnate*（Oxford: Clarendon Press, 2003）.

20 Del Ratzsch, *Nature, Design and Science*（Albany: SUNY Press, 2001）

21 參見本書第三章。

22 Alvin Plantinga, *Warrant and Proper Function*（Oxford University Press, 1993），chap 12.

23 Thomas Morris, *The Logic of God Incarnate*（Ithaca: Cornell University Press, 1986）.

模態邏輯和形而上學方面都有貢獻。同時他們又都是委身教會的信徒，對基本教義深切認信，對整個基督教學術的傳統都非常熟悉。對他們而言，學術與信仰生活沒有衝突。正是這些新生代學者使基督教哲學重新確立在學術界的地位。柏亭格回憶他在五十年代的求學時光，那時基督教哲學不要說有學術地位，連有無這名堂也很為人質疑，在學界更遑論有人承認自己的信徒身份。1978 年，在柏亭格和阿爾斯頓等改革宗哲學家倡導下成立了一個興趣組織，這就是基督徒哲學家協會（Society of Christian Philosophers）。現在這協會有一千多位會員（也許是哲學界最大的興趣組織）。這個協會的會刊是《信仰與哲學》（Faith and Philosophy），現成為最重要的基督教哲學刊物[24]。本書的研究借助改革宗知識論，尤其是柏亭格（Alvin Plantinga）的工作。[25]

（四）華語學界與基督教思想

下面簡介華語學界在基督教思想上的歷程。通常中國基督教歷史溯源至貞觀九年（公元 635 年），這記載在《大秦景教流行中國碑》，現依舊藏於長安碑林，證據確鑿，無可置疑。當時所稱景教，普遍認為是起自早期教會的聶斯托裏派。如今不少學者認為此說不妥，景教應為當時敘利亞地區教會的一個分支教派。唐室對景教禮遇甚厚，宰相房玄齡親自迎駕，並得敕許建堂宣教。當然基督教大有可能遠在貞觀之前就已在中國了，理由很簡單，建堂宣教和樹碑立傳之事肯定是不可能甫一到達就可以作的。這些表明景教已在中土立穩腳跟。基督教到達中國最早在什麼時候？沒有一個明確的答案。但有考古表明，漢朝已經有些碑上有《聖經》記載故事[26]，三國孫吳時則有出名的赤烏十字架。此十字架在洪武年間出土，晚明的耶穌會士對此非常關注。

---

24 Kelly James Clark, *Philosophers Who Believe*（InterVarsity Press, 1993），pp.9-10.

25 這個名字翻譯不一，我所見過的就有普蘭丁格，普蘭亭珈，彭定加。最早介紹 Plantinga 來中國的許志偉博士，把 Plantinga 譯為柏庭格。我第一次見此譯名，大為激賞。音韻和諧，還傳承柏拉圖。我稍作改動，譯為柏亭格。此乃取王陽明亭中格竹之典故。陽明當年從"大學之道，在明明德"讀到"致知在格物"，他想聖人既然教導修齊治平的起點是格萬物之理，那就當身體力行。他決定先從亭前竹子格起。他果然端坐亭中，格這竹子之理。七天七夜，竹子之理未圓，大病一場。陽明從此悟得，朱子所教的格物功夫端非成聖功夫。他後來提出了直指本心滿街聖人的致良知之說。陽明與柏氏，東西千萬裏，古今五百年，所論固然大相庭徑，但陽明問學的勇猛精進，和柏氏追隨論證之精神頗為契合。

26 《江南時報》2002 年 7 月 31 日報道，神學教授汪維藩確認徐州新出土的漢代墓碑壁畫是《聖經》題材。

這使人想起教會傳統的說法，使徒多馬遠走東方傳福音。不管使徒多馬是否到達中國，考慮到古時繁忙的絲綢之路，基督教在漢朝時就已經在中國是十分可能的。葡萄、葡萄酒、無花果、石榴等《聖經》所載之物，就在漢朝時到達中土。特別是葡萄酒，乃教會禮儀不可少之物，很有可能是由傳教士傳入的。敦煌抄本也發現有零星的《聖經》片段譯文，這是最早的《聖經》翻譯。

　　自七世紀大秦景教興於長安，到十六世紀耶穌會士來華，近一千年間，基督教在中國不絕如縷，但基本上無思想可言。利瑪竇等耶穌會士的到來改變了這種狀況。利氏等人非爲普通傳教士，乃爲訓練有素、學養極高的學者。他們秉承的恰恰就是阿奎那的自然神學體系。與此同時，當時的陽明心學本身極爲玄虛遠縱，關注終極本體的大問題，但學風瀟灑，講求體悟，不屑作所謂支離功夫，全無考據論證。西儒來華，對當時的士大夫有極大的心靈衝擊。一方面，他們驚異的發現，這些遠涉重洋的西儒，原來也和自己一樣對終極本體的安身立命問題念茲在茲，而且有很明確的答案，他們的答案居然就是《詩經》裏的"皇矣上帝"。不僅如此，他們還以嚴謹愼密的方式論證這信仰的眞義，而非中土士人玄虛空洞的體悟。更令中土士人震驚的是，這些西儒活出眞理的人生。對終極本體的關懷不是含糊玄虛的體悟，而是切實明確的教義，並付諸生活，百姓日用，動靜起坐，莫不敬虔謹嚴。這大異於儒者的實用經世，變通虛僞。當時利氏等人強烈吸引明儒的一個重要原因是他們信守眞道的執著，和毫不含糊的道德操守。徐光啓就稱讚西儒，"泰西諸君子，以茂德上才，利賓於國。其始至也，人人共歎異之，及驟與之言，久與之處，無不意消而中悅服者，其實心，實行，實學，誠信於士大夫也。"[27]在西儒受到攻擊時，他上書皇帝，爲他們辯護："其道甚正，其守甚嚴，其學甚博，其識甚精，其心甚眞，其見甚定。"[28]

　　另一方面，利氏等西儒也迫切探求一種向中國人傳講眞理的最佳途徑。他們敏銳觀察到士大夫在中國的崇高地位。如果能在思想上征服士大夫，那麼福音傳遍中國就不是夢想。通過中國本身的傳統來傳揚教義成爲西來儒者共識。因此，當時中西兩邊的士人都充滿熱情。明儒不僅熱切要瞭解信仰的眞理，也要瞭解西儒嚴謹精妙的格致之學。西儒則一方面致力

27　徐光啓："泰西水法序"，《徐光啓集》，王重民輯校，中華書局，1963，第 66 頁。
28　徐光啓："辯學章疏"，《徐光啓集》，王重民輯校，中華書局，1963，第 431 頁。

以中國傳統和方式來闡釋信仰，以贏得中國的億兆斯民，另一方面也把東方的智慧推介回去自己的歐洲故鄉。這後者對當時的歐洲影響不小。當時歐洲戰亂頻仍，瘟疫四起，異端風湧，知識界普遍悲觀。來自東方的平靜的生活智慧對他們很有吸引力。萊布尼茲等人就是中國的崇拜者，法國太陽王路易十四宮廷內外更是以談論中國為時尚，凡爾賽宮的設計營造就有不少中國元素在其中。

利氏等人和明儒聯手，出現了第一個華語基督教思想著述的高峰。不僅利氏等耶穌會士以中文撰述了許多神學和哲學著作，中國最早的基督徒士人也開始以中國的方式思考基督教的要義，並撰述成文，其中有早期中國教會的"三柱石"的徐光啓、楊廷筠和李之藻。他們討論的主題有如有神論證，上帝的屬性，三位一體的奧秘等，還有討論天使鬼神。[29]其中值得一提的是《名理探》，乃李之藻積五年之功譯成的中國第一本邏輯教程[30]。李氏翻譯此書的一個苦心是要以此來匡正明儒虛浮的學風，另一方面，此書例證闡發全爲神學內容，也可視爲一本神學導論。這些早期中國基督教的著述，一個重要特徵是，其中最關注的是信仰的要義，可以說，當時他們感興趣的是些純粹的神學—哲學問題，和後世中國基督教研究界關注的文化融合和家國憂患迥異其趣。

同時，耶穌會士的宣教策略非常明顯，就是面向皇族官僚，面向士人富紳。中國傳統是帝王與士人共治國家，上通天威，下通官紳，這其中樞紐就是士人。耶穌會士的宣教策略和目標其實來自他們的歐洲經驗。從康斯坦丁大帝立基督教爲國教，直到西儒來華的時代，歐洲往往是帝王決定自己國家的宗教。俄羅斯大公就曾有把全體國民趕到伏爾加河受洗的盛事。而宗教改革後，歐洲大大小小的邦國，他們的國教常因王室信仰的改變而改變。英格蘭就因王室更替，他們的國教就在新教和天主教之間反復變更了幾次。西儒在此背景下來到中國，可以理解爲何他們終日乾乾夢想改變帝王的信仰。而在中國，接近和影響帝王的惟一正途是學而優則仕，這就是爲何他們要把自己變成中國士人。

---

29 對這段思想史作蜻蜓點水之發揮者已有不少，深入系統的研究則尚未見。加拿大韓國裔學者鄭安德埋首故紙，來往歐、美、亞三地，校訂編輯了共五十七冊的《明末清初耶穌會思想文獻彙編》，尚未正式出版，已令不少中國學者汗顏。

30 李之藻、傅汎際：《名理探》，北京：商務印書館，1935。

　　耶穌會士並不是一開始就知曉中國的。利氏初抵中國，是以僧人的樣式出現的。他認爲釋家僧人既爲宗教人士，他也有樣學樣。他削金髮披袈裟，滿口釋家詞彙。他們在肇慶所建第一間教堂與一般寺廟無異，名之爲仙花寺。當時耶穌會士，人們亦以西僧名之。後來利氏寄居韶州，有一士人瞿太素來跟他學西洋格致算學，後來卻深服基督教義，成爲利氏門徒。他向利氏提出，削髮袈裟之舉大大不妥，不僅是兩者教義上全然不同，而且，他告訴利氏，僧人道士在中國素爲士人官紳所鄙視。利氏如醍醐灌頂，馬上改著儒服青衫，重新束髮。從此人們稱之爲西儒，耶穌會士才慢慢融入士人官紳群體。

　　雖然利氏等耶穌會士脫僧歸儒，他們的和尚道士本色卻留在人們印象裏。後來康熙出名的驅逐天主教士的朱批詔書，就又把他們與和尚道士並列，"談言說道，與和尚道士無異。禁止可也，免得多事。"不過這是一百多年以後的事了。他們苦心孤詣，要"遁出空門"，脫僧歸儒，贏得帝王，但最終結果卻是如此反諷。

　　耶穌會士這種走上層路線的宣教策略，及其不注重《聖經》翻譯傳播，值得深思。首先，這顯然與天主教傳統有關。人們對此往往有錯誤理解，認爲天主教對《聖經》的漠視，乃因教會的等級制度，閱讀和解釋《聖經》是教士階層的事情，故無法傳播大眾。事實上，宗教改革之前很長時間裏，教士階層也沒有把《聖經》研讀作爲大事。青年路德是奧斯定修會的修士，在修院多年，研讀的不外托馬斯神學，課堂上竟然連見都沒見過《聖經》。路德改教後，甚至發現有教士是文盲，他們只是念念有詞背誦千百年流傳的拉丁彌撒經文，全然不解其中意思。路德第一次見到的《聖經》，乃是塵土堆裏的一本傑柔米武加大譯本，這時路德已經二十幾歲了。路德的手指從灰塵中拿起《聖經》的那一刻，乃是歷史上的一個關鍵時刻。從那以後的現代歷史，可以說都是一本書的歷史。有了路德和《聖經》的接觸，才有《聖經》翻譯，才有宗教改革，才有基督教世界的擴張，才有普世價值的出現和傳播。至於科學的發展，有些國家的意識形態總以科學與宗教爲對立兩極，現在學者則普遍認爲近現代科學的發展和基督教世界觀密不可分，最近研究尤其強調《聖經》及其解釋的進展和現代科學有明顯的互動，比如，從中世紀的象徵說的解經，到新教的"《聖經》無誤"的文字本義的解經，推動了實證探索的精神。[31]

---

31 Peter Harrison, *The Bible, Protestantism, and the Rise of Natural Science*（Cambridge University Press, 1998）.

其次，人們對天主教以往不注重《聖經》往往又歸因於當時印刷術尚未出現。但印刷術以後很長時間，天主教也沒有重視《聖經》。直到今日，天主教會還是普遍缺乏那種惟獨《聖經》的熱誠。在中國比較一個天主教徒和一個新教徒，很明顯就可以看到這差別。

來華耶穌會士沒有重視《聖經》傳播，除了天主教傳統的原因，第三個原因是他們的擔憂。利氏等人有他們的苦心。他們翻譯過一些片斷，或者重新敘述的《聖經》故事，但他們從沒有意思要讓整部《聖經》直接交到中國人手上。他們對此深有憂慮。在他們看來，不語怪力亂神的孔門弟子，和《聖經》中的奇事神跡是格格不入的。瞿太素，這位西儒的啟蒙者，使他們相信，儒家士人一定不但不信《聖經》，還會因此輕看鄙視天主教。所以，耶穌會士教給中土士人的，除了格致算學，就是托馬斯的神學體系，還有天主教的崇拜禮儀。連一部完整的《聖經》都沒有，不能不說，耶穌會士所傳授給東方的基督信仰是很不完整的。

耶穌會士和中國士人官紳的良好互動，這段美好時光持續了一百多年，其中經歷了改朝換代。勃興之初的幾位清主，對天主教都優禮有加。後經歷禮儀之爭，雙方關係才每況日下，至雍正乾隆則開始嚴厲禁教。這段沉寂又是一百年，到 1807 年第一位基督新教傳教士馬禮遜在廣州登陸，非法匿居十三行。從清勁爽利之蘇格蘭高地，到酷暑濕熱之珠江河畔，馬禮遜經歷了生命的冰火兩重天。他開始了他的畢生事業，就是獻身中國。他初抵之時，乃無身份之非法居留。他困住十三行，在嶺南的酷熱蒸籠之中，他長坐板凳的兩股，有了累累瘡痕。與當年耶穌會士完全不同的是，馬禮遜一到中國就著手翻譯《聖經》，對與士大夫的談玄說道毫無興趣。嚴格說，他翻譯了第一本華語《聖經》（以前曾有一本耶穌會士在印度 Goa 翻譯的中譯本，基本上不可用，也沒有什麼影響）。他編撰了第一本華英詞典，此乃煌煌巨制，稱之為中國大百科全書比較合適。他也是英華書院，即第一所中英雙語學校的創辦人。作為牧師，他在華七年後，才有第一位中國新教基督徒受洗。回想一百多年，基督教對中國的巨大影響，以及今天中國本土基督教的急劇復興壯大，這些都源於 1814 年馬禮遜的助手蔡高受洗的那一刻。那一刻，正是歷史的關鍵時刻。

耶穌會和新教，兩種絕然不同的宣教，值得思考。倫敦會給馬禮遜的使命很明確，白紙黑字寫明，就是翻譯《聖經》。譯經和宣教，這是新教來華的工作重心。以後大多數來華差會的共同點，就是以宣教為首要目標，對中國神學的探討和建設沒有太大的關心。另一方面，中國士人也已沒有明儒務求高遠的閒情逸致了。馬禮遜來華後三十幾年，鴉片戰爭爆發，天朝大國從此成了人人可欺的積弱病夫。士大夫的注意力一下轉爲關注家國憂患，對基督教的關注，也更多從社會文化和制度風俗等方面來考察，看是否對中國有借鑒裨益之處。這些士人一旦成爲信徒，或者對基督教有研究興趣，也大多關注家國救亡，對玄虛的純粹神學—哲學問題沒有興趣。洪秀全創立拜上帝教，就更多的是試圖模仿一種外來的組織制度，並非對教義有深切體認。後來康有爲等人也對基督教的組織制度頗爲青眼有加，他的大同之想隱隱有基督教理想國的味道，而孔教立國的想法則直接要照搬教會模式了，不過教主不是羅馬教宗，乃是南海康聖人。

在華語教會內部，對基本教義的深入探討也擱置一邊，讓位於家國救亡。教會裏的士人雖常被人譏爲家國叛逆，但其實他們對中國的拳拳之心與一般士大夫無異。馬相伯等人就爲家國大計勞力奔忙。民國時期的活躍的基督徒士人多爲自由派神學的追隨者，趙紫宸、謝扶雅、吳雷川、吳耀宗等。其中多人畢業於自由派的重鎮紐約協和神學院。他們都受到自由派神學影響，對信仰要義並不關心，也鮮有深入探討，而是對社會福音等感興趣，期待基督教的組織制度和價值觀能影響改造中國[32]。趙紫宸等人提倡人格救國，學習耶穌的完美人格和道德倫理，和當時蔣宋夫婦提倡的新生活運動頗有唱和之音。吳耀宗等人致力於唯愛社，講平等互助，建造新社會。趙氏等人的自由派教義立場比之他們的前輩走得更遠。對傳統教義的否定，趙氏已經夠明顯的了，他認爲以往教會所信或錯了，或過時，才自作新詞，起草了一個新信經，以之取代使徒信經和尼西亞信經。趙氏的信經明顯否認三位一體和道成肉身的教義，耶穌被還原爲一個完美人格的人，而他的終末論，則是"新人群優良社會的實現"，和進化大同沒有什麼區別[33]。趙氏等人因此被王明道等保守信徒斥爲不信派。

謝扶雅在 20 世紀三十年代曾任教於教會背景的嶺南大學，執掌哲學系，著有《宗教哲學》一書，這是同類中文著述中最早的一本，其中談玄說道，

32　孫尚揚的論文"在秩序與意義之間：趙紫宸的選擇及其得失"，（見《宗教社會學》，北京大學出版社，2001）以趙紫宸爲案例，對此有精到論述。他從宗教社會學角度，區分基督教的功能和意義兩個取向，指出趙紫宸的社會福音即是功能取向的選擇。

33　趙紫宸："對於信經的我見"，《生命》1920 年 11 月。

心理分析等共冶一爐，自由派神學的痕跡已經清晰可見[34]。謝氏"基督徒君子"的提法尤其引人注目[35]。很明顯，這也是家國憂患下基督徒士人的一個典型立場，是儒家修齊治平的另一種表達。謝氏不掩飾他對釋家道教的認同，將"基督徒君子"比附於"居士"（到了後現代的今天，這樣的"居士"就變成了文化基督徒）。他顯然明瞭這種信仰立場與古典的基督信仰大有軒輊，知道會給王明道等保守派詬病為假信徒，他由此搬出祁克果（Kierkegaard，又譯為克爾凱郭爾）的話，說沒人配稱為基督徒，人們只能努力成為基督徒。這種辯護也許聽起來很有道理，實則回避了人們所質疑的要點，即謝氏是否信守教會傳統之信仰，至於頭銜名堂，實乃枝末。

晚清民國的基督徒士人，除了上面所述的家國憂患，還有科學與信仰的衝突。信仰日漸式微，賽先生一統江湖。打開國門以來，進入中國的不僅有格致算學，還有天演論的生存進化所傳達的自然主義觀念。特別是俄國革命和五四運動，把賽先生請上神壇。科玄之爭到非基運動，都以科學勝利的姿態告終。從那以後，知識界一致認同自然主義的世界觀。雖然自由主義知識分子如胡適等人，他們未必認同社會主義的社會經濟理論，卻基本上是接受自然主義的世界觀。而自然主義的世界觀又被認為是科學的，進步的。在這科學勝利的思想大潮中，基督徒士人尤其痛苦。吳耀宗是典型代表。他的著作，《沒有人見過上帝》，集中反映了當時知識人在理性和信仰之間的徘徊掙扎。

這本書甫一出版，就風行一時。短短不到五年，就再版五次。第五版是個增訂本，增加的內容有一篇重要文獻，就是"基督教與唯物論：一個基督徒的自白"。吳氏追憶了三十多年前的信主經歷，回憶自己第一次聽登山寶訓的心靈震盪，深信基督就是道成肉身的真理。不久之後，五四和新文化運動帶來了理性衝擊，並有接踵而至的非基運動。他提到了基督教被攻擊的兩點，一是帝國主義的走狗，二是人民的鴉片。他說對第一點並不在意，因為知道自己和許多信徒及宣教士都不是走狗。但他說自己無法避開第二點攻擊。人民的鴉片，就意味著基督教是迷信，是與賽先生對立的。即，科學才是真理，基督教不僅不是真理，還是謬誤。吳氏坦言為此非常苦悶痛苦。吳氏的這種精神的掙扎，在基督徒士人中有廣泛代表性。

34　謝扶雅：《宗教哲學》，（再版），山東人民出版社，1998。
35　謝扶雅：《巨流點滴》，香港：基督教文藝出版社，1970。

在這篇文章裏，他還追憶了自己求學於紐約協和神學院的經歷。此乃自由派重鎮，強調以科學精神研究《聖經》和信仰。但自由派如紐約協和，也沒有直白否認信仰，而是說信仰之事非理性所能窮盡。吳氏正是對此搪塞敷衍不滿。他要尋找一個融貫一致的答案，既保持信仰，又符合科學的答案。他冥想苦思，念茲在茲，終於有了"基督教與唯物論"的問世。其中闡述了他探索多年的一個符合"科學"的上帝觀。

> 以上關於上帝存在問題的討論，我們可以用幾句話來作一結束。上帝是存在的，並且他的存在不需證明。因為"上帝"是一個名詞，是拿來代表宇宙裏客觀地存在的許多複雜現象、事實和規律的名詞。因為這些客觀的東西，雖無論從宗教的眼光看來，或是從科學的眼光看來，都是彼此聯繫的，都是在同一真理支配之下的，所以宗教家說，上帝是惟一的神。人們把"上帝"情感化，人格化，人有情感的需要，但只要想像是建築在事實之上的，我們就不應當反對。你可以否認上帝這個名詞，但你不能否認這個名詞所代表的事實。你在不知不覺之中，每一時刻都在與上帝接觸，正如每一時刻都在呼吸空氣，正如魚每一時刻都在水中游泳，因為上帝不是別的，正是彌漫著宇宙，貫徹著宇宙，為人所不可須臾離的那些"道"，那些定律，那些真理。所以保羅說，"其實他離我們不遠，我們生活、動作、存留，都在乎他。"這就是我們所說的科學的上帝觀。[36]

吳氏要旨，如上引文所述，再清楚不過，就是沒有上帝，即，沒有傳統的猶太—基督教所信的那個創造的位格的上帝。用他的表述，上帝等同於宇宙中的現象、事實和規律。從學理上看，吳氏著述，可說是華語神學最有理論造詣而又清楚的表述了。相比之下，趙紫宸的《基督教哲學》以小說形式寫成，又討論了龐大眾多的主題，卻讓人難得其頭緒。另一方面，吳氏有深切真實的宗教經驗，對教會有深厚感情，這種感情又和他所說的基督的人格大有牽連。此中糾結，是吳氏自己也說不清道不明的。江山易主以後，他對建造教會是真心誠意的。他曾專程登門拜訪獨立教會的代表王明道，要商討一起建立真正的本色教會。不過王氏隔牆給他一碗閉門羹，扔給他一頂不信派的帽子。吳氏內心的苦楚委屈可想而知。而正是這一點，使他和那些教會

---

36 吳耀宗：《沒有人看見過上帝》，青年協會書局，1948。

政客區別開來，那些人相信自己代表科學並要消滅教會。這也可以解釋，爲何日後吳氏在新政權位置很高，卻被處處防範。

抗戰期間吳氏在重慶與新華日報周圍的一干政要文人有接觸，給他很深印象。日後他對新政權一直懷有良好願望和信任，即使經歷了一連串的政治運動和悲劇，他對新政權也無怨無悔。這背後就是他對唯物論的信仰，他相信這唯物論的政權所代表的是科學和眞理。吳氏的思想爲人，可說是理智上的坦蕩君子（intellectual integrity），他說到做到，心口如一。而教會裏一些紅色牧師神父，一邊臺上高聲宣講福音，一邊從事地下工作，這些知識人恐怕正是得了哲學王高貴謊言的眞傳，扮演此等角色得心應手。反諷的是，新政權沒有投桃報李，而是對吳氏處處監督防範。吳氏兒子吳宗素以對乃父的深切瞭解，又以局外人的清醒指出，這其實是一廂情願。吳宗素有一篇追憶父親的長文，題目就叫作"落花有意，流水無情"[37]。這不僅是對唯物論基督徒吳耀宗的反思，也是對知識人幾十年追隨新政權的一個反思。

1949-1978 是三十年的沉寂。從重開國門至如今的幾十年，中國基督教思想界有了另一番景象，出現了人稱基督教研究的繁榮。參與者眾，著述頗豐。這段時期大致有兩個主要主題，一是沿襲清季民國的文化使命與家國救亡情懷，關注中國本位文化與基督教的關係，二是對基督教文藝的推介和批評。這期間的基督教研究中，知識人有兩種主導的情緒。在衝破了幾十年的沉寂後，首先有一種價值和審美轉向的情緒。經歷長期的動盪浩劫後，各種價值都已幻滅，轉而關注基督教傳統，這些學者就帶有濃厚的文藝情懷。他們對成長時期及現實處身的價值反思，不僅有道德倫理的，還有審美的關懷。廣義而言，西方的文學和藝術大多產生於基督教思想背景之下。由於價值和審美的認同，這些學者對基督教文藝作了大量的推介，產生了很大的影響。第二種情緒來自對長期的社會不公不義的反思。很多學者轉而思考基督教傳統與經濟、法律、倫理等領域的關係，試圖探明基督教在中國生活中的價值何在。近年最爲人關注的恐怕是基督教傳統和憲政的關係的討論。聖約與法律的本質，人的敗壞與政府作爲必要的惡，原罪的教義與權力的制約，公民對基督和凱撒的雙重忠誠，等等，這些議題都有很深入的討論[38]。

---

37 吳宗素："落花有意，流水無情"，提交給 2010 年 6 月 22-23 日在香港中文大學舉辦的"吳耀宗與中國基督教"學術研討會。

38 此議題近年文獻眾多，權舉兩書：

　　重開國門以來的基督教學術大多與兩種情緒有關。和前面提到的西方的唯信派一樣，這幾十年的知識人也處在信念的衝突之中。總的看，當年吳耀宗之情懷及其議論，至今沒有過時。現在很多的知識人，他們對信仰的認識，依舊不出吳氏所論的框架。特別是一干文化基督徒，大多爲重開國門之前成長，柏拉圖洞穴式的封閉教化使他們無法擺脫俗諦成見，那種五四以來的賽先生觀念，深印在心。同時他們又多爲情感豐富的士人，既憂國憂民，又對基督與十架救贖常有感動。他們精神的矛盾與掙扎，與吳氏當年並無二致。一方面他們繼承的不僅是清季民初，特別五四以來的自由派的對信仰的批判和對科學的迷信，還接受了幾十年意識形態的洗禮。在他們觀念中，科學爲眞是無可置疑的，認爲啓蒙批判已經駁倒信仰，基督教義多爲胡說，教會信眾蒙昧無知。另一方面，他們又對基督教傳統及其所生發的社會政治文化頗有認同，也覺得還有神秘的領域，爲科學所未能窮盡。他們由此相信某種玄乎其玄的終極本體，或感情上對耶穌基督心有戚戚，對效法基督拯救世人的宏大情懷時有熱淚盈眶。他們心中有如保羅的兩個律，一是不信，二是很想信。他們於是仿效巴特，宣告理性和信仰兩不相干，然後就心安理得，雖然偶爾心底也在嘀咕。

　　另一個特別的現象是，基督教研究的參與者多不願委身教會生活，這就是後來引起廣泛討論的“文化基督徒”現象。這幾十年活躍的學者，基本上是重開國門之前成長和受教育的學者/文化基督徒，他們信仰上的一個重要特徵就是自由派的神學立場，都沒有信仰的委身。他們的心智和知識結構是在強烈的意識形態下完成的，中國在 20 世紀八十年代之初重開國門時，他們擁抱全新的思想。他們關注的都是非常現代和後現代的思想，對古老的基本問題興趣不大。他們都非常贊同多元立場，對基督教以外的其他信仰，也常青眼有加。對信仰的委身，往往被理解爲“建制的宗教”，對“聖徒相通”的團契生活沒有興趣。當然，他們也不注重《聖經》閱讀。

　　如前面提到，英語世界基督教哲學復興一個特點是，其中的學者於哲學和信仰教義兩方面都非常熟悉。與此相反，華語學界中，有哲學訓練者往往對教義背景所知不多，而委身教會並熟悉教義的學者往往又欠缺哲學的訓

<hr />

叢日雲：《在上帝和凱撒之間：基督教二元政治觀與近代自由主義》，三聯書店，2003。

王怡：《憲政主義：觀念與制度的轉捩》，山東人民出版社，2006。

練。民國至重開國門，尤其民國大學，學者眾多，但他們對神學基本問題，就是上面所提的那些主題，沒有太大興趣，這個判斷大致不差。他們之中，華中韋卓民也許是哲學修養最好的了，但除了《中國古籍中的上帝觀》，對神學的基本主題全無關注。近幾十年的學者更是幾乎從不碰這些古老主題。他們關注的無外家國憂患下文化政治的宏大主題。因此之故，華語學界目前尚未見到有對基本教義各個問題深入的討論，和基督教研究整體上繁榮景象成明顯反差[39]。這其中有一異數，即許志偉的《基督教神學思想導論》，此乃面對基本問題的精心之作，對神學基本主題的介紹闡述，文獻翔實，公允平正。其於神的位格與人的位格，及三位一體教義的解說，尤為精到[40]。

總體而言，重開國門至今的基督教研究，依然是沿襲清季民國的家國救亡主題，其中有較大變化的是基督教文藝的推介有很大進展。關於教義的基本問題和《聖經》研究，這些基督教信仰最基本的要素，相關的討論則少見。由此可見，重開國門以來的基督教研究之繁榮，乃源於價值審美轉向之情緒，非為學界對基本教義有深入研究和認同。

（五）新的開始

近年的基督教研究出現了新的動向。一是學者和信徒的信仰取向趨於保守，二是開始重視基本教義問題。重開國門前成長的學者和文化基督徒，是一邊倒的自由派，重開國門之後成長的學者和信徒，則呈現多樣化。固然有不少自由派，但其主流卻有些讓人意外，就是大都為保守立場，不僅神學上保守，信仰上也強調委身。不少人在職業之餘參與教會侍奉，有些還成為全職傳道人。很多人都留意到這個有些特別的現象，但要找出一個解釋卻不容易。學術上，柏亭格在1994第一次來華，他和其他基督教哲學家的思想進入中國，可以作為一個變化的標誌。至今已有改革宗知識論和當代自然神學的一些著譯推介之作，而對基本教義問題，和對啟蒙批判的重新思考，也日益為人關注[41]。近年的一些研究，有相當精深準確之作。

---

39 卓新平也留意到這點，見他給許志偉的《基督教神學思想導論》所寫的序言。

40 許志偉：《基督教神學思想導論》，中國社會科學出版社，2001，第 71-103 頁，第 104-141 頁。

41 普蘭丁格：《基督教信念的知識地位》，(*Warrant Christian Belief* 的中文譯本，簡稱 WCB)，邢滔滔等譯，北京大學出版社，2004。

克拉克：《重返理性》，北京：北京大學出版社，2005。

　　對有神信念基本教義問題的討論對今日華語學界尤爲重要。百多年來中國與西方全面接觸的歷史，國人思想中彌漫著濃重的科學與技術崇拜情緒。中國傳統本來是"君子不器"，並不注重科學與技術。這個逆轉經歷頗爲曲折。同治中興諸賢如湘鄉曾滌生、湘陰左宗棠等人最早倡言同文館設天文算學。結果士林震動，廷議洶洶，直指士大夫不守道德文章，轉習淫技奇巧之術，乃亡國亡種、變夏爲夷。當時天子與重臣，見識遠超腐儒，諭旨嚴詞駁回廷議，強令開設天文算學。但結果是士林全體抵制，無人入讀。偶有幾個入讀者，資質人品俱爲低劣，入同文館只爲食君俸祿。不僅如此，凡修西學者，全被譏諷鄙視爲"孔門弟子，鬼谷先生"。開啓民智之艱難，由此可見一斑。士大夫的高傲頭顱很快就在一連串的西來打擊下慢慢低垂，最終的致命一擊是甲午之戰，昔日的蕞爾小番，手握西學利器，居然打敗天朝大國。士大夫集體暈死過去。他們醒過來後，開始了另一種狂熱，掀起了出洋留學苦讀格致之學的狂潮。甲子輪回，新朝甫立，對聲光化電和權謀術數尤爲孜孜以求。百年後的結果乃是，近日之主掌國器者，居然幾乎全爲聲光化電之科場術士。與此相對，昨日珍寶，如今棄之若糟糠。在瘋狂的年代，所有傳統俱爲毒草，都在清除之列。道德文章遂絕響於華夏。訓詁乃小學基本，昔日士林人皆修習。求學嶺南時，曾專門選修此課。教授感歎世事蒼茫，人心不古。他說如今知道訓詁的人寥寥無幾，卻有幾個權勢熏人之豪吏垂詢下問，聽說你有一門課叫訓話學，可否旁聽，學習如何對下面訓話。從訓詁到訓話，同治士林所憂心之亡國亡種者，蓋已鐵板釘釘。世事巨變，誠令人有河東河西之慨歎。

　　斯溫伯恩：《上帝是否存在》，北京：北京大學出版社，2005。

　　程煉："成乎敗乎改革宗"，《基督教思想評論》第二輯，2005；"普蘭廷伽和自然主義"，《知識，信念與自然主義》，北京：宗教文化出版社，2007。

　　黃勇："我對柏庭格的回應"，《維眞學刊》，1999年第二期。

　　梁駿：《普蘭丁格的宗教知識論》，宗教文化出版社，2007。

　　刑滔滔："普蘭丁格WCB的護教策略"，《哲學門》，第四卷第一冊，2003；"安瑟倫的《宣講》第二章"，《政治與哲學的共契》，萌萌學術工作室，上海人民出版社，2009。

　　張力鋒：《分析的宗教哲學》，南京：江蘇人民出版社，2010。

　　周偉馳："柏庭格的問題"，《維眞學刊》，1999年第二期；"宗教命題的眞理問題"，《哲學門》，2002年第一期；"普蘭丁格的基督教排他論與WCB"，《知識，信念與自然主義》，宗教文化出版社，2007；《彼此內外——宗教哲學的新齊物論》，北京：宗教文化出版社，2008。

　　從固守傳統並拒絕西學，到癡迷科技並拋棄傳統，這個逆轉完全是由西方的衝擊帶來的，產生於西方堅船利炮面前。然而，堅船利炮並非西方文明主幹，更非全部。而中國思想緊緊抓住的恰恰此點。這就不難明白近代中國思想史上，為國人所激動的是理性、啟蒙、進步、科學、革命等詞彙。凡被冠以科學之名的各種主義均大行其道。有神信念為西方文明所固有，啟蒙運動以降，雖有不少質疑，但並無阻其主導地位。對有神信念的啟蒙批判，是和科學的興起聯繫在一起的。這不難理解中國在接受科學的同時，也接受了啟蒙批判。當五千年文明在西方科技利器下摧枯拉朽土崩瓦解，國人深信科技的力量，也由此深信了科學背後的啟蒙批判。啟蒙批判指有神信念是未經證實的、不合理性的、反科學的等等，此類觀念深入國人思想。然而，經歷百年的思想歷程，現在已經很清楚，科技和理性不能代表西方思想的全部，而啟蒙批判也不能代表理性。相反，反自然主義的論證表明，啟蒙批判所持的立場有知識上的潛在自我挫敗，是有悖理性的。因此，放棄科學與技術崇拜，全面的理解西方傳統，乃中國思想當前之要務。其中要緊者，就是重新思考猶太─基督教，其基本教義問題尤須值得關注。

　　誠然，對啟蒙批判的全面接受，和對西方傳統的片面接納，有其時代之必然。百年來的家國救亡主題下，學人無暇作深入玄遠之思。另一方面，對基本問題之深入，須有自信平和之心，無有先入之見。長期以來華語學界處在一種自卑與自我束縛之下，無法直面問題作獨立之思考。在此背景下，對基本問題之失語就不足為怪。今日何日？今世何世？中國已走出百年之自卑嗎？狄更斯有言，這是最好的時代，這是最壞的時代。其可喜者，現已有不少學人認識此中常識，並已開始朝向一個自信、清醒和理性的思想之路。

　　本書嘗試要遵循蘇格拉底的格言，追隨論證，不問結論（Follow the argument wherever it leads）。這就是一種理智誠實（Intellectual Integrity），即是要放下許多先入之見，這也是笛卡爾開始沉思之前所作的事[42]。另外，本書也以蘇格拉底和笛卡爾的沉思為榜樣，儘量不用技術把戲和學術行話，而是著重把論證的基本洞見和思路理清，並力求簡潔容易的敘述。一些分析方法可以幫助人們更好地理解論證本身，但哲學論證和演算技術畢竟不同，就當用奧卡姆剃刀，把不必要的行話悉數剃光；二者，平實行文，而非裝模作樣

42　Renne Descartes, *Meditations on the First Philosophy*（Indianapolis: Hackett Publishing Company, 1993）, p.13.

的學術行話和炎炎大詞，也是對讀者的尊重。哲學的職責，是以清晰的光亮指引洞穴囚徒走出洞穴，而不是裝神弄鬼構造更多洞穴把更多人囚禁其中。對此，本書也許還力所不逮，但願意為此努力。

如前面開始的時候提到，此書處理兩個問題，有神信念是否為真？有神信念能否得到辯護？圍繞這兩個問題，本書分為三部分展開討論。第一部分處理第一個問題，有神信念是否為真。第二章考察有神論證。歷史上有神論證有多種，如托馬斯的五路論證，以及本體論證，目的論論證等。本書提出一個有神論證不可能的結論。雖然，不少哲學/神學家都曾提到，上帝存在的肯定和否定的證明都是不可能的，但並沒有一個清楚的論證。首先，此章分析各種有神信念論證，根據其結論是否越出前提的標準，把它們劃歸歸納或演繹論證。此章引入休謨問題不可解的結論，闡明所有上帝存在的歸納論證都沒有確定性，都是可錯的。本體論證則屬於演繹論證，但由於上帝概念的特殊性，本體論證都不免為循環論證，從而難以成立。第三章介紹模態版本的本體論證，即是 Proslogia 第三章的本體論證的復活。並介紹萊布尼茲對必然和偶然的討論，以及柏亭格的模態版本。本書第四章討論惡與苦難問題。此問題通常被認為是對有神信念最有力的挑戰，它直接質疑有神信念是否為真。本書討論了惡的問題兩個版本，邏輯的版本和證據的版本，結論是惡的問題也無法推翻有神信念。結合第一第二章關於有神論證不可能的結論，因此，有神信念論證的肯定和否定的論證都不可能。

第二部分轉入討論有神信念的知識辯護。第五章圍繞猶太—基督教關於認識上帝的主題，介紹知識觀念的演進。此章提出，柏拉圖的知識概念有兩個方面，一是知識的定義，即有辯護的真信念（JTB）。二是知識來源的記憶說，表明知識是先天根植於人的心智之中。這個觀念和猶太—基督教的認識上帝的觀念結合，形成後來神聖感知的觀念。Gettier 反例出來後，不僅質疑傳統的知識定義，也對基督教的信念形成挑戰。柏亭格的不同時期的著作可以看做是對 Getttier 的回應。而後期的保證知識論，不僅是給出一個解決 Gettier 反例的方案，也是要在此框架下重新闡述人對上帝的認識。

第六章追溯柏亭格早期的辯護，重點是將有神信念與他心類比，認為兩者地位同等，要麼知識上都可接受，要麼都不能接受。柏亭格進一步論證有神信念是恰當基本的，並同時反駁古典基礎主義的知識方案。這個辯護引出了一系列的反駁，即"大南瓜家族"。此章也介紹柏亭格對這些反駁的回應，指出關鍵之處在於引入反自然主義的論證，使得有神信念的恰當基本辯護得以成立。

第七章介紹保證的知識方案及其在有神信念辯護的應用，並介紹 WCB 論證結構，A/C 模型並對其之批評。介紹此論證結構的背景，即保證的知識論和改革宗預設護教學，在此背景下如何回應對 WCB 結構的批評。

第八章討論反自然主義論證。柏亭格建立的論題為"如果基督教信念（有神信念）為真，則其有保證"。也就是在有神信念的預設下，可以實現知識辯護。但是，許多與有神信念不相容的信念是否也可以在自己的預設下得到知識辯護？柏亭格的批評者正是以此來對改革宗知識辯護提出挑戰。這即是多元困境的知識難題。如果各種不相容的信念都可以在自己預設下得到辯護，當事人在此處境中堅持其中一種立場，就有違反知識義務的嫌疑，就是某種武斷和非理性。也即是，除非可以論證對方有錯誤，或者論證自己的立場比之對立的立場更合理，不然就無法逃脫多元的知識困境。有神信念主要的對立的理論是自然主義。柏亭格為此構造了反自然主義論證，目的就是要解決這種多元的困境。這個論證的結論是，自然主義和進化論的結合是自我挫敗的。本書提出一個一般化的反自然主義論證，指出啓蒙批判不管為何種形式，都有潛在的自我挫敗，因此有神信念比之自然主義有比較的優勢。本書最後指出，反自然主義論證是符合常識和哲學直觀的。這論證背後的思路其實就是一種比較優勢下的理性選擇。如果承認有些訴諸人的論證是合理的和符合常識的，那麼知識上拒斥啓蒙批判也是合理的。

第三部分處理信念分歧。第九章介紹多元/獨一論之爭，論證獨一立場是無法避免的困局，而對基督教信念獨一論的指責，無論是知識的還是道德的指責，都無法成立。第十章討論的問題是，既然獨一立場無法避免，那不同信念之間該如何相處？此章提出寬容的精確含義，以之為處理信念分歧的原則。現實中寬容的原則常失效和被拋棄，此章追尋其中原因，提出最終的答案在於蘇格拉底的一個命題，無知乃惡的源頭。從柏拉圖洞穴的思考，可以知道無知的來源在於一個封閉的知識形成環境。本書最後提出，這無知的困境和人性的本質有密切聯繫，無知的困境總會伴隨人類，無法有一個最終的解決方案。這可能是個悲觀的結論，也可以理解為，人們必須警惕和自強，以防範無知所致的惡的肆虐。

第二章　休謨問題與有神論證

　　上帝存在問題，或上帝是否存在，理性對此感到不安。儘管上帝這個主題能否被理性闡述，從一開始就值得懷疑，但理性的努力一直在堅持著。柏拉圖第一次用了 theology（關於上帝的討論，即神學）這個概念[1]，為探討上帝的問題專門設立了一個學科。從他開始，到亞里士多德，奧古斯丁，理性都在努力尋求上帝，試圖在其中找到確定不移的關於上帝的答案。這些試圖論證上帝存在的努力稱為有神論證。這種努力在安瑟倫（St. Anselm）達到了一個高峰，他提出了被後人稱為上帝存在的本體論證，從而使理性對上帝的尋求與反駁成為思想史上可觀的一個主題。安瑟倫之後上帝存在問題不斷迴響，阿奎那（St. Thomas），笛卡爾，帕斯卡（Pascal），休謨，康德，黑格爾等，都曾沉迷於上帝存在問題。19 世紀以來的兩個事件，邏輯學的變革和分析哲學的興起，使上帝存在問題的討論變得更令人關注。由弗雷格（Gottlob Frege）突破古典邏輯之後，邏輯學在很短時間裏發生了巨變。與此幾乎同步，並相關聯的是分析哲學運動。這兩個事件的結果，後來成為人們重新考察上帝存在問題的新工具。從 20 世紀中葉以後，關於此問題的討論大量出現在大西洋兩岸的重要哲學期刊上，各種專著也陸續出現。有影響的是馬爾康（Norman Malcom），哈克尚（Charles Hartshorne），柏亭格等人。其中引人注目的是柏亭格的上帝存在的模態版本的本體論證。以柏亭格為中心還形成改革宗知識論。至於哥德爾（Kurt Godel），在王浩的書，《哥德爾》（Reflections on Godel）出版以後，人們知道了原來他長期思考上帝存在問題，並提出了他的論證[2]。這個論證在他生前沒有發表，只流傳在少數幾個朋友中。現在已引起不少關注，已有一些圍繞他的論證的討論文獻。

1　Plato, *Republic* II, 379a.
2　Hao Wang, Reflections on Kurt Gödel, Cambridge（MA: MIT Press, 1987）

本章分爲四節。第一節介紹休謨問題不可解的結論，及其與有神論證的關係，根據其結論是否越出前提的標準，把它們劃歸歸納或演繹論證。第二節討論有神論證的歸納版本，說明由於休謨問題不可解，有神論證的歸納版本都沒有確定性，都是可錯的。第三節討論有神論證的演繹版本。本體論證則屬於演繹論證，但由於上帝概念的特殊性，本體論證都不免爲循環論證。第四節介紹笛卡爾的第五沉思，並康德對其的批判，說明康德雖然有效的反駁了笛卡爾版本的有神論證，但普遍流傳的所謂康德一舉挫敗所有有神論證的說法是言過其實。

在開始之前，要對上帝這個概念作個說明。這裏採用安瑟倫的定義，上帝是沒有比之更大的事物可被思想的這樣一個存在[3]（a being than which nothing greater can be conceived）。又，根據猶太—基督教的傳統，這即是指創造天地和人類的一個最高的位格。在新舊約敘事裏，上帝這個概念所指有兩個層次，第一是指猶太—基督教的創世的上帝，那位亞伯拉罕、以撒和雅各的上帝。第二則是基督教所獨有的內容，這個創世的上帝還是個救贖的上帝，就是道成肉身來到人間的基督。

（一）論證與休謨問題

論證只有兩種，歸納或演繹。即放大性論證或非放大性論證。有神論證也劃歸爲此兩類。此章不可能把每種有神論證都做詳細考察，只考察這兩種論證。上帝存在的本體論證有多種表述，但都屬於演繹論證。其他的論證都是歸納論證，而歸納論證涉及休謨問題，此章即從休謨問題開始。

這裏先考察這兩種論證的區別。首先介紹一下一般教科書的定義：

> 論證可分爲兩種類型，即演繹的和歸納的。一個演繹論證即是論證者可以說，只要前提爲眞，結論就不可能假。在這樣的論證裏，從前提能必然得出結論。另一方面，歸納論證的論證者只能說，如果前提爲眞，結論爲假就不太可能。在歸納論證裏，從前提只能得到或然的結論。[4]

---

3 Anselm, *Proslogia*, Chapter 2. 這個上帝的定義，A being than which nothing greater can be conceived.，人們通常將 conceive 譯爲 "想像"，我譯爲 "想" 或 "思想"，雖有些不合通例，但難以有更好的翻譯。

4 Patrick J. Hurley, *A Concise Introduction to Logic*（Wadsworth, 2003），p.30.

類似的定義在科比（Iving Copi）的教科書可以找到[5]。這本教科書在 20世紀五十年代就是主流的邏輯導論教科書，至今還在不斷再版。這都是很普通常見的教科書，能代表一般的理解。下面的例子可以說明這種理解。

    （1）到今天為止，人類觀察到太陽每天都從東方升起。

    （2）大衛王誕生那天是被觀察過的一天。

    （3）大衛王誕生那天太陽從東方升起的。

這個就是演繹論證。它的前提已經包括結論，前提為真，結論也一定為真。在上面的例子裏，前提一的觀察過的日子已經包含前提二的大衛王誕生那天，結論因此為真。

    （1）到今天為止，人類觀察到太陽每天都從東方升起。

    （2）明天也將和人類觀察過的每天一樣。

    （3）所以明天的太陽也將從東方升起。

這就是歸納論證。即使它的前提為真，它的結論也不是確定的，只能是或然的真。在上面這個例子裏，明天的太陽並沒有被觀察過，它不在前提內，無從知道它是否為真。

這種對歸納和演繹的一般理解，在可能世界理論裏，就發覺不夠精確，有些論證在此框架下無法描述清楚，比如下面的論證：

    （1）到今天為止，人類觀察到太陽每天都從東方升起。

    （2）明天也將和人類觀察過的每天一樣。

    （3）所以明天的太陽將不從東方升起。

當然，上面的論證裏，結論為真的可能也許很小，但從可能世界的角度來說，只要不是必然為假，就必然至少在一個可能世界為真。所以這畢竟是可能的，就如休謨說，六月飛雪和隆冬開花都是可能的。一般理解的歸納，結論只是或然的真。這個論證的結論既然可能，那也就有或然的真，儘管這概率也許很低。這樣，上面的論證也就是歸納的。但是，這明顯不同於一般理解的歸納。一般理解的歸納前提和結論是一致的，而上面的例子結論和前提是相反。

為了更精確說明演繹和歸納，人們引入放大性論證的概念。以放大性的推理來定義歸納，這始於皮爾士（Charles Pierce）[6]，後來薩爾蒙（Wesley Salmon）

5　Irving M. Copi, Carl Cohen, Daniel Flage, *Essentials of Logic*（Upper Saddle River: Pearson Education, 2007）.

6　Charles S. Pierce, "The Doctrine of Necessity", *Values in a Universe of Chance: Selected Writings of Charles S. Pierce*（Stanford University Press, 1958）, p.165.

等人也採用這概念。再後來則把放大論證區分為協調的和非協調的。所謂一個論證是放大的，就是指結論的內容越出前提的內容，這就是歸納論證。這裏要留意，用放大性論證來界定歸納，使歸納的概念有所改變。根據放大的概念，任何結論越出前提的論證都是放大的，這就超出了原來的歸納概念。如 100 個天鵝，數了 99 個都是白，下結論說第 100 個是白的，這是放大的論證。但是，斷言第 100 個是黑，或是黃的，或是五顏六色的，也都是放大的論證。這裏就引入了協調的放大論證和非協調的放大論證。從 99 只白的推出第 100 只是白的，這是協調的放大論證，而說第 100 只是其他顏色的，則是非協調的放大論證。從這個放大性論證的角度看，上面所說一般理解的歸納就都是協調的放大論證。

演繹論證是非放大性的論證，如果前提為真，則結果一定是真。歸納論證是放大性的，即使前提為真，結論是越出前提的，因此是可錯的。休謨問題即是對歸納方法是否可靠的質疑，可以表述為：歸納方法可以得到辯護嗎？對於一個由前提和結論構成的歸納論證，休謨問題的正面解決即是認為有一個論證，可以從這前提推出結論為真。休謨問題的反面解決即是指，存在這樣一個論證，從這前提推出結論為假。而這論證只有兩種，或為歸納或為演繹。

歸納論證為人們日常生活廣泛使用。但這思維方法本身也有疑問。休謨問題，或歸納問題，即是對歸納論證合理性的質疑。休謨在《人類理解研究》中提出了這個問題。

> 說到過去的經驗則我們不能不承認它所給我們的直接的確定的報告，只限於我們所認識的那些物象和認識發生時那個時期，但是這經驗為什麼可以擴展到將來，擴展到我們所見僅在貌相上相似的別的物象；則正是我所欲堅持的一個問題。[7]

在上面那段經典的文字後，休謨接著說到麵包的例子，此例子如明天的太陽一樣，俱為休謨所喜用。他說上次吃的麵包有營養，怎叫由此推出下一個麵包同樣有營養？接下來他指出，由經驗得出結論，這中間的媒介有沒有？如果有，那它是什麼？

這樣，休謨問題的最初表述就是：歸納方法的有效性可以得到論證嗎？它涉及枚舉歸納。後來薩爾蒙表明[8]，休謨問題可擴展到所有的放大性論證，

---

7 休謨：《人類理解研究》，關文運譯，北京：商務印書館，第 33 頁。

8 Wesley Salmon, *The Foundation of Scientific Inferences*（Pittsburgh University Press, 1967），p.20.

由此把休謨問題轉換爲一個邏輯問題，即：放大性（歸納）論證具有保眞性嗎？休謨論證了這是個無法解決的問題，即論證不了歸納的合理性，或者說被稱爲休謨問題正面的整體解決失敗。

　　一切推論都可以分爲兩類，一種推論是解證的（demonstrative），是涉及於各觀念的關係的，另一種推論是或然的（moral），是涉及於實際的事實或存在的。在我們現在這種情形下，似乎分明沒有解證的論證；因爲自然的途徑是可以變的，而且一個物象縱然和我們所經驗過的物象似乎一樣，也可以生出相異的或相反的結果來；這些事情都是沒有什麼矛盾的。我果然不能明白地、清晰地構想到：有一個從雲中掉下來的物體，在各方面雖都類似雪，可是它的味如鹽，熱如火麼？我們果然不能說，一切樹都在十二月和一月中發榮，在五月和六月中枯萎麼？還有別的命題比這個命題更爲明白而可瞭解麼？

　　但是凡可以明白瞭解的事理，凡可以清晰地構想到的事理，都沒有含著矛盾，我們都不能借任何解證的論證，或抽象的推論，先驗地來證明它是虛妄的。因此如果有一些論證使我們信託過去的經驗，並以此爲我們將來判斷的標準，那這類論證一定只是或然的，一定是只關涉於實際的事情和實在的存在——按照我們上邊的分類講。但是我們對於這類推論所下的解釋如果是堅實的、滿意的，我們一定會看到此處所說的這些論證是不存在的。我們已經說過，關於實際存在的一切論證都是建立在因果關係上的；而我們對於這種關係所有的知識又是從經驗來的；而且我們一切經驗上的結論又都是依據"將來定和過去相契"的這一個假設進行的。因此，我們如果努力用可然的論證，或實在存在方面的論證，來證明最後這個假設，那分明是來回轉圈，而且把正在爭論中的事情先已認爲當然的了。[9]

上面休謨的論證簡單且完整。休謨將理性研究對象分爲兩類，即觀念的關係和實際的事情。由此他將推理分爲兩類，一是解證式的（demonstrative），即關於觀念關係的，如 3x5 等於 30 的一半；二是或然的（moral），關於實際的事實[10]。按現在的術語，休謨所說的兩種推理其實就是演繹和歸納。休謨先

9　休謨：《人類理解研究》，關文運譯，北京：商務印書館，第 34-35 頁。

10　關於這解證（Demonstrative reasoning）與或然（Moral reasoning）推論的區分，休謨沿用的是半中古的傳統術語。休謨之用 Moral 來指或然不確定之事，乃在當時

考察解證的推論，即演繹。他說這裏（要從已有經驗推出關於未來的結論）分明沒有解證的論證，因爲雖有以前的經驗，但往後的現象完全可以改變，並沒有矛盾。如以前是春天百花齊放，但如果以後是冬天開花六月飛雪也是可能的，而且沒有矛盾。即演繹所能推出的是前提內的事件（已有的經驗事實），但是未來的事件是越出了前提（經驗）範圍的，即不在演繹的前提範圍。

至於或然的（歸納）推理，也不能夠證明從經驗可以推論出未來的事件，因爲歸納論證的結論是根據經驗的，而這基於經驗的結論又是建立在“將來與過去相契”這個假設上，而此假設恰好是要證明的。換成現在的邏輯術語，即是以歸納方法來證明歸納論證的合理性，從而陷入循環論證。

前面已經看到，休謨給出了否定的答案，即無法證明歸納論證具有保眞性，而且給出了完整的論證。鞠實兒以現在的工具對此作了重新的論證。但不限於此，他還提出，放大性論證不具有保眞性同樣是無法證明的，即休謨問題反面不可解。他給出了兩個論證，涉及較多的邏輯術語，這裏不作介紹，有興趣的讀者可去查看文獻[11]。這裏引用的是他的另外一個論證。

> 當我們說“歸納論證不具有保眞性”時，這一命題的含義是什麼？大多數人都可能會說，儘管迄今爲止歸納論證總是得出眞實的結論，但是，存在一個邏輯可能的世界，在這一世界中，歸納論證的結論是假的。在這裏，一個進一步的問題出現了。這個邏輯可能的世界是事實上可能的嗎？或邏輯可能的世界有可能成爲現實世界嗎？對後一問題有三個可能的回答；相對於他們，前一個問題也有三個不同的回答。（I）這個邏輯可能的世界是事實可能的。這是一個對未來的預測，根據它可判定“歸納論證不具有保眞性”；（II）這個邏輯可能的世界是事實上不可能的。這也是一個對未來的預測，根據它可判定“歸納論證具有保眞性”；（III）“這個邏輯可能的世界是否事實可能”這一問題懸而未決。根據這一回答，“歸納論證不具有保眞性”這一問題同樣懸而未決。然而，只有歸納論證才具有放大性，才能對未來作出預測，但是，歸納論證的合理性正

Moral 之概念與 Law 相對。Law 之事都是確定無疑的，答案只有一個。而 Moral 之事則是可以各說其理的，故此不確定。關文運等前輩學人對此有精准理解，在此以或然推論譯“moral reasoning”實爲信雅達。

11 Shier Ju, "The Proofs of the Unsovability of Hume Problem" in《邏輯，哲學與人工智能》，中山大學出版社，1999。

是所要討論的問題。因此，除非先驗地假定這個邏輯可能的世界是事實可能的，否則（I）和（II）的真實性是無法判定的，而這就等於說（III）是真實的。由此可得，從整體上對 HMP 反面解決和正面解決一樣，不是導致無窮循環就是導致先驗論，從整體上反面解決 HMP 是不可能的。[12]

由休謨問題的正面和反面解決不可能的論證，建立了一個重要的結論，即休謨問題不可解。休謨問題的不可解即是否定了歸納論證前提和結論之間有必然的聯繫，也就是在歸納論證中並不存在必然因果關係。在太陽從東方升起的例子中，儘管以前見過的所有日子裏太陽都從東方升起，明天的太陽如何仍然無從知道。大家都認為太陽明天還會從東方升起，這只是習慣，並沒有必然的根據。

由歸納而來的各種信念是人類生活的基礎。人類如此井然有序地生存下去，是因為人們相信太陽明天還從東方升起，水還往低處流，生火可以煮飯，炭火終會燃盡，婦人會變老等等。很不幸，根據休謨問題，這些都沒有保障，都是可錯的。這是為什麼休謨問題讓人類理智感到尷尬，因為休謨問題指出這些信念都無保障可言，僅僅是信念，是習慣而已。波普爾評價說，休謨問題是哲學家的恥辱。

休謨提出的是個重要的問題。亙古到如今，人類觀察到的每一天太陽都從東方升起，就有無誤的理由說明天太陽也從東方升起嗎？沒有。那麼有無誤的理由說明天它不從東方升起嗎？同樣沒有，所以太陽明天可能從東方也可能不從東方升起，甚至可能不再升起。太陽明天是否還從東方升起，既不可以給出肯定的證明，也不可以給出否定的證明，即明天的太陽具有無限的可能性。理性的能力是有限的。另一方面看，世界是完全開放自由的，而不是單一方向的。

至此，此章已經完整介紹了休謨問題及其不可解的論證。作此詳細的介紹是必要的，因休謨問題不可解這個結論對此章的論證有關聯。有了這個工具，下面考察各種對上帝存在或上帝不存在的論證，只要判斷出它是歸納論證，就可以據此斷定它是不確定的。

上面討論了休謨問題不可解，這裏有一點重要的補充。一個命題，一個信念，或一種思維模式，能否有一個無誤的證明，即在數學─邏輯意義上那

---

12 鞠實兒：《非巴斯卡歸納概率邏輯研究》，浙江人民出版社，1993，第 71-72 頁。

樣的證明，和它們是否知識上可以接受，或者說有無辯護，這是有距離的。事實上許多命題和信念都是沒有數學—邏輯意義上的證明，但並不表明這些命題是知識上不可接受的。如記憶，感官知覺，他心的信念等，這些最基本的信念就沒有嚴格無誤的證明，知識上卻是普遍接受的。同樣，休謨問題雖然在邏輯上不可解，並不意味歸納方法知識上沒有辯護。當然，這些辯護就不是一個數學—邏輯的證明了。這些辯護大致有幾種方式：一是概率論的，二是實用主義的，三是如費德曼（Richard Feldman）那樣，把歸納作為先驗地（a prior）賦予人類認知官能的，這種辯護可稱為先驗論的。[13] 這裏簡要介紹一下費德曼的方案。

這個方案的最初洞見是羅素提出的。羅素在談到休謨問題時，給出了這樣一個原則：

> PFR：知道在過去一種事情是如何的，就有好的理由相信將來這事情也會如此。[14]

但是，這並不是原來的休謨要論證的原則，原來的原則是這樣的：

> PF：未來將與過去一樣。

費德曼指出，PF 與 PFR 的不同在於，後者是關於信念的理由。PFR 是真的，因為過去經驗確實可以為將來的判斷提供好多理由。但 PF 卻不能說是真的，這既是休謨所闡明的，歸納方法的有效性是無法論證的。PF 代表歸納方法自身，PFR 代表的是歸納方法的知識辯護。費德曼用了兩個例子，很好說明了兩者的區別：

> M1：一個陶罐中有 1000 個石頭，其中 999 個黑色，只有一個是白色的。若隨機抽取一個，那麼這個就是黑色的。

> M2：一個陶罐中有 1000 個石頭，其中 999 個黑色，只有一個是白色的。若你隨機抽取一個（沒有其他的相關信息），那麼你有好的理由相信抽取的這個石頭就是黑色的。

很明顯，M1 就是那無法證明的歸納方法，但 M2 是指歸納方法的知識辯護，這命題說的是，若有很強的協調放大的證據，做出肯定的結論，是在知識上有辯護的。M1 是無法證明的，但 M2 卻只要人們明白了這原則的意義，

---

13 Richard Feldman, *Epistemology* （Upper Saddle River, NJ: Pearson Education, 2003）, pp.137-138.

14 Bertrand Russell, *The Problems of Philosophy* (Oxford: Oxford University Press), 1959, p.65.

就可以接受，而無須其他證明。費德曼說這原則的眞是先天就知道的，即只要明白其意義就會接受的，而無須更多的經驗例子來印證。誠然，歸納是最基本的思維方式，若沒有歸納方法人類生活寸步難行。也許從這點上也可以說，歸納是先天的。

（二）有神論證的歸納版本

正如休謨問題所揭示，歸納論證是放大性論證，是不確定的和可錯的。因此，以歸納論證來證明上帝存在必定是不確定的，因此不能說可以用歸納方法來證明有神信念爲眞，當然，歸納方法可以用來論證有神信念是知識上可接受的。歷史上以歸納方法來證明上帝存在出現過多次，雖然有各種的變化，但本質是一樣的。其中最爲典型的是阿奎那的上帝存在五種論證和笛卡爾的第三沉思。

阿奎那的《神學大全》（Summa Theologie）裏系統闡述了上帝存在一系列論證，這既是後來人稱的五路論證。這裏做個概要介紹。第一種論證是關於第一推動者，認爲只有存在一位不動者，即第一推動者，運動才是可能的。第二論證是關於第一因，認爲事物的一系列因果鏈條要求必須有一個第一因。第三論證要論證上帝是個必然存在，世界中各種事物存在的偶然性要求必須有一必然的存在。第四論證從價值等級來說明，世界中各種事物不同的價值等級要求必須有一最高的價值，或完滿的存在。第五論證是目的論的，事物的有序說明萬事都有目的，其中必有一最後目的，這最後目的即是一存在，此存在設計世上萬事的秩序。

阿奎那五種論證的共同特徵是，它們的結論都越出了前提，因而是放大性的論證，即歸納論證。下面以第一論證爲例說明。

第一個也是更明顯的方法是運動的論證。世界中有運動的物體，這對我們的感覺而言是肯定和明確的。每一運動都是由另一個運動所推動的，因爲只有一物具有運動的可能性時它才能被推動，而一物運動是因爲它已經在動態中。因運動即是從可能性變成現實性，但只有通過一已經是現實性的事物，事物才能從可能性變成現實性。因此現實中的熱，如火，使可能性的熱，如木頭，得以運動和改變，變成現實的熱。現在，同一事物不能在同一時間同一個方面具有可能性和現實性，只可以在不同方面。因現實的熱不能同時是可能的熱，而是同時是可能的冷。因此一事物就不可能在同一方面和同一方式上既是推動者又是被推動者，即它推動自己。由此，每一運動者都是由它者所推動。如果那推動者自己也在運動，那它必由另一推動者所推動，而此推動者又爲另一推動者所推動。但這不能無窮下去，因這樣一來就沒有了第一推動者，就沒有了其他運動者，看見那接著的運動者是只被那第一推動者所推動，如一物體運動只因受到了手的推動。由此必定會到達一最初的運動者，是不被其他所推動的，每人都知道這是上帝。[15]

上面所引論證很詳細，把他的論證簡化，可以歸結爲以下的步驟：

（1）我們觀察到的每一運動都有它的推動者。

（2）每一推動者背後必有另一推動者。

（3）所以必有一最初的推動者，即上帝。

這個論證有可疑之處。首先，爲何推動者背後有另一個推動者，不能無限延續下去？爲何一定會有第一推動者？阿奎那好像沒有提供理由。即使確實有一個第一推動者，爲何可以肯定他就是上帝？阿奎那說人人都知道這是上帝，這似乎不是個好的論證方式。姑且不論人人知道這是上帝這斷言實在很可疑。即令人人都知道的事情，也不一定可以作爲論證的根據。大航海時代以前，人人知道太陽繞地球轉，這並不能證明確實如此。

拋開這些疑問，這無疑是個歸納論證。從歸納的角度來看，這也不是個好論證。一般理解的歸納，即是協調的放大論證，結論和前提一致，這樣的結論爲眞的概率就大。反之，非協調的放大論證結論爲眞的概率就小。阿奎那的第一推動者論證，前提是每一推動者背後必有一推動者，那麼協調的放大的結論應該是，那最後的推動者背後還有另一推動者，因此也就沒有第一推動者。但阿奎那的結論是有一個不動的第一推動者。這顯然是非協調的放大論證，爲眞的概率很低。當然，從休謨問題不可解的角度看，不管是協調的還是非協調的放大論證，都沒有必然的眞。

以休謨問題的尺子來度量，阿奎那的五路論證是非常脆弱的。按康德的標準，五種論證都屬於自然神學的論證，也是歸納論證[16]，而根據休謨問題，歸納論證都無確定性可言。阿奎那的論證是可錯的，但被許多教會作爲標準，直到今日。

15　Thomas Aquinas, Summa Theologiae, Ia.2.3

16　Immanuel Kant, *Critique of Pure Reason*, translated by Norman K. Smith（Macmillan Press, 1933）, pp.499-500.

笛卡爾也有一個歸納的有神論證。普遍認為笛卡爾復活了安瑟倫的本體論證。但在"第一哲學沉思集"裏有兩個有神論證，即第三和第五沉思。這兩個論證是不同的，笛卡爾在"六個沉思的內容提要"裏也指出了這點。[17]仔細考察會發現第三沉思是個歸納論證，而第五沉思才是本體論證。這裏介紹他的第三沉思。笛卡爾提出"我思故我在"，他的哲學從懷疑一切開始，從而回到自我，即我現在存在著，惟有這是無可置疑的了。所以他的第三沉思和其他人的歸納論證很不相同。

> 也許我所依存的這個存在體並不是我叫做上帝的東西，而我是由我的父母，或者由不如上帝完滿的什麼其他原因產生的吧？不，不可能是這樣。因為，我以前已經說過，顯然在原因裏一定至少有和它的結果一樣多的實在性。因此，既然我是個在思維著的，在心裏有個上帝的觀念的東西，不管最後歸之於我的本性的原因是什麼，必須承認它一定是一個同樣在思維的東西，本身具有我歸之於上帝本性的一切完滿性的觀念。然後可以著重追問這個原因的來源和存在是由於它本身呢，還是由於別的什麼東西。因為如果是由於它本身，那麼根據我以前說過的道理，其結果它自己一定是上帝，因為它有了因自身而存在的能力，那麼它也一定有能力現實地具有它所領會其觀念的一切完滿性，也就是說，我所領會為在上帝內的一切完滿性。如果它的來源和存在是由於它本身以外的什麼原因，那麼可以根據同樣的道理重新追問：這第二個原因是由於自身而存在呢，還是由於別的什麼而存在，一直到一步步，最終問到一個最後原因，這最後原因就是上帝。

當然不應該奇怪，上帝創造我的時候把這個觀念放在我心裏，就如同工匠把標記刻印在他的作品上一樣。[18]

把他的論證整理一下，可以分為下面的步驟：

（1）我存在著，並心中有個完滿的上帝的觀念。

（2）我們所見萬事都有原因，

（3）所以也必有一最後原因使我來到世上並帶有一完滿的上帝的觀念。

17　笛卡爾：《談談方法》，王太慶譯，北京：商務印書館，2001，第79-83頁。
18　笛卡爾：《第一哲學沉思錄》，龐景仁譯，北京：商務印書館，1998，第50-53頁。

（4）能給出一完滿觀念者的必定自身是完滿者。

（5）因此使我來到世上並給我一完滿上帝的觀念的只能是那完滿者，即上帝。所以上帝存在。

這個論證簡要來說，就是從我心中有個完滿的上帝的觀念，推出有一位完滿的存在，不僅創造了我，還把這把這完滿的觀念放在我心中，這完滿的存在就是上帝。上面整理的步驟，第二和第三步是笛卡爾沒有明確寫出的前提，但無疑他的論證隱含了這兩前提。此兩步驟使他的論證成了一個歸納論證。而且，這似乎不是一個概率高的歸納。從我心中有個完滿的觀念，推出那把這觀念放在我心裏的，必定是個完滿者。這當然是可能的，但並不見得必然如此。比如，一對很渺小的父母，可以養育出一個偉大的兒子，這難道不是與笛卡爾的思路相反嗎？然而，不管概率高低，由於休謨問題不可解，歸納方法的有效性也無法得到保證，笛卡爾的歸納有神論證也就沒有必然的真。

這一節討論了有神論證的歸納版本，結合休謨問題不可解的結論，指出只要是歸納版本的有神論證，都是不確定的，因此不能說可以證明有神信念為真。但是，從信念的知識辯護來說，歸納方法可以建立信念的合理性，儘管這信念可錯。實際上，歸納方法是最主要的理論建立模式。當代的基督教哲學許多論證就是從此出發的，比如前面導言提到的 Richard Swinburne 累積論證，以及近年大有影響的智慧設計論證。

（三）安瑟倫的本體論證

前面討論了歸納的有神論證，此節要討論演繹的有神論證。有神論證歷史上常被稱為"證明"（proof）。談到證明，人們會自然想到數學和邏輯。現在來看邏輯範疇裏，這個問題是如何定位的。這裏所說的是一般邏輯教科書的概念。首先，邏輯學把這問題理解為要求一個論證，即從一組前提出發，經過推理規則，得到一個上帝存在的結論。其次，從邏輯上說，"證明上帝"或者"論證上帝"可有三種情況：一是歸納論證，從中得到或然的結論，即上帝在多大可能情況下是存在的。這就是上一章已經討論了歸納的有神論證。第二種是演繹論證，但其中有些前提不一定是公理或公認為真的命題，這樣，即使推演有效，"上帝存在"的結論也是不確定的。第三，一個演繹論證中所有前提都是自明或者真的命題，並得到"上帝存在"的命題。顯然上帝存在的證明要求第三種情況，一個無誤的演繹的論證得到上帝存在的結論。證明乃是演繹的一種，其前提或是自明的公理，或是真命題，在演繹的規則下推演，最後結論的命題就是一個定理。由於前提無誤，這定理也即是真的。回到上帝存在的問題，若嚴格說，要證明有上帝就是要找到一些自明的公理和普遍接受的命題，經過有效的推演得到"上帝存在"的命題。

如前所述，本體論證不屬歸納論證，只能是演繹論證。在演繹論證中，如果前提為真，結論必為真。但有神論證要求的結論是特別的，是個最大最完滿的最高存在，即上帝。根據演繹規則，前提不得小於結論，本體論證的前提必定也包含一個最大最完滿的最高存在。本體論證因此只能是循環論證，由上帝存在的前提推出上帝存在。本體論證不管如何變化，其實質都一樣。仔細分析就會發現，所有本體論證都含有未經驗證的前提，而此前提必定隱含所要證明的結論，即上帝存在。這節要討論安瑟倫的本體論證。

安瑟倫的本體論證是思想史的一個奇跡。毫無疑問這是歷史上被討論最多的論證。安瑟倫的《宣講》（Proslogion）與笛卡爾的沉思錄是純粹思想的典範。本體論證最初出現在《宣講》第二章。如同奧古斯丁的《懺悔錄》，安瑟倫《宣講》一書也是以祈禱的形式寫成。下面就是第二章的全文。

> 因此，主啊，是你給了我信仰的理解，也請你給我與我相稱的理解，能理解你正如我們所信，也是我們所信的。我們實在相信，你就是那位，除你外，沒有更大的事物可被思想的存在。或者說沒有這樣的本質，因"愚頑人心內說沒有上帝"（《詩篇》14：1）但實在是這同樣一個頑愚人，聽我說那沒有更大的事物可被思想的事物，他也會明白他所聽到的，他所理解的在他頭腦中，即使他並不認為這事物存在。因在人觀念中存在的事物與他認為存在的事物乃是兩樣，一畫家作畫前想到他要畫什麼，他觀念中有這畫，但不認為這畫存在，因他尚未畫。當他完成時他就不僅觀念中有這畫也認為它存在，因他畫好了。因此，頑愚人也要承認，那沒有比它更大的事物可被思想的事物存在於觀念中，因他理解所聽到的，而理解的都在觀念中存在。那沒有比之更大的事物可思想的存在，不能只在觀念中存在，因如果它只在觀念中存在，那它卻可在現實中被思想到存在，而這是更大的。因此，如果沒有比之更大的事物可思想的存在，只在觀念中存在，那沒有比之更大的事物可思想的存在，

就會有比它更大的事物確實可被思想，而這是明顯不可能的。因此沒有比之更大的事物可思想的存在，毫無疑問在觀念和現實中都存在。[19]

在這段話中，前面部分給出了上帝的定義，即上帝是沒有比之更大之物可思想的這樣一個存在。這裏還闡述安瑟倫關於存在的觀點，即存在可分為觀念存在和實在存在，這裏且不論這種區分是否合理。後面部分即是以此為出發點的證明，下面這段是關鍵，這裏設立了他的前提。這段的拉丁原文如下：

Et certe id quo maius cogitari nequit non potest esse in solo intellectu。Si enim vel in solo intellectu est potest cogitari esse et in re quod maius est。

前面引的原文有些模糊。事實上，如 Brian Davis 所指出，這裏的拉丁原文可以有兩種翻譯[20]。

那沒有比之更大的事物可思想的存在，不能只在觀念中存在，因如果它只在觀念中存在，卻有現實的存在可被思想到，而這是更大的。

那沒有比之更大的事物可思想的存在，不能只在觀念中存在，因如果它只在觀念中存在，那它卻可在現實中被思想到存在，而這是更大的。

上面給出的兩種翻譯，首先，兩者都設立了一個前提，就是現實中的存在比僅在觀念中的存在要大。其次，兩種翻譯不同點僅在於，第一種翻譯認為，安瑟倫這裏所指可在現實中思想到的存在即是指上帝。第二種翻譯認為，安瑟倫所指是任意一種現實的存在。從這兩種不同的理解，可以有兩個不同的論證版本。先來看第二種翻譯。這個翻譯有些特別，這種翻譯下的正確的理解，應該是安瑟倫這裏假定了這是信徒在向那些愚頑人宣講真理，而對於信徒，上帝是在觀念和現實中都存在的。如果愚頑人不承認上帝在現實中存在，信徒就可以說，我確實思想到上帝在現實中也存在，而這個上帝比愚頑人的上帝要大，而這也不可避免有矛盾。這樣可將安瑟倫的論證分為以下幾個步驟：

19　*Proslogion,* Chap 2 in *St. Anselm Basic Writings*（Open Court, 1962）.

20　Brian Davies, *An Introduction to the Philosophy of Religion*（Oxford University Press, 2004），p.99.

（1）上帝是沒有比之更大之物可思想的這樣一個存在。

（2）即使是愚頑人也承認，那沒有比之更大的事物可思想的存在於觀念中存在著。

（3）現實中的存在比觀念中的存在要大。

（4）那沒有比之更大的事物可思想的存在，可在現實中被思想到。

（5）因此，如果沒有比之更大的事物可思想之存在只在觀念中存在，那沒有比之更大的事物可思想之存在，就會有比它更大的事物確實可被思想到，而這是矛盾的。

（6）因此那沒有比之更大的事物可思想之存在，毫無疑問在觀念和現實中都存在，即上帝存在。

　　我認為這種理解不太可能是安瑟倫的本意。安瑟倫的原意應該是上面的第一種翻譯。即使這第二種翻譯是可能的，這樣得來的一個論證不容易站住腳。這裏的第三和第四前提是沒有經過驗證的。現實中的存在比觀念中的存在要大，對安瑟倫而言可能是自明的，但也說不上是必然的，所以第三前提有疑問。即便那愚頑人接受這點，他也無法接受第四個前提，即上帝可在現實中被思想到。如上所述，這裏可理解為作者自己的陳述，並不是那愚頑人的認識。關鍵在於，對他而言，在現實中可思想到上帝，那是因為他已經信了上帝，並非因它已得到論證。對那些不信的愚頑人，他們大可不認這點，他們大可說安瑟倫的認知官能出了問題，他所思想到的上帝是幻覺。即使按照安瑟倫"信仰尋求理解"的信條，他是要給自己一個證明，他前提中已經有了這現實中可被思想到的存在，即是上帝，而這恰好是要論證的。無疑這是個循環。

　　現在回來看第一翻譯。後來人們討論的主要是這種理解。按照這種理解可以把論證整理如下：

（1）上帝是沒有比之更大之物可思想的這樣一個存在。

（2）即使是愚頑人也承認，那沒有比之更大的事物可思想的存在於觀念中存在著。

（3）現實中的存在比觀念中的存在要大。

（4）如果沒有比之更大的事物可思想之存在只在觀念中存在，則現實的存在可被思想到，這現實的存在，大於那沒有比之更大的事物可思想的存在。此為矛盾。

（5）因此那沒有比之更大的事物可思想之存在，毫無疑問在觀念和
現實中都存在，即上帝存在。

這個論證甫一面世，就有一個修士高尼羅（Gaunilo）提出了反駁。他的
反駁名為"為愚人辯"，連同安瑟倫的作答，都收入《宣講》一書。高尼羅
提出一個完美之島的反駁，認為如果本體論證可行，就可以同樣推出種種烏
有之物。後來人們模仿高尼羅的反駁提出了一系列的有樣學樣（parody），都
是同一個思路，即如果本體論證可行，則可以同樣方法論證各種稀奇古怪的
存在，如完美之島，無有比之更大的飛馬，萬王之王的南瓜王，完美雪姑（Snow
White），等等。

比如，人說在某烏有之邦茫茫大海中，有一個島嶼，因其困難
或索性不可能找到這個島，就稱之為迷失之島。他們說這島嶼富饒
無比，美食遍地，比那福樂之島有過之無不及。

如今人對我說有此島嶼，我很容易明白他的話。但假使他接下
來以邏輯推理的方式說，"你現在不能懷疑這個比之任何地方都要
完美的島嶼，因這島嶼無疑在你觀念裏。如果並非只在觀念中而在
現實中也存在，這就會更完美，因此之故這島嶼必須存在。如果它
不存在，其他現實中存在的地方就比這島嶼更完美，那麼你觀念中
更完美的島嶼就不是更完美的了。"

如有人以此種推理來向我證明真有這島嶼，它的存在不容置
疑，我要麼認為他在搞笑，要麼不知誰是更大的一條蠢東西：是這
個承認了這證明的我呢？還是那個確信自己證明了這島嶼的他？[21]

高尼羅的論證，可以完全按照安瑟倫的論證樣式來處理，其中只需把上
帝置換為完美島嶼。這樣就有了完美島嶼的本體論證。

（1）完美島嶼是沒有比之更完美之島嶼可思想的這樣一個島嶼。
（2）即使是愚頑人也承認，那沒有比之更完美的島嶼可思想的島嶼
於觀念中存在著。
（3）現實中的島嶼比觀念中的島嶼要大。
（4）如果沒有比之更完美的島嶼可思想之島嶼只在觀念中存在，則
現實的島嶼可被思想到，這現實的島嶼，大於那沒有比之更完
美的島嶼可思想的島嶼。此為矛盾。

---

21 Gaunilon, "In Behalf of the Fool" in *St. Anselm Basic Writings*（Open Court, 1962）.

（5）因此那沒有比之更完美的島嶼可思想之島嶼，毫無疑問在觀念
　　和現實中都存在，即完美島嶼存在。

　　安瑟倫對此反駁有詳細的回應。他重點是強調"無有比之更大可思想的
存在"這個定義的特殊之處。事實上他反復使用了諸如"可能"，"不可
能"，"可思想的"和"不可思想的"的表達，和後來萊布尼茨對可能世界
的討論很相似。很明顯他們都同樣觸及了關鍵所在，只是還沒有找到後來模
態邏輯的標準語言來描述。安瑟倫認為高尼羅沒有理解和誤讀了他的論證。
他明確點出，他的論證只適用於上帝這個特別的存在。

　　　　我可以自信地說，如果有人能夠找到其他事物，現實中存在的，
　　或只在觀念中存在的，也能如"無有比之更大可思想的存在"那樣
　　能適用於我的論證的方式，我就會找到這迷失之島，並送給這人，
　　再不會迷失。[22]

　　這即是說，對本體論證的種種有樣學樣，都沒有看到，上帝的概念和種
種完美之物不同，即上帝是所有存在之最，而其他完美之物都是某種事物之
最。就某種事物而言，高尼羅的有樣學樣確實是有效的，用這種方式可以推
出各種稀奇古怪的東西，如完美島嶼。但是，這樣的論證就要加一個前提，
即這是個有島嶼的世界。即，只要這世界有島嶼，就一定有最完美的一個島
嶼。以此類推，所有其他的有樣學樣，都須有此類似的一個附加前提，如這
是個有姑娘的世界，就可以推出一定有一個最完美的姑娘。然而，不管是完
美島嶼還是完美雪姑，這些東西並不是必然的存在，比如，這世界本來根本
就沒有島嶼沒有姑娘，這是完全有可能的。但上帝是個特別的存在，不能設
想為不存住。因為上帝是所有存住之最。若這上帝只住觀念中存住，其他存
在都比這上帝要大，這就產生矛盾，因上帝就是"無有比之更大的存在"。
這種理解下，上帝不能思想為不存在，不然就有矛盾。這個理解的本體論證，
其實就是 Proslogia 第三章的論證要點，這是下一章將要詳細討論的內容。

（四）存在不是一個謂詞

　　很多人認為，康德一舉挫敗了各種版本的有神論證。康德自己則認為有
神論證無出其三，即自然神學的論證，宇宙論證和本體論證。他又認為前兩
種乃依賴本體論證。因此，本體論證之於康德的討論就很重要。這裏姑且不

---

22 "Apologetic" in *St. Anselm Basic Writings*（Open Court, 1962）.

論康德這個判斷是否成立，只單獨考察一下他如何討論本體論證。他討論的其實只是笛卡爾的版本，這一點他也有明確點出。笛卡爾的本體論證出現在第五沉思。由於笛卡爾作爲現代哲學之父的地位，這個論證對後來學者的影響可想而知。下面是他論證的要點。

> ……可是仔細想一想，我就明顯看出上帝的存在不能和他的本質分開，這和一直線三角形的本質之不能和它的三角之和等於二直角分開，或一座山的觀念之不能同一個穀的觀念分開一樣。因此，領會一個上帝（也即領會一至上完滿的存在體）而他竟缺少存在性（也即他竟缺少某種完滿性），這和領會一座山而沒有穀是同樣不妥當的。

> ……僅僅由於我不能把上帝領會成不帶存在性，所以存在性和上帝是不可分的，所以上帝存在。不是因爲我把事物想成怎麼樣就怎麼樣，而且把什麼必然性強加給事物；而是反過來，是因爲事物的必然性，即上帝的存在性，決定我的思維去這樣領會它。因爲我可以隨便想像一匹馬不帶翅膀或帶翅膀，可是我並不能隨便領會一個不帶存在性的上帝，也就是說我不能領會一個缺少某種至上完滿性的至上完滿的存在體。[23]

和他的第三沉思一樣，笛卡爾的第五沉思論證也相當冗長，但以上引的兩段是關鍵。把它簡化，這論證就如下：

（1）我心中存在一個完滿的上帝。

（2）完滿性包括存在性。

（3）所以上帝有存在性。即上帝存在。

很明顯，他的前提已經包括了上帝存在。當他說心中有個完滿的存在，這已經是指上帝存在了，而這恰好是要論證的，這構成了一個循環論證。笛卡爾心中有這個完滿的上帝是因爲笛卡爾心中信仰上帝，而不是因爲這個上帝經過了證明。這個前提並沒有經過論證，由此他的結論也沒有保證。這也是由於如前所述的演繹的特徵，由於在演繹裏，前提包含結論，本體論證既然結論是上帝存在，前提也必然已經包含上帝存在。康德沒有從此角度來反駁，他那人所共知的對本體論證的反駁，其實是有兩個不同的反駁。他首先留意的是笛卡爾所宣稱的"存在性和上帝不可分"，也即上帝的存在性是必然的。

---

23 笛卡爾：《第一哲學沉思錄》，龐景仁譯，北京：商務印書館，1998，第 70-71 頁。

如果在一同一律的命題，我否定謂詞而保留主詞就有矛盾出現，那麼我就可以說前者乃必然屬於後者。但如果主詞和謂詞一起否定，就無可能有矛盾。設想一個三角形，而否定三個角，就會自相矛盾。但是，如果將三角形和三個角一起否定，就無矛盾。就一個絕對必然之存在而言，也是如此。如果我們否定其存在，那麼也就否定其自身並其所有謂詞，這裏全無矛盾……"上帝是全能的"是一個必然的判斷。如我們設想有這樣一位神，這位無限的存在，就不能否定全能，因這兩個概念乃是相等的。但如果我們說，"沒有上帝"，那麼全能或任何其他的謂詞都沒有了，他們乃是與主詞一起都被否定了。這樣的一個判斷沒有絲毫矛盾。[24]

對笛卡爾的論證而言，康德以上的反駁是有道理的。笛卡爾論證的要點在於，他認為就如承認三角形，就要承認三個角之和等於一百八十度等性質，要不然就有矛盾。同樣，承認心中有個完滿的上帝的觀念，就要承認上帝存在，因為存在性質是完滿性質的一部分，因此上帝必然存在的。在上面的引文裏康德挑戰的恰好是上帝的必然存在。他認為，就如可以否定三角形，也就連三個角也否定了，類似也可以否定上帝這個觀念，並連帶否定他的存在性質。上帝的存在性質端在乎是否承認上帝這個觀念，因此上帝存在並不是必然的。這裏的關鍵在於，不承認上帝這個觀念是否合理。笛卡爾沒有論述這點，他只是說自己心中有這個觀念，並沒有說這個觀念是必然的，不可否認的。康德明顯不認為上帝這個觀念是不可否認的，從而上帝的存在性質也不是必然的。這個對笛卡爾的反駁能否成立，也端在乎上帝是否一個無可否認的必然存在。這是本書下一章的主題。

康德對笛卡爾的反駁還有另一種，這就是廣為人知的口號"存在不是一個謂詞"。這個反駁的思路其實並非康德首創。在笛卡爾的時代，迦森狄就提出了與後來康德類似的反駁。迦森狄應邀為笛卡爾的沉思寫回應，結果這詳細的回應變成了比笛卡爾原書還要長的一部書。這回應後來收入笛卡爾的沉思一起出版。

接著要注意到，你把存在算作上帝的完滿性之一，而不把它算作一個三角形或一座山的完滿性之一，雖然根據各自的情況來說，它對於這一個和那一個都同樣是完滿性。不過，實在說來，不管你

24　Immanuel Kant, *Critique of Pure Reason*, I, 2nd Division, Book II, chapter III, section 4.

在上帝裏邊觀察存在也罷，或者在別的事物上觀察它也罷，它並不是一個完滿性，而僅僅是一種形式，或一種現實，沒有它就不能有完滿性。事實上，不存在的東西既沒有完滿性，也沒有不完滿性⋯⋯同樣，在你列舉上帝的完滿性時，假如你不是想要把有爭辯的東西當做已經證明的東西，並且把問題當做前提的話，你也不應該把存在性包括進去以便由之得出結論說上帝存在。[25]

這裏迦森狄的觀點有二，第一，存在性不能作爲一種完滿性，這其實即是後來康德的要點，只不過康德的術語是謂詞，即後來的分析哲學所言的性質。第二，迦森狄還明確點出，笛卡爾的論證把"想要爭辯的東西當做已經證明了的東西"，即前提包含了結論"上帝存在"。這即爲本書所指出的，演繹的有神論證都不免爲循環，因結論的上帝是至大的存在，那前提就肯定也有這至大的存在，不然就不可能演繹出上帝存在的結論。關於第二點，康德沒有怎麼留意，他發揮的是第一點。

我希望以一直接的方式，即精確界定存在這個概念，來一舉消除這些無謂和虛空的爭論。因我發現，邏輯謂詞與實在謂詞（即規定一事物的謂詞）的混淆所帶來的幻覺幾乎無可救藥。任何我們所願的都可以作爲邏輯謂詞，即便是主詞自身，因邏輯乃從所有內容抽象而來。但一個規定的謂詞乃是加諸主詞概念之上並使之擴大。因此，這規定的謂詞不能包含於概念之內。

"存在"明顯不是一個真正的謂詞，也即，這不是可以加諸一個事物的概念之上的。它只是設想某事物，或某一斷言，使自身存在的。邏輯上而言，這只是一判斷的係詞。"上帝是全能的"這命題包含兩個概念，分別有它自己的對象，即上帝和全能。"是"這個詞並沒有並無增加新的謂詞，只是用以設定謂詞與其主詞的關係。現在，如果我們設定主詞（上帝）並其所有謂詞（其中有全能），然後說"上帝存在"或者"有一位上帝"，我們並無爲上帝這概念增加新的謂詞，只是設定主詞及其所有謂詞，設定其爲與我的概念相對應的對象。兩者內容爲一，沒有爲這概念增加內容。這概念所表達的僅爲可能，（通過"這是"這樣的表達）我思想此概念的猶如絕對給定的對象。另一說法，真實存在的不因那僅爲可能的存在而

25 笛卡爾：《第一哲學沉思錄》，龐景仁譯，北京：商務印書館，1998，第 70-71 頁。

增加。一百塔勒的眞實銀子不因那一百塔勒的可能的銀子而增加。後者表明概念，而前者表明對象及設定對象。若前者所含多於後者，那麼我的概念就不足表達整個對象，也就不是一個足夠的概念。然而，一百眞實塔勒銀子與一百塔勒的概念的銀子（即其可能性），之於我的經濟狀況大爲不同。因對象若眞實存在，則非分析地包含於概念中，乃爲綜合地加諸我的概念之上（即爲我的狀況的一個斷定）。但一百塔勒思想到的銀子，自身不因概念外獲得存在增加分毫。

　　因此，無論我們以何種並多少謂詞來思想一事物，即令完全規定之，當我們宣告此物存在，我們不能爲此物增加分毫。[26]

以上譯文我譯自史密斯（Norman Kemp Smith）的英譯本。藍公武20世紀三十年代漢譯本所據即此譯本[27]。此譯本至今依然爲英語世界之權威。藍氏譯文與我的譯文一個重大差別在於predicate一詞的譯法。藍氏譯爲"賓詞"，而我則按現在分析哲學的通例譯爲"謂詞"。藍氏譯文時代，所據文法概念乃清末馬建忠的《馬氏文通》。馬氏家族世代天主教徒，兄弟自幼諳熟拉丁文，所習文法概念俱出於此。"subject"與"predicate"馬氏原初所立之名爲主次與賓次[28]，實源自拉丁文之變格，非僅指現在通例所言之主詞與謂詞。馬氏概念引起混亂，現已多不用。但藍氏譯本時代尙未覺察這個差別。

康德上面所論，即有了後來廣爲人所討論的一個命題"存在不是一個謂詞"。在這裏所針對的就是笛卡爾將存在性作爲一種完滿性的論點。康德把笛卡爾所言的各種完滿性看做是各種謂詞，而康德理解的謂詞是可以述說的一個概念外的新的內容。比如，"上帝愛我們"，"上帝拯救以色列民"，這裏的謂詞"愛我們"和"拯救以色列民"都述說了上帝概念以外新的內容。但"上帝存在"這句話裏，"存在"這個詞並沒有給出上帝這概念以外任何新的內容，它只是"設定主詞及其所有謂詞，設定其爲與我的觀念相對應的對象"。

以現在的哲學術語，"存在不是一個謂詞"，是指存在不是一個性質。精確一些說，存在是個二階謂詞，只可適用於一階概念的性質，而不適用於個體概念。比如，母牛是個一階概念，"母牛存在"這個命題裏，"存在"

26　Immanuel Kant, *Critique of Pure Reason*, I, 2nd Division, Book II, chapter III, section 4.
27　康德：《純粹理性批判》，藍公武譯，北京：商務印書館，1997。
28　馬建忠：《馬氏文通》，北京：商務印書館，1998，第27頁。

表達了母牛是有實例的，是母牛這個一階概念的謂詞。另一方面，牛是個體概念，"牛存在"這個命題裏，"存在"並不能有如母牛那命題的性質。用另一種表達可以將這種差別看清楚。"母牛存在"可以表述為，"有些牛是母的，這是有實例的"，而"牛存在"將會變成"牛是牛，這是有實例的"。後者明顯是不合理的表述。"上帝存在"這個命題也如此，存在作為二階謂詞，不適用於"上帝"這個個體概念。

存在不能作為個體概念的性質，這點還可從另一角度來考察。"牛有分蹄"表示牛有分蹄這個性質，而"牛不能飛"表示牛缺少飛的性質。這樣，如果"牛存在"這命題裏，表示牛有"存在"這個性質，那麼"牛不存在"就表示牛缺少存在這個性質。但是，如果牛既然不存在，就說不上它缺少某種性質。"牛不存在"這命題就有矛盾。所以，"存在"不能成為個體概念的謂詞。但對於一階概念，"某某不存在"的命題卻不會有矛盾。比如，"會飛的牛不存在"這個命題，"會飛的牛"是一階概念，這個命題就可表述為，"有些牛是會飛的，這是沒有實例的"，即牛缺少飛翔這個性質。

從上面的討論看，對於笛卡爾的本體論證，康德所提兩點反駁都是有效的。但是，康德的反駁對安瑟倫的版本並不適用，安瑟倫的要點在於觀念的存在與現實存在的比較，康德沒有觸及這點。另外，《宣講》第三章可以引出一個本體論證的模態版本，康德的批判對此也不適用，在那裏上帝存在的可能性不能否認，而從這可能性就可以推出必然存在。本書接下來的第三章將討論這個版本。所以，普遍所言康德一舉挫敗所有有神論證之俗諦實為虛妄。

第三章　從可能到必然

　　自從亞裏士多德創立古典邏輯，在兩千年的時間裏似乎沒有多大進展。直到 19 世紀末和 20 世紀邏輯學才取得了突破，許多思想史上的問題在新視角下被重新檢驗，其中就有本體論證。模態邏輯的出現，使人們看到這個老問題可以通過新工具來驗證。在這方面的主要工作來自馬爾康，哈克尚和柏亭格。但問題的實質並不因工具精巧性的提高而改變，本體論證也無法改變循環論證的本質。

　　模態版本的本體論證有深遠淵源。模態邏輯涉及哲學上的必然和偶然。至少，這在亞裏士多德那裏就開始了這個討論。人們困惑的是，爲何有些事物是必然的，不管世界如何變化，這些必然之事物都不會改變；而另一些事物就是偶然的，時過境遷，白雲蒼狗。哲學上另一個古老的問題是論證上帝存在。通常，人們把這作爲哲學上的兩個不相干的主題。安瑟倫的本體論證，尤其是《宣講》（Proslogion）第三章，也許使人認識到了上帝存在和必然/偶然的討論是有聯繫的。但把這兩個主題放在一起深入討論的是萊布尼茲。他對必然/偶然的討論，大致可以說就是幾百年後的模態邏輯的雛形。模態邏輯在 20 世紀的完整建立，又成爲論證上帝存在的新工具，其中促成了《宣講》第三章的復活。本章即是要介紹安瑟倫《宣講》第三章的本體論證，並萊布尼茲對必然/偶然的討論，以及模態版本的本體論證。

（一）安瑟倫《宣講》第三章的本體論證

　　上帝存在的本體論證有多種，討論最多的是安瑟倫《宣講》的第二章。笛卡爾第五沉思也很多人討論，康德《純粹理性批判》裏反駁的其實就是這個版本。但很多人把《宣講》第二章和笛卡爾第五沉思兩個不同的版本混淆一起。第三個重要的版本就是模態的本體論證。如上一章所述，這個思路在《宣講》第二章其實已經有初步形式，更完整的表述是在《宣講》的第三章。

不可思想上帝不存在——上帝就是那無有比之更大的存在——那有比之更大可思想的存在不是上帝。

這存在乃如此之確實，甚至不能思想其不存在。因為，確可思想這無有比之更大之存在乃是可能存在的，而這比之可思想為不存在者為更大。若那無有比之更大可思想者，確可思想為不存在，則其非為那無有比之更大可思想之存在。然而此乃不可調和之矛盾。因此，確實有那無有比之更大之存在，甚至思想其不存在乃不可能。這存在即是你，主阿，我們的上帝。

因此，你誠然存在，主阿，我的上帝，你不存在乃為不可思想，這是確實的。若人心可思想有比你更好之存在，則被造物就在造物主之上了，此乃最為荒謬。最確切者，乃是除你以外，萬有皆可思想為不存在。因此，惟有你比萬有更為真實地存在，並比萬有更高一級，因萬有並非如此確實地存在，乃為低一級，並依託上帝而存在。愚頑人為何說沒有上帝呢？（《詩篇》14：1）對理性之心靈而言，此為如此之顯明，你即萬有之上最高之存在。若此人非為魯鈍且愚頑，尚有何原因？[1]

這個論證的要點有兩個，首先是上帝的定義，其次是一個前提，那存在的，比之那不存在的，為更大。這論證可以大致重述如下：

（1）上帝即為那無有比之更大之存在。

（2）那可思想為存者，比之可思想為不存在者，為更大。

（3）上帝若可思想為不存在，則其非為那無有比之更大之存在。

（4）上帝之不存在乃為不可思想。

（5）上帝，那無有比之更大之存在，確實存在。

這論證，一言以蔽之，乃是從上帝的定義推出其存在，因為若可思想為不存在的，則其非為最大之上帝，所以上帝必然存在。這是否合理？後來的人們往往沒有看到上帝這個概念的特別之處，由此輕看了這個本體論證。從

1　Proslogia, Chap 3 in St. Anselm Basic Writings（Open Court, 1962）.

可以思想到一個東西，到推出有這個東西，這無論如何讓人覺得不可思議，甚至覺得這是個思想魔術或者一個騙局。上一章提到修士 Gunilo 他們的反駁。他們有樣學樣，要照搬安瑟倫的方法來論證種種烏有之物，如無與倫比之飛馬或完美雪姑。但上帝概念的特別之處，乃其為所有存在之最。因此，若上帝可思想為不存在，則非為所有存在之最了，這就導致矛盾。這就是安瑟倫所說的，思想其不存在乃不可能。

　　所以，完美島嶼的存在是偶然的，而上帝的存在卻是必然的。休謨也沒有看到上帝這個觀念的特別之處，也把一般存在之物與上帝等量齊觀。常識中的人們，很自然想到，可思想有一個東西，當然也可思想沒有這個東西，休謨的出名例子就是，六月飛雪，可以思想其有，也可以思想其沒有，這沒有任何問題。也即是，現實存在之物是偶然的，而非必然的，換了一個時間地點或其他條件，這存在之物就未必有了。休謨正是懷著這個觀念，在《自然宗教對話錄》裏要反駁本體論證。他借 Cleanthes 之口反駁任何先驗論證。

　　　　一事物要得到解證，或以先驗的論證來將其證明，這是明顯荒謬的。任何事物都不可能得到解證，除非否定此事物之存在就導致矛盾。然而，並沒有任何可明確思想到的事物，蘊含了矛盾。任何可思想為存在者，同樣可思想為不存在。因此，沒有任何存在之物，其不存在將導致矛盾。也因此，沒有任何存在之物，其存在可得到（先驗的）解證。[2]

　　這幾句話，第二句是關鍵，"任何事物都不可得到解證，除非否定此事物存在就導致矛盾"。換言之，如果不承認其存在會有矛盾，就可以推出一事物的存在。眼前明明有個蘋果，硬說沒有，當然和事實矛盾，所以蘋果存在。休謨討論的不是事實的情況，而是先驗的（a prior），能否不需要涉及事實，單從先驗的角度就可以證明其存在。休謨的答案是沒有這樣的事物。他說任何事物，都可以思想為不存在，而這並不會有任何矛盾，即六月飛雪的世界，可以有也可以沒有，六月飛雪有或沒有由此都不是必然的，也不是先驗就可證明的。既然任何事物都可以不存在，休謨的結論當然是，上帝也不

2　David Hume, *Dialogues Concerning Natural Religion*, Part V（1779）. Collected in *Philosophy of Religion*, ed. Eleonore Stump and Michael J. Murray, Malden（MA: Blackwell Publishing, 1999）.

是必然存在的。但休謨沒有留意到，上帝恰恰不同於任何其他存在，上帝這個觀念的特別之處，恰在於，如果否定其存在就有矛盾。

雖然本體論證一出現就廣受關注，人們通常只注意到《宣講》第二章。從上面的介紹可以看到，第三章也確實是在延續第二章，也是從上帝如不存在就有矛盾來論證。但是，第三章不同之處在於，它使用的是可能和不可能的概念，而"誠然存在""最確切地存在"也可理解為必然存在。正是由於這些概念，《宣講》第三章在 20 世紀得以復活，這要歸功於馬爾康，哈克尚和柏亭格的工作。而他們的工作依賴於模態邏輯的完整的建立，而這又源於萊布尼茲的對可能世界的討論。

（二）萊布尼茲論必然和偶然

《論形而上學》（Discourse On Metaphysics）乃是萊布尼茲的成熟時期思想的一個濃縮綱要。其中涵蓋了大部分他關心的哲學問題：神正論，必然和偶然，最終的實在，靈魂，自由意志，預定論，等等。第十三節集中討論了必然和偶然，可能和不可能。

> ……我們曾說，某一個體實在的概念，包括了它完全的各種可能，即是單考慮這概念，我們就可知曉它的全部所指的內容。就如我們單考慮圓的本質，就可知曉從中演繹出來的所有性質。
>
> 但這看來會取消了偶然和必然真理之間的區別，從而也就沒有了人的自由，那絕對的宿命論就統管我們所有行為及世上一切事件。我對此的回答為，必須區分肯定的和絕對的。大家都承認未來的偶然乃是肯定的，因為上帝預見了這未來之事，但我們如此說，並非承認此乃絕對的。（有人會說）但若可從一定義或概念無誤地演繹出結論，則其為必然。誠然，我們也認為那將在一人身上發生的所有事情，都已實際上包含於其本質和概念之中，就如圓的性質都已包含於其定義之中；因此，那困難依舊還在。為明確闡述清楚，我斷定有兩種聯結或次序。一乃為其相反者為矛盾，此即絕對之必然；此中演繹乃在永久之真發生，就如幾何的真。二者僅為假言的（ex hypothesi）必然，即是意外的，但其本身是偶然的，因其相反者並不導致矛盾。此種聯結之基礎非為純粹觀念或者上帝的單純理解，而是他自由的命定及宇宙中的秩序。

　　……（凱撒跨過魯比肯河）但這並不表示此爲必然的，它的相反者亦無矛盾。同樣道理，上帝總會按最好的來行事，也是合理的和確定的，即便那不完美的並不導致矛盾。

　　因爲，此中所展示的凱撒的性質並不如數字或幾何那樣的絕對，僅表明上帝自由選擇事物的次序，這次序乃基於上帝第一自由的定命，就是對應於他所命定的人的本性，他總會作最完美的選擇，由於這第一之定命，人也就總會（但卻是自由的）作看來是最好的選擇。但所有基於這類定命的真理，都是偶然的，雖然也是確定的；因這些定命並不改變事物之可能性，也如我曾講到，即便上帝確定地總選擇最好的，那非最好的事物自身還是可能的，儘管不會發生。之所以這樣，這非最好之事物之被捨棄，非爲其不可能，乃在其不完美。那相反者爲可能的，都不是必然的。

　　……偶然的命題沒有必然的證明，因其中理由乃基於偶然的原則，又或稱存在事物之原則，即基於那看來爲同樣好的幾個事物中最好的。另一方面，必然的真乃是基於矛盾律，即基於本質自身的可能或不可能，無須考慮上帝或其創造物的自由意志。[3]

　　這裏他常談到偶然的事物，如凱撒跨過魯比肯河，也是確定的和必然的。他也稱偶然爲假言的必然。總的來說，這裏萊布尼茲使用必然這個概念和現在的用法有些差異。現在通常意義中的必然和偶然，在萊布尼茲相當於兩種必然，一爲絕對的必然，二爲假言的必然。

　　萊布尼茲這本著作也討論了可能世界的概念，但這概念最完整清楚的表述是在《神正論》，其中他論證，在所有可能世界裏，上帝選擇了最好的作爲他的創造，這就是現實的世界[4]。引入可能世界的概念，必然和偶然，可能和不可能，這些概念就更加清楚得到闡明。在萊布尼茲討論可能世界以前，必然和偶然是一對常出現的概念，哲學上討論甚多。但偶然的概念有含糊之處，即現實的和可能的沒有明確的分界。引入可能世界的概念，這兩者就區分清晰。偶然的即爲現實世界裏實現了的，但並非在所有可能世界都實現。可能的即至少在一個可能世界存在，但尚未在現實世界實現。

3 G. W. Leibniz, *Discourse on Metaphysics and Other Essays*（Indianapolis: Hackett Publishing, 1991），pp.12-14.

4 G. W. Leibniz, *Theodicy*（La Salle: Open Court Publishing, 1985）.

　　這些由萊布尼茲所闡發的概念，成爲模態邏輯語義理論的基本內容。在此，可能性是指一個事態至少在一個可能世界中存在，但並非在所有可能世界都存在。不可能則指在所有可能世界都不存在，如圓的方。另一種表述就是，除非可證明某事態是不可能的，則其爲可能。對於一個命題，若此命題必然爲眞，就是這命題在所有可能世界都爲眞，如萊布尼茲常提到的幾何的眞，不管在哪個可能世界，三角形的三角之和一定爲 180 度。如果不是 180度，則爲矛盾。此即萊布尼茲所提到的，"其相反者爲矛盾，此即絕對之必然"。所謂可能，即此命題在至少一個可能世界爲眞。這裏要留意的是，只要不導致矛盾的命題，都是可能的。如休謨說過的例子，六月飛雪，寒冬花木繁盛，這些都是可能的，儘管現實也許顯得荒謬，但這些並不違反矛盾律。至少有一個可能世界，比如那裏物理規律和地球的相反，使得這能夠成爲現實。所謂偶然的，即是在現實世界實現了的，但並非在所有可能世界都能實現。今天下了雨，在這個世界實現了。但如果有個可能世界，那裏連水分子都沒有，當然就不可能實現下雨。所謂不可能，即是在所有可能世界都不可能實現的。這其實可視爲另一種必然。如違反幾何原理的命題，如圓的方，又如三角形三角之和不等於 180 度，在所有可能世界都無法實現，就是不可能的，另一種表述就是，圓的方爲假，三角之和不等於 180 度爲假，都是必然的。

　　雖然廣義上說，模態邏輯包括了義務邏輯等，但一般來說，模態邏輯即爲討論"必然"和"可能"的邏輯系統。刻畫"必然"和"可能"有強弱之分，因此也區分出來不同系統。這裏要介紹一下 S5 系統特有的一條公理。S5系統的這條公理可表述爲，如果可能 P，則必然可能 P。這即是上面以可能世界來表述的可能性。即一個命題，如果沒有違反矛盾律，即並非不可能，那就是至少有一個可能世界，其中這命題爲眞。S5 公理的表述，就是必然有至少一個可能世界使得這命題爲眞。S5 公理又可表述爲，若 P 非爲不可能，則P 必然是可能的。這 S5 公理即是模態版本的本體論證所使用的關鍵的一步。

　　萊布尼茲討論的可能世界，其實有很好的哲學直觀。S5 系統的公理，也在哲學上很好理解。這使人們對可能的事物有更深的認識。以前人們並沒有很清楚的區分不可能和可能的界限。可能世界的討論在知識上挑戰了一些舊的觀念。一些看起來荒謬的事物，並非不可能。愷撒沒有跨過魯比肯河，又或他是個瘋子，這些都並非不可能，儘管大家都知道現實世界中是假的。即便是童話，雪姑和七個小矮人，也不可簡單否定。甚至，違反現實世界的規律，如休謨所說，太陽從西邊升起，並不會有矛盾，從而也就在某個可能世界是真實的。而且，這可能性是必然的，即必然至少有一個可能世界，使得雪姑和小矮人確實出現。這種可能性是必然的觀念，後來就引出了本體論證的模態版本。

（三）本體論證的模態版本

萊布尼茲討論可能世界，是為了回應惡和苦難的問題，後人則將此概念直接應用到論證上帝存在。20 世紀模態邏輯實現了形式化，並且有了完整的語義理論。很快這就被人發覺這是哲學古老問題的新工具。哈克尚和馬爾康最早留意到安瑟倫《宣講》第三章與第二章的區別，他們開始用可能世界概念來闡釋第三章，這就是模態版本的本體論證。哈克尚在 1941 年第一次用模態邏輯的概念來討論《宣講》第三章[5]。馬爾康在 1960 年接著發表了一篇很有影響的論文，也是討論這一章[6]。柏亭格也是在此時開始關注這個論證，1967 年出版的《上帝與他心》（God and Other Mind），就有討論本體論證。他深入討論《宣講》第三章的則是在 1974 年出版的《必然性的本質》（Nature of Necessity），《上帝，自由與惡》（God, Freedom and Evil），其中提出了完整的模態邏輯版本的本體論證。

以上幾位的討論，各有差別，但其思路都是一致的。這個模態版本之本體論證大致可以整理如下：

(1) 上帝即那有最大性質之存在，即上帝有至高的智慧、至高的能力和至高的善。（上帝的定義）

(2) 在所有可能世界都存在之性質，大於僅在某些可能世界存在之性質。

(3) 至少有一個可能世界，其中有最大之性質。（無矛盾之可能性）

(4) 必然地，有至少一個可能世界，其中有最大之性質。（3，S5 公理）

---

5 Charles Hartshorne, *Man's Vision of God and the Logic of Theism*（Willett, Clark & Company, 1941）.

6 Norman Malcolm, "Anselm's Ontological Arguments", Philosophical Review, 1960, 69: 41–62.

（5）若此爲最大之性質，則在所有其他可能世界也存在。（根據2）

（6）必然地，最大之性質，存在於現實之世界，即現實世界有至高
的智慧、至高的能力和至高的善之存在。

（7）必然地，至高的智慧、至高的能力和至高的善之上帝存在。
（1，6）

模態版本的本體論證，其關鍵之處在於前提"有一個可能世界其中有最大之性質"。這裏涉及了必然、可能、偶然及不可能的概念。根據萊布尼茲可能世界的概念，除非可證明某事態是不可能的，則其爲可能，即至少有一個可能世界，這事態是存在的。顯然，"最大之性質是存在的"此命題並非不可能，則其爲可能的。但由於最大之性質之特別處，乃在於若其爲最大，則爲在所有可能世界都存在，故其在現實世界亦存在。既然此最大之性質在所有可能世界都存在，則其爲必然之存在。這是最重要的前提，柏亭格自己對此是清楚的，他在論證完畢後就有一段話：

對此論證我們有何可說？從給出的前提推出結論，它當然是有效的。對我來說，惟一感興趣的問題是，它的主要前提，存在一可能世界，在其中體現具有最大完滿性的性質，這一點是否爲眞。這個論證認爲此前提是眞的，我也認爲這個本體論證是有效的。[7]

從具體步驟看，此論證用到了 S5 的公理，從可能 P 推出必然可能 P。這是一條有爭議的公理，有人認爲不該接受。從本體論證看，就會更明白此公理的意義。此公理於本體論證，即是從可能有最大之性質，推出在某一可能世界，有最大之性質。即，最大之性質並非矛盾，非爲不可能，即必然在某一可能世界存在。誠如柏亭格所言，此論證依賴前提是否成立。不僅如此，此前提之成立，實依賴 S5 公理。這公理可表達爲，可能性是必然的。我認爲這是符合哲學直觀的。如可接受 S5 公理，則此論證亦爲有效。

這模態版本的本體論證是有效的嗎？從論證自身說，這是有效的，有了前提，就可以得到結論。當然，這取決於是否接受 S5 的公理，如果這公理是可接受的，那這論證即是有效的。事實上，上帝的定義，"無有比之更大之存在"，就已經隱含了上帝的存在。即，這樣的存在不僅可思想，且並非不可能，那就必然可能，又由於這是最大的存在，就在所有可能世界都存在，

---

7 Alvin Plantinga, *God, Freedom and Evil*（New York: Harper Torchbook, 1974a），p.112.

如此就是必然存在的了。這回到了安瑟倫 Proslogia 第三章，如果上帝是可思想的，那他不存在就是不可思想的。上帝是不可想的嗎？這個問題更直接的一種提法就是，思想有一位上帝，這有矛盾嗎？如果沒有，就是可能的，而從其可能存在，就可以推出必然存在。顯然，思想有一位上帝，這並沒有矛盾。因此，這論證也是成立的。但從另一方面看，這論證又如"因為 A，所以 A"。這就是上一章討論過的，演繹的本體論證都是循環的。這個模態版本的本體論證沒有改變本質。

但何謂循環論證？為何循環論證就不可以接受？這並不是很清楚的，這裏要作些說明。在日常溝通論辯中，把要得到的結論，事先作為前提和理由，就是循環。這種循環可以是直接的一開始就把前提當結論，也可以是拐彎抹角的，在很長的過程很多的步驟中插入結論作為前提，只要前提中包含了結論，就是循環論證。就演繹論證的性質而言，所有演繹論證的結論都是已經包含於前提之中的。接受了前提，就必然接受結論。就這點而言，演繹論證都可視為一種循環。誠然，演繹的結論是在前提之內，但演繹之所以有意義，是因為可以得到前提之下的其他命題。歐幾里德幾何的五條公理，可以推演出許多定理。這些定理都在公理範圍之內，但並不能說從公理推出定理是沒有意義的。包含在公理系統裏，但公理本身沒有顯明出來的性質，通過這些定理顯明出來。當然，公理系統裏的推演，還可以包括從公理推出公理，A 推出 A，這也是有效的（valid argument），只是這沒有意義，說不上是好的論證（sound argument）。參照公理系統的方式，將"上帝存在"看做一個公理，由此可以推出一些定理，如"上帝有最高能力"，"上帝有最高的智慧"，"上帝有最高的善"，等，這是有效的，且是有意義的，因為這些性質包含在上帝這個特殊的至高至大的存在裏。但從"上帝存在"推出"上帝存在"，這就沒有意義。而這正是本體論證的問題所在。

再想想，安瑟倫的《宣講》第三章似乎說不上是個論證，而僅是指出上帝是個特別的存在，而這存在是不可置疑的，因若可思想其不存在，他就不再是上帝。上帝存在就如 2+3=5，在任何可能世界都是真的。正如 2+3=5 不需要更進一步的論證，因為這是自明的真，即二加三不等於五乃不可設想。人若說 2+3 不等於 5，是不知道自己所說為矛盾。上帝存在也是自明的，因其不存在不可設想。而人若說上帝不存在，也是不知自己所說為矛盾。這就是為何安瑟倫借用詩篇稱之為愚頑人。

　　因此，本體論證成立與否端在乎上帝這個定義，無有比之更大可想的這樣一個存在。若這個定義沒有問題，上帝就必然存在。也許是看到了其中奧秘，很多後現代神學—哲學家都不承認這個上帝，他們重新定義上帝，於是有了五花八門豐富多彩的各種上帝。這些不在本書關心之列了。

第四章　惡的問題[1]

　　論證上帝存在的努力無法有一個無誤的結果。那麼否定上帝存在的論證呢？有充分理由說明上帝不存在嗎？康德在"純粹理性批判"中提到正如論證上帝存在不可能，否定上帝存在也是不可能的，但他並沒有給出詳細理由[2]。啟蒙運動以來，特別是 19 世紀的進化論和科學主義的興起，知識人有一個共識，認為有神論已被證明是假的。但一個普遍的意見不表明有一個好的論證。同樣，知識界認為沒有上帝也不表明真有人提出了決定性的論證。事實上，尼采、馬克思、弗洛伊德、羅素等人對基督教的批評大致可說都是些社會文化批判，主要是指責教會的墮落腐化，而說不上是哲學論證。尼采等人也許有誇大狂的嫌疑，但羅素是條尖頭鰻（gentleman），且貴族世家，教養謹嚴，他的證詞，"我為什麼不是基督徒"，大抵真實可信。其實，對很多信徒來說，對此並不以為奇，因為很簡單，基督教義重要的一條就是人人皆罪人。教會生活日久，於其缺點也就所知越多。但教會有種種不是，並不能構成一個論證，得出沒有上帝的結論。信徒們反而會認為這恰好印證了教義的真理，印證了人的普遍墮落，印證了上帝道成肉身來救贖人類的必然。因此，對有神信念（基督教）的社會文化批判不能構成一個論證，說明有神信念為假。

　　本書導言已簡介了反有神論證有五類，其中最主要的就是哲學的論證。要在哲學上論證沒有上帝，大致有三種方式。第一種就是前面所提的啟蒙批判，大致思路就是，科學和進化論能夠解釋所有的現象，上帝也就是個多餘

---

1 此章所論內容曾得到台大《哲學評論》一位匿名審稿人的批評和指正，謹致謝意。
2 Immanuel Kant, *Critique of Pure Reason*, translated by Norman Kemp Smith（Macmillan Press, 1933）, p.531.

的假設。這個論證不是直接論證沒有上帝，而是說不需要這假設。這種論證因此嚴格說不是論證沒有上帝，而是論證自然主義的立場。當然，既然自然主義是與有神信念相對立的立場，如果這論證成功，即自然主義爲眞，那也就間接論證了有神信念爲假。對此第七章將詳述反自然主義論證。

其他兩種反有神論證針對上帝的屬性。一般的猶太－基督教教義裏，上帝有三個最重要的屬性，就是全知全能全善（omniscience, omnipotence and divine benevolence）。第二種哲學的反有神論證是全知和全能的悖論，第三種就是惡與苦難的問題，這是關於全善屬性的。在眾多的爭論中，很多其實因概念沒有清楚而起的。全能悖論的反駁都是在字面上來理解上帝的屬性。全能就被理解爲可做任何一件事，包括反對自己的事，如一塊自己舉不起的石頭。全知就被理解爲預先知道一切，由此人就無自由意志，也不必承擔責任。而全善即被理解爲不允許惡存在，而現實的惡則反駁了上帝的存在。有神信念辯護各種形式，則都修正了這些字面上理解的上帝屬性。人們也許會抱怨說，如果這樣來做修正，那當然是可自我辯護了。應該說，這種抱怨是有一定理由的，普遍大眾通常也是從字面上來理解上帝屬性的。但是人頭數目多的理解不等於就是教義的理解。《聖經》和神學經典都難以找到明確的證據支持字面上來解釋全能全知全善。字面的理解其實是要上帝的屬性把矛盾也包含在內。而有神信念辯護所修正的理解則是要排除矛盾。因此可以說，《聖經》和基督教神學理解的上帝屬性只是至高至大，別無其他可企及的屬性，而非指可包括矛盾在內的全知全能全善。這裏有必要作些澄清。

首先，上帝全知全能屬性不包含矛盾，如要求上帝造一個圓的方。除這明顯的矛盾命題，另外還有間接的矛盾。比如，上帝若創造了自由意志的人類，上帝就不可以限定他們的選擇，因這樣也就構成矛盾，上帝的能力也不可越過。

其次，上帝的全知全能屬性也不包括與自己對立。這就是常見提出的全能悖論反駁。上帝不能造一塊自己舉不起的石頭，這個對上帝全能的反駁許多人認爲構成了一個上帝不存在的論證。但在有神信念裏，上帝全能並不包括自我矛盾的能力，即上帝不反對自己。造一塊自己舉不起的石頭，是自我矛盾的，上帝當然不會允許這樣的石頭存在。這可以類比於中國武林傳說武功天下第一的英雄。若對那天下第一的英雄說，你若不能殺死自己，就不能證明自己武功無堅不摧，這當然是不合理的要求。要求上帝造一塊自己舉不起的是石頭與此類似。上帝雖是至高，卻不能要求他樣樣能作。他不可以偷。他不可以搶。他不可以殺人放火。這個反駁的終極版本就是"上帝能否殺死自己"。這個版本能讓人把這種反駁的實質看得清楚些。在猶太－基督教信仰中，上帝與人一樣是個位格。如果對人提反對自己的要求是不合理的，那麼要求上帝反對自己也是不合理的。

所以，全知全能全善的概念常產生歧義。在中文語境中，人們尤其容易有這種歧義。事實上，猶太－基督教傳統中，上帝的屬性只是要表明他作為最高的存在，也具有最高的屬性，但並不表示包含矛盾或反對自己。有鑒於此，本書使用另一種譯名，我將 omniscience, omnipotence, divine benevolence 相應翻譯為至高智慧、至高能力和至高的善。關於全能悖論，有很多很複雜的論證文獻，事實上，作了上面這樣的概念澄清後，這問題已經消失了。

第三種反有神論證是惡的問題。歷史上對有神信念最有力的反駁即此問題，它直接質疑有神信念是否為真。常識中的人們就覺得，世界上普遍恣肆的惡與苦難，和一個至高的善的上帝是不相容的。但這種不相容是如何出現的，這種不相容到什麼程度，卻又不容易看清楚。這一章即討論惡的問題。此章分為七節。第一節討論矛盾的惡的問題和自由意志辯護。第二節討論對自由意志辯護的三種反駁，以及如何回應。第三節討論歸納版本的惡的問題。第四節介紹神正論。第五節通過無辜鄉下人的例子，討論人不能認識上帝的困境，構成一個惡的問題新形式。第六節討論邏輯實證主義對有神信念的反駁，指出這種反駁不能成立。第七節總結有神論證和惡的問題，得出上帝是否存在，正反的結論都在論證上不可能。最後反思帕斯卡的賭局，思考信仰的本質。

（一）矛盾與辯護

世界充滿了惡與苦難，但只有人才會如此思考這背後究竟有何意義。《約伯記》最早記載了一個飽受苦難的人在上帝面前的苦苦追問。當然，《聖經》教導人心比萬物都詭詐，人們也知道有許多惡和苦難來自邪惡的人類自己。但是，依然有許多惡看來是毫無來由。一個無辜的嬰孩出生就殘缺，吞沒城市的火山和地震，森林大火中無數動物被燒得面目全非等，這些難道也有原因也有目的？約伯追問上帝，要他給出苦難的理由。但許多人認為，這些苦難不僅沒有理由，而且足可表明沒有上帝。

矛盾版本的惡的問題，又稱邏輯的惡的問題，是指兩個信念，有神信念，即有一個至高智慧、至高能力和至高的善的上帝的信念，和知道世界上有普遍的惡的信念，兩者之間有矛盾，相信其一則不能相信其二。這是個很普通的提法，常識中的人們談論上帝，就常見這樣來表達，認為既有全善的上帝，世界怎會如此糟糕？但是，為何這裏有矛盾，卻不是一下可以表述清楚。所謂有矛盾，是指兩個命題不相容，是 P 與非 P 的關係。這矛盾有明顯的也有隱含的，如“對面人家的貓是白的”和“對面人家的貓不是白的”就是明顯的矛盾。“對面人家的貓是白的”與“對面人家沒有養貓”就不是直接有矛盾，因為這是兩個命題 P 和 Q，並不是 P 與非 P。但是“對面人家的貓是白的”這個命題可以得到另一個命題，“對面人家養了一個貓”，這個命題和“對面人家沒有養貓”就是 P 與非 P 的矛盾關係了。所以這裏 P 和 Q 就是隱含有矛盾[3]。現在來看惡與苦難的問題。有神信念和惡的矛盾是如何構成的？這兩個信念可以表達為如下的命題：

> P. 有一位上帝。
>
> Q. 世界上存在惡與苦難。

這裏是兩個命題 P 和 Q，並沒有明顯的矛盾。那麼這裏有隱含的矛盾嗎？從上面關於貓的例子可以看到，要知道兩者有無隱含的矛盾，就是看能否從其中一個命題，推出與另一命題相反的一個命題。有神信念的批評者正是認為從“有一位上帝”可以推出“世界上沒有惡與苦難”，從而與世上的觸目驚心的惡構成矛盾，他們進一步推出沒有一位至高智慧至高能力至高善的上帝。下面就整理一下這個思路。

有神信念，或者說如猶太－基督教的信徒，相信如下的一組命題：

> A. 有一位上帝，即那位除他以外沒有比之更大的存在可思想的
> 　 那樣一位存在。（安瑟倫的定義）
>
> B. 上帝有至高的智慧。
>
> C. 上帝有至高的能力。
>
> D. 上帝有至高的善。

3　柏亭格將矛盾分為三種，explicit（明顯的），formal（形式的）以及 implicit（隱含的）。非明顯的但通過邏輯規則能推出的矛盾為形式的；需增加一些必然真的命題，再經過邏輯規則得到的矛盾，為隱含的。詳見 *God, Freedom and Evil* 第 12-16 頁。本書沒有沿用他的分法，將後兩種歸為隱含的一類，以求簡潔明瞭。

有神信念的批評者認爲，這組命題和下面的一個命題有矛盾：

　　E. 世界上有惡和苦難。

麥基（John L. Mackie）沿著這思路，寫了一篇有廣泛影響的"Evil and Omnipotence"，其中給出了這個論證的表述：

　　　　這問題最簡潔的形式是這樣：上帝是有至高能力的，上帝又是至高善的，但惡卻存在。這三個命題之間看來有矛盾，其中兩個爲眞，則第三者爲假。但同時，這三者又是大多數神學立場最重要的部分。看來，神學家們若要同時持守這三者，就不能協調一致（這問題不僅針對有神論者，但我這裏只討論對一般的有神論所表達的形式）。

　　　　但是，這矛盾不是馬上就表現出來的。這矛盾表現出來，需要一些附加的前提，或許是一些准邏輯的規律，以之將善、惡、至高能力等概念連接起來。這些附加的原則是，善與惡是對立的，善總會盡最大可能驅除惡。同時，一個至高能力的存在，其能力沒有界限。從此就可以得出，一位善的至高能力的存在會完全根除惡，因此，有一位善的至高能力的存在，和有惡的存在，這兩個命題之間是不相容的。[4]

麥基認爲，從此中矛盾推出的不僅是有神信念主要的信條之間是不一致的，從而接受這信念就是非理性的，更爲重要的是，還可得到根本就沒有全知全能全善的上帝。他認爲這否證了有神信念。這個論證可以整理大致如下：

（1）有一位上帝，即是那有至高智慧至高能力和至高的善的存在。

（2）上帝若有至高的智慧和至高的能力，就能夠除去世上的惡與苦難。

（3）上帝若是至高的善，上帝就願意除去世上的惡和苦難。

（4）如果有一位有至高智慧至高能力和至高的善的上帝，世界上就不會有惡與苦難。（2，3）

（5）世界上沒有惡和苦難。（1，4，Modus Ponens）

（6）但世界確實有普遍的惡與苦難。

（7）不存在一位有至高智慧至高能力和至高的善的上帝。（4，6，Modus Tollens）

4　John L. Mackie, "Evil and Omnipotence", *Mind* 64（1955）, pp. 200-212.

　　上面的論證是演繹有效的，建立了上帝和惡兩者矛盾的結論。對此有兩種回應。一是找出惡存在的理由，通過闡明上帝爲何允許有惡來消除矛盾，這就是神正論。第二種回應不追問惡的具體理由是什麼，而是要表明上帝和惡的存在兩者之間並不構成矛盾，這就是辯護。這種對神正論和自由意志辯護的區分，經過柏亭格之後廣爲人知。但很多早期文獻所理解的神正論與此有出入。[5]

　　歷史上神正論的版本繁多，如奧古斯丁爲代表的的觀點認爲惡是善的缺失（privation），惡本身不是實存的。上帝是全善的，他所造的一切都甚好，是人的墮落使得世界充滿惡與苦難。上帝的善並沒有因此減少，他也無需爲世上的惡負責。惡是善的缺失這個觀點，後來爲阿奎那所繼承，並在神學上有重要位置。當然，這種神正論也沒有回答爲何會有自然的惡。也有觀點認爲惡是爲了更大的善。這觀點可以用一個例子來說明。一幅畫上有一塊地方，如果單獨來看，是醜陋的污點。但整體來看這幅畫，這個污點恰到好處地使得整體更完美。比如爲了讓人經歷苦難後塑造更完美的人性，現代的希克（John Hick）就持此見解。當然，提到神正論不能不提萊布尼茲，"theodicy"（神正論）這個詞就是他造的。他由此被認爲是神正論的代表。萊布尼茲的主要論點是，這世界雖有惡卻是可能世界中最好的。這種觀點與其說是神正論，不如說是辯護的一種。

　　種種神正論，能否眞能爲上帝所允許的惡正名，即，人是否眞能知曉上帝允許惡的理由？許多人對此不以爲然。柏亭格就認爲神正論是不可能的事業，他對此落筆頗重。

　　　　我們無法知曉，爲何我們的世界，雖千瘡百孔，卻還是比其他我們所能想像的世界要好。我們也無法知曉，上帝允許某個觸目驚心的惡，他的理由究竟是什麼。甚至，我們能知曉這些事這本身有無可能都很成問題。我必須說，要去解釋清楚上帝允許惡的理由，這就是所說的神正論，在我看來是溫吞的，淺薄的，最終也是隔靴搔癢的。[6]

---

5 Michael Murray, "Theodicy", *The Oxford Handbook of Philosophical Theology,* edited by Thomas Flint and Michael Rea, Oxford University Press, 2009, p.353.

6 James Tomberlin, Peter van Inwagen, edited, *Alvin Plantinga（Profiles）,* Springer, 1985, p.35.

這樣，面對惡與苦難，就有了另一種回應，這就是辯護（defense），其中一個被廣泛討論的就是柏亭格的自由意志辯護。辯護的目的不在於要提供惡存在的理由，而在於要澄清有神信念和惡兩者之間並不構成矛盾。柏亭格工作的一個要點，就是把可能世界的概念引入關於惡的問題的討論。所謂有神信念和惡的存在有矛盾，就是指在所有的可能世界裏，都無法做到兩者都能實現，即兩者都為真乃為不可能。這就是 Mackie 他們的工作。一個自由意志辯護所要完成的任務即是，兩者是可以同時實現的，即，至少在一個可能世界裏，有神信念和惡都為真。柏亭格的工作就以此為目標。

自由意志辯護的要點認為，上帝創造的人有自由意志，因此人濫用自由意志犯下錯誤，就使世界上有上帝無法掌控的惡與苦難。柏亭格對作了個簡要的表述：

> 一個其中人類明顯地（significantly）自由的世界（能自由地行善多於行惡），比之其中人類全無自由的世界，其他都同等情況下，要更有價值。現在，上帝創造了自由的人類，但他不可以使他們，或決定他們只作正確的事。因為若如此，這些人類就不是明顯地自由了，他們行善就不是自由的。若要人類有行善之力，他們就同時要有作惡之能。上帝也不能賦予人類行惡的自由，同時卻阻止他們行惡。很不幸，這些上帝所造的自由的人類，有時就會濫用自由，犯下錯誤。這些自由的人類有時犯下錯誤，卻不能說是對上帝至高能力和至高的善構成反駁，因為他若要事先阻止惡的發生，就要除去善的可能。[7]

這樣，引入了自由意志的有神信念就有如下的一組信條：

A. 有一位上帝，即那位除他以外沒有比之更大的存在可思想的那樣一位存在。（安瑟倫的定義）

B. 上帝有至高的智慧。

C. 上帝有至高的能力。

D. 上帝有至高的善。

E. 世界上有惡和苦難。

F. 上帝創造的人有自由意志，因有自由意志的人比機械的被造物更有價值。

G. 人有時濫用自由意志，墮落犯罪，致使世上有惡與苦難。

---

7 Alvin Plantinga, *God, Freedom and Evil*（New York: Harper Torchbook, 1974），p.30.

　　上面的這組信條，比之前面列出的有神信念信條，增加了後面兩條，一是確認人的自由意志的價值，另一條則確認人的墮落犯罪。這兩個命題都有爭議。首先來看第二條。繞這命題爭議很多，很多對自由意志辯護的反駁就從此出發。比如人們很自然就問，爲何至高的上帝不能讓人總是選擇善而避開惡？下面一節將討論這些反駁。回頭看增加的第一條命題，有自由意志的被造物比機械的被造物要更有價值。直觀來看，這命題是合理的。然而，這只能停留在直觀，難以給出更多的理由。也許一個類比更能讓人認同這點。你想要一個兒子，現在有兩個選項。一個是玩具公仔，插上電或上了發條，按鈕一按，就可以一天到晚叫"爸爸我愛你"。另一個是有血有肉能發怒能吵架，最重要，這是有自由意志的兒子。他能成爲蠱惑仔，不僅揮霍一空讓你傾家蕩產，還用自由意志離家出走。他讓你肝腸寸斷心碎如瓦器。當然，也有一天他能浪子回頭，回來對你說一句"爸爸我愛你"。你要哪個兒子？你認爲哪個更有價值？答案應該是很清楚的。

　　有神信念補充了這兩個命題，可以得出世上有惡與苦難的結論。尚需說明的是，如果爲了阻止惡，在人要犯罪時，上帝干預使人停止犯罪，那麼上帝就冒犯了人的自由意志。一個完全沒有惡的世界，即是人完全沒有自由意志世界。根據上面的一組信條，這不是一個有上帝所希望的有價值的世界。因此，上帝擁有三個至高的屬性，和這世界存在惡和苦難，這兩者可以並存。這樣，惡的存在和有神信念就沒有矛盾。柏亭格給出如下的論證步驟：

　　　　1、上帝有至高能力、至高智慧和至高的善。
　　　　2、上帝無法創造一個隻含有道德的善而沒有道德的惡的世界。
　　　　3、上帝創造了一個有道德的善的世界。
　　　　4、惡存在。[8]

　　上面的論證是演繹有效的。這裏要留意兩點。一，把命題 2 稍改寫一下，可以看的更清楚這是個 MP 論證形式。命題 2 可以寫作"如果上帝要創造一個含有道德的善的世界，這個世界也要含有道德的惡"。這就是個"如果 P 則 Q"的條件句。而命題 3 則是 P。經過 MP（Modus Ponens）就得到命題 4。二，要留意命題 2 只是可能的，這點很重要。這個命題沒有直接加上"可能"，但柏亭格書中反復強調過多次。很明顯，命題 2 可能爲

---

8 Alvin Plantinga, *God, Freedom and Evil,* William Eerdmans Publishing, 1974/2002, p.54.

眞是這個論證的關鍵，也柏亭格書中花費筆墨最多所論證得來的。回顧一下矛盾版本的惡的問題，它建立的結論是說上帝存在和惡之間有矛盾，即必然地，在任何一個可能世界都不可能兩者同時爲眞。上面的自由意志辯護表明的是命題 1 和命題 4 可以在至少一個可能世界爲眞，即上帝存在和惡沒有必然的矛盾。

（二）反駁與回應

　　柏亭格的自由意志辯護問世後，在學界有很大反響，也遇到很多質疑和反駁，涉及龐大數量的文獻。這些新文獻的思路，又有些是歷史上哲學-神學家已經討論過的。這裏不打算整理這些文獻，而是簡要討論這些反駁的三種主要的思路，並試圖在自由意志辯護的思路下作出回應。

　　第一個反駁質疑爲何上帝不可以按自己意願創造一個最好的世界，既然他有至高能力？萊布尼茲認爲上帝全能就可按己意行事，但認爲這世界就是按上帝的意志所造，且已經是最好，他的論證如下：上帝創造世界時，面臨許多的選擇，世界可以是這個樣式，也可以是那個樣式。由於上帝至高的善的屬性，上帝就一定會在所有可能世界中選擇最好的。又，因爲上帝至高能力的屬性，上帝就一定可以創造這最好的世界。所以現實世界就是所有可能世界中最好的。如果不是最好的，上帝不會創造出來。世界當然可以是其他樣式，但肯定比之現實世界要遜色。萊布尼茲的理論承認惡的存在，但認爲這些惡構成了更大的善。這世界雖看起來也許有諸多惡，但若不如此，則會更糟。如前所述，Mackie 也認爲上帝全能就可按己意行事，"一個至高能力的存在，其能力沒有界限"，但和萊布尼茲相反，他的結論是這樣的上帝不存在，因爲這世界明顯不是最好，而是非常糟糕。

　　但是，上帝隨心所欲創造世界，這恐怕不容易。首先，萊布尼茲的理論成立的前提是要否認人類的自由意志，人若沒有自由，一切都是由上帝掌控，如同扯線公仔。這樣，上帝就可完全按照自己意志來創造世界。又，按照萊布尼茲自己的可能世界理論，這個有諸多惡的世界顯然不是最好的，完全可以想像世界可以不是這個樣子，但卻會美好的多。也就是，存在至少一個可能世界，那裏的善比這現實世界要多。萊布尼茲還受到一個很常識的責難，在他的理論裏，不管這世界如何不好，總認爲已經是最好。這樣的解釋很難讓人信服。伏爾泰的《天眞漢》，就對此極盡嘲諷之事。

其次，接受了人的自由意志，上帝就無法隨心所欲創造世界。柏亭格提出了跨世界墮落的概念（transworld depravity），來說明上帝並不能隨心所欲創造世界。[9]跨世界墮落的要點是指，被造的自由的人，有可能不管在哪一個可能世界，都至少會有一次違背上帝的意志。也即是，人的墮落有可能是不可避免的，在所有的可能世界都要犯錯誤。柏亭格稱之為跨世界的墮落。進一步說，有可能所有人都是跨世界墮落的。這樣，上帝按照自己意志來創造世界，就不是必然的，因為在所有的可能世界，都可能至少有一次人違背上帝意志。再次要留意，這裏要得到的結論只是跨世界墮落是可能的，這已經足夠支持自由意志辯護。

這個跨世界墮落的概念並非柏亭格個人的創造，這背後有一個深遠的淵源，這就是猶太－基督教關於罪的教義。在新舊約的敘事裏，人是墮落了的，需要上帝的拯救。當然，對於人墮落到什麼程度，人的得救多大程度取決於上帝的恩典，多大程度取決於自己的努力，不同的神學家和不同的教會的意見是有差別的。這就是基督教思想史上稱義是靠著恩典還是行為的大爭議。爭議中的人都宣稱在新舊約裏能找到自己的依據。講因恩典稱義的，自然看重《羅馬書》，"這樣看來，我們得救不是因行為。" "我們得救是本乎恩，也是因著信。" "沒有義人，一個也沒有。"而講行為稱義的，自然喜愛《雅各書》，"信心若沒有行為，就是死的。"宗教改革以前，無疑大公教會是很強調以行為稱義的。這種教導後來深入歧途，以致後來有了以錢財代表行為的現象。贖罪券就是在此背景下出現的。路德和加爾文等改革之父都對教會的錯誤深惡痛絕，在稱義的教導上大力鞭斥行為稱義。路德有 "惟獨" （sola scripture，sola gracia，sola fedia，即惟獨《聖經》，惟獨恩典，惟獨信心）的教導。路德翻譯新舊約時，對《雅各書》百般不情願，認為這是草秸禾梗之書。不過他總算沒有痛下辣手，沒有把這部書從新約抽掉。加爾文則認定人乃是全然的敗壞（total depravity），除非上帝恩典，得救絕無他途。人全然敗壞的觀點，後來成為一般理解的改革宗五大教義的第一條[10]。不難看到，柏亭格跨世界墮落的概念，根源乃在改革之父所倡的教義。只不過全然敗壞的概

---

9 Alvin Plantinga, *God, Freedom and Evil*（New York: Harper Torchbook, 1974）, pp. 49-53.

10 這五大教義的成形與荷蘭的改革宗大有關係，荷蘭以鬱金香聞名於世，人們後來巧妙地將五教義歸結為 TULIP（Total depravity, Unconditional selection, Limited atonement, Irresistible grace, Preservation of saints）。

念，改爲所有可能世界裏無可避免的錯誤。這樣，接受了人的自由意志，上帝就無法完全按自己意志來掌控世界。

第二種反駁如下：如果因爲人有自由意志，上帝就不能完全按自己意志行事，那麼爲何不可以上帝所造的人雖有自由意志，卻總能自主選擇善，而遠離惡？[11]這無疑是可能的，即，沒有什麼原因讓這成爲不可能。至少有一個可能世界，其中自由的人自主地選擇善。誠然，這比之有許多惡的現實世界，這要美好得多。如果有上帝，他的智慧無疑知曉這點，他的能力也可以創造這樣的世界。這個美好世界之所以沒有實現，惟一的解釋是並沒有這樣一位至高智慧至高能力和至高善的上帝。

對這第二種反駁的回應，要點在於，事實上有些善的存在是依賴惡的。雖然確實有可能上帝可以創造自由意志的人自主選擇善遠離惡，但如寬恕這樣的美德，無疑是善的，如果沒有其他人的過犯，一個人就不會有寬恕的美德。其他的一些善，如仁愛、溫柔、良善、勇敢、忍耐等等，即使看起來並非直接依賴惡的善，離開了對應的惡，恐怕難以理解。人們說一個物體快速移動，乃是因爲有其他緩慢之物爲參照。同樣，能夠理解一個人的溫柔良善，乃是因爲有其他人的惱怒殘暴爲參照。當然，反駁的人可以爭辯說，上帝可以將惡的知識直接安放在人心裏，無須外在的惡的實在來印證。這樣就要想像一個世界，其中人們心裏有所有關於惡的知識，但現實中卻全無對證。這是可能的嗎？當然，按照可能世界理論，除非能說明在所有可能世界都無法實現，不然這就是可能的。這看來是無法做到的事，因此要承認這是可能的。但是，即使這樣，恐怕也有理由說這樣的關於善惡的知識是很模糊的，而其中的人行善的能力也是值得懷疑的。

這樣，對於這樣一個其中自由的人自由地只行善而遠離惡事，一個只有善沒有惡的可能世界，可以有兩個結論，首先，一個只有善沒有惡的世界固然是可能的，但其中的善無疑也有所缺乏，即這樣的世界肯定不會有諸如寬恕的美德。其次，這樣的一個世界，其中人們的善惡知識是否完備值得懷疑，他們的行善能力也值得懷疑。這是一個最好的可能世界嗎？考慮到善的貧乏和可疑的行善能力，這恐怕不是一個好的選擇。

第三個對自由意志辯護的反駁是自然的惡。批評者認爲，自由意志辯護固然可以說明上帝不得干預人的自由選擇，因此就會有惡的產生。但是，許

11　John L. Mackie, "Evil and Omnipotence", *Mind* 64（1955），pp. 200-212.

多惡是自然的，與人的自由意志無關。那抹平整個城市的地震，難道和人的自由意志有關嗎？柏亭格對此反駁的回應讓很多人感到意外。他堅持自然的惡也和自由意志有關，不過不是人的自由意志，是其他被造的位格，比如那些墮落的天使。[12]根據猶太－基督教的敘事，撒旦即墮落天使之首，他在這地上掌權，興風作浪。被造的天使也是有自由意志的位格，上帝也不會奪去他們的自由。很不幸，自然的惡即是出自撒旦的作爲。當然，柏亭格沒有說自然的惡必然出自惡天使，他只是指出一個可能的答案，說明自然的惡不足構成一個反駁。柏亭格的辯護，其實是對猶太－基督教敘事的一個解讀，在信仰之內不難理解。但對許多現代人而言，這解釋實在牽強。從另一方面說，如果確認自然的惡是來自有自由意志的位格，就不再是辯護，而是提出一種神正論了。Swinburne 則對自然的惡提出另一種解釋，他認爲這是知識成爲可能的一個條件，如果上帝不允許自然的惡，人的知識就缺乏，也無法應用他的自由意志。比如，人類要有關於火的知識，才能掌握火運用火，山火等自然的惡提供了火的知識[13]。

上面討論了三種對自由意志辯護的反駁及其回應，表明自由意志辯護是成功的，即上帝存在和世上有惡與苦難並沒有構成必然的矛盾。

（三）證據的惡的問題

自由意志辯護表明，有神信念和惡的存在沒有必然的矛盾。這即是表明，惡的問題不可能構成一個演繹的論證，說明有神信念爲假。但是，惡的橫行恣肆，能否構成足夠的理由，說明很可能沒有上帝？這就是證據的惡的問題，又稱歸納的惡的問題。休謨和羅威廉（William Rowe）等人認爲，即使有神信念和惡之間沒有不一致的矛盾，考慮到世界上無數無來由的毫無目的的惡與苦難，一個猶太－基督教所理解的至高智慧至高能力和至高善的上帝是不太可能的。

羅威廉的論文引用了兩個當地報紙報道的事件，類似的事件都是平常人常能耳聞目睹的，他認爲這兩個典型事件足以代表無數毫無目的毫無意義的惡。一個事件是自然的惡，在一次山林大火中，一頭小鹿被卡在灌木叢裏，

---

12 Alvin Plantinga, *God, Freedom and Evil*（New York: Harper Torchbook, 1974），pp.57-58.

13 Richard Swinburne, *Providence and the Problem of Evil*（Oxford: Clarendon Press, 1998），pp.176-192.

被燒烤得面目全非，但卻一時求死不得，求生不能，在饑渴傷痛中煎熬多日，才慢慢死去得到解脫。第二個事件是人類的罪惡，發生在一個破碎的單親家庭，一個五歲的名爲蘇（Sue）的小女孩在除夕之夜被殺死。兇手是和她母親同居的男人。當夜他喝到爛醉，和孩子的母親打起架來，他被打暈在廳裏。下半夜小女孩下樓去上洗手間，這男人醒了過來。小女孩被強暴並被活活打死[14]。這兩個事件記爲 E1 和 E2，有些文獻也記爲小鹿斑比和蘇女孩的事件。

　　與此類似，柏亭格轉述過另一個當地報紙報道一個事件，一個重型壓路機的司機，出門上班，倒車時沒有看到後面自己的小女兒，結果小女孩被壓路機碾成薄餅，一起碾碎的還有這位父親的心。柏亭格長期的同事和合作夥伴，改革宗知識論的另一位主要代表，Nicholas Wolterstorff，則是親身經過惡的死蔭幽谷。他的兒子二十五歲，正讀研究生。聰慧博學，熱情開朗，但在世風日下的環境中，他又敬虔自守。人人都認爲這青年前程遠大，無可限量。但這天縱之子，在歐洲的一次登山途中掉下懸崖。屍體被運回來時，父親看到兒子面目支離，幾不可認。但那登山鞋卻完好如新，好像在向他嘲諷。作父親的後來寫了一部書紀念兒子，Lament For A Son（哀哭吾兒）[15]。這本書被稱爲當代《約伯記》。

　　惡的證據反駁認爲，如上所述的例證，並不是單獨的偶然，而是無數類似事件的冰山一角。批評者承認，這裏並不能使有神信念構成矛盾。但是，羅威廉等人堅持，所有這些惡都沒有目的沒有意義。因此，神正論所言，惡是爲了更大的善，在此全不適用。換言之，這是赤裸裸的惡，純粹的惡。羅威廉認爲，這足以構成一個反有神信念的論證。

　　證據的惡的問題其思路涉及三個步驟。首先，我們有個觀念，認爲上帝存在的話，這世上的苦難應該都有他的理由。其次，我們觀察到周遭世界有許多諸如小鹿斑比和蘇女孩的事例，這樣的惡和苦難看來都全無來由。再次，從所觀察到的出發，我們有理由說，這些惡和苦難本來就沒有什麼理由。更進一步，我們就得到結論，很有可能本來就沒有上帝。羅威廉把這思路整理爲三個命題的一個論證：

　　　　P：我們看不出有什麼善，能讓一個至高能力、至高智慧和至高善的
　　　　　　存有（位格）允許 E1 和 E2 這樣的悲劇發生。

14　William Rowe, "Evil and Theodicy", *Philosophical Topics 16*, no. 2（1988）: 119-132.
15　Nicholas Woltorstorff, *Lament for a Son*（Grand Rapids: Eerdmans, 1987）.

Q：沒有什麼善能讓一個至高能力、至高智慧和至高善的存有（位格）允許 E1 和 E2 這樣的悲劇發生。

因此，

非 G：不存在一個至高能力、至高智慧和至高善的存有（位格）。[16]

羅威廉自己指出，從 P 到 Q 是個歸納的過程，即他僅僅是說 P 使得 Q 是很有可能成立。而從 Q 到非 G 則是演繹的。他沒有說這個演繹是什麼。事實上，這個論證可整理為如下的一個 MT 論證：

（1）如果有一個至高智慧至高能力和至高善的上帝，那就不會存在惡和苦難，除非上帝有允許這些惡與苦難出現的理由，即惡與苦難都有目的。

（2）確實存在毫無目的毫無意義的惡與苦難。

（3）並不存在一位有至高智慧至高能力和至高善的上帝。（1，2，Modus Tollens）

上面的前提二，精確一些的表述會加上"很有可能"的限定，這就變為，"如上提到例子的世上的很多惡與苦難，很有可能是毫無意義和目的"。相應地，結論的精確一些的表達也就變為，"很有可能，並沒有一位至高智慧至高能力和至高的善的上帝"。這個論證被稱為證據的惡的問題（Evidential Problem of Evil），又被稱為是歸納的或概率的。它的要點是要堅持，如上面談到的那樣的惡與苦難的例子，看不到有什麼意義和目的，即有意義和目的的概率非常低。

羅威廉的論文引起了持久廣泛的討論。懷士察（Stephen Wykstra）等人和羅威廉往復多次的反駁回應，後來進入了曲折的概率計算。事實上，懷士察的回應背後是個很強的直觀，理解了這個直觀，概率計算並不太重要。這個直觀即是在有神信念的理解下，上帝的智慧不是人所能完全洞察的。而惡的證據反駁後面其實有個預設，就是人類理解的善惡等同於上帝的理解。懷士察的回應認為這個預設很可疑，認為人類和上帝的知識有很大的鴻溝。在猶太─基督教的信念裏，上帝和人類是創造者和被造物的關係。上帝的奧秘難測，在經文中有這樣的表達："我的意念非同你們的意念，我的道路非同你們的道路。"（《以賽亞書》55：8），又如，"深哉上帝豐富的智慧和知識，

---

16 Rowe, William L. 1996. "The Evidential Argument from Evil: A Second Look," in Daniel Howard-Snyder（ed.）, *The Evidential Argument from Evil,* p.263.

他的判斷何其難測，他的蹤跡何其難尋。"（《羅馬書》11：33）無疑，經文並不支持惡的證據反駁。

　　圍繞證據的惡的問題，兩大主角是羅威廉和懷士察。懷士察的討論可分為兩個時期。前期可稱為 CORNEA 故事，後期是 Noseeum 故事。他的立場現在也稱為懷疑有神論（skeptic theism）。懷士察對此有精到的表述：

　　　　我們作為懷疑的有神論者，看到這世上一些可怕的苦難，只能生生吞下。作為有神論者，我們堅持每個可怕的惡的背後都有善，且這個善足夠勾銷這個惡，並讓上帝有理由允許其發生。然而，當這樣的惡落到我們，或我們所愛的人身上，我們就往往看不到這背後有什麼善。這確實是個難題。但是，作為懷疑的有神論者，我們反對羅威廉及其同夥，並堅持這並不能構成一個證據的問題。我們的理由，說起來令人尷尬，是非常簡單。如果上帝存在，那就不奇怪，上帝所能見的善，我們往往看不到。上帝是上帝，我們是我們。我們早該料到這些。[17]

　　所以，懷疑的有神論，所懷疑的是我們能否如上帝那樣看東西。上帝他老人家能看見的，我們是否也能看見？前期懷士察的討論就從此出發。這裏先簡述一下懷士察所舉的例子，就可很好把握他的直觀。在懷士察的故事裏，車庫裏我望幾眼，可以斷定有沒有一隻伯納狗。車庫裏如果有這麼一隻一兩百磅的大東西，我不可能看不見。車庫裏如果沒有這樣一隻狗，我也不可能把一隻輪胎或其他東西看作一隻狗。但跳蚤呢？車庫有沒有一隻跳蚤？這問題可不是我望幾眼車庫就可以回答的。原因簡單，跳蚤很小你很難看見。即便再望多幾眼，甚至把車庫每一寸都搜一遍，我也不敢斷定這裏有沒有跳蚤。懷士察由此給出一個原則，合理信念通道的條件，即 Condition of Reasonable Epistemic Access。他巧妙地把這個短語簡寫為一個單詞 CORNEA，即眼角膜[18]。懷士察自己先給出一個表述：

17　Stephen Wykstra, "Does Skeptical Theism Force Moral Skepticism? Hesitations over Bergmann's Defense", *Reason, Metaphysics and Mind,* edited by Kelly James Clark and Michael Rea, Oxford University Press, 2012, pp. 30-31.

18　懷士察機敏妙趣的搞笑本領在哲學界常為人所樂道。他還創造了出名的 Noseeum 蚊子。他在課堂上宣稱自己有個邪惡學生子（evil twin brother），名叫 Artsky W. Evets, 老和他爭吵哲學問題，後來還正兒八經寫到論文裏。各位讀者且猜猜這個 Artsky W. Evets 有何奧妙。

在認知環境 S 中，一個人 H 必須（entailed）宣稱"看來應該是 P"，僅當 H 能合理地相信，在她的認知官能及其運用中，如果 P 不是真的，她將能辨認出 S 不是這個樣子。[19]

懷士察後來給出另一種表述：

簡潔而言，CORNEA 說的是，我們能從"我們看不到 X"論證出"沒有 X"，僅當 X 有"合理的可見度"，即是說，若 X 存在，在那處境中我們能合理地看見 X。[20]

這個原則具體如何？就上面伯納狗和跳蚤的例子，在一般情況一般人而言，若車庫有這只狗，不會看不到。而若車庫沒這只狗，也不會看成有。這樣，CORNEA 也大致可以表述為：

一個人能合理地相信 P，必須滿足認知條件 C，在 C 之中若 P 為真，人們不會認作假，而若 P 為假，人們也不會認作真。[21]

回到惡的問題，換成 CORNEA 的語境，就是問在一個有上帝存在的世界裏，從我們觀察的"這些惡看來毫無理由"，能否得出"這些惡的存在沒有理由"？這是否符合 CORNEA 條件？懷士察的答案是否定的。在這個有上帝的世界裏，上帝和人之間有知識的深深鴻溝，即上帝很多事情都不是人所能知曉的。不然，他怎麼可能是上帝？誠然，在這個世界裏，有一些惡的存在原因顯而易見，比如有人為謀財而害命，這惡的原因不外是人的罪。這個惡的原因就如那只伯納狗，一眼就看清楚了。但有一些惡，從人的角度看是沒來由的，就如小鹿斑比和蘇女孩的悲劇。這些看似沒來由的惡，其原因就如懷博士車庫裏的跳蚤，即便有你也不容易看見。你的眼角膜對此不適用。

懷士察和羅威廉後來的往復討論，引出了懷士察的第二個故事，即 Noseeum 蚊子。在這個背景下，懷士察提出了一個論證，來回應惡的證據反駁。他在密西根西部的鄉下，夏天時有一種小蚊蚋，非常細小，人很難看到

19 Wykstra, Stephen J. 1984. "The Humean Obstacle to Evidential Arguments from Suffering: On Avoiding the Evils of 'Appearance'," International Journal for Philosophy of Religion 16: 73-93.

20 Ibid, 1996. "Rowe's Noseeum Arguments from Evil," in Daniel Howard-Snyder（ed.）, *The Evidential Argument from Evil*, pp.126-50.

21 Nick Trakakis 給出一個類似的 CORNEA 表達，"H 必須從"就我所知沒有 X"推出"沒有 X"，僅當 H 能合理地相信如果沒有 X，她能看到，或發現、把握、理解、認識到這點。" *The God Beyond Belief: In Defence of William Rowe's Evidential Argument from Evil,* Springer, 2007, P.92.

它們。但這種東西蟲小本事大，人和動物都很怕。這小蚊蚋咬起人來能讓人痛得跳起來。懷士察他們鄉下把這種蚊蟲叫作 noseeum，就是看不見他們的意思（no see 'um）。同樣，懷士察他們認爲，世界上許多看似全無理由的惡，那些理由就是在人眼裏看不見的小蚊蟲。人們看不見不明白這些惡的理由，不等於這些惡事實上沒有理由[22]。懷士察認爲羅威廉那樣的論證，事實上是從因爲自己看不見惡存在的原因，就宣稱沒有原因。由此他把羅威廉的證據的惡的問題版本稱爲 Noseeum Argument[23]。那看不見的小蚊蟲能夠造成巨大的疼痛，那些看不見的理由也可以造成觸目驚心的惡。Michael Murray 提出了一個類似的例子來說明這個論點[24]。設想你病了，有個護士要給你打針。這護士雪膚花貌，卻是個毛手毛腳的天使，針掉到地上。她撿起針來，看了看，撩起你的後臀就要紮下去。你提出抗議，說不能這樣，因爲那針上的病毒會使你感染。那護士舉起針頭，再看了看，說，這針好端端的，沒有病毒啊。你勃然大怒病態全消，罵她是白癡，向她咆哮，"你看不見那病毒不等於沒有病毒！"所以，羅威廉的論證的第二個前提是有問題的，當他斷言"確實存在毫無目的毫無意義的惡與苦難"，那是就他的知識而言。這就如人們看不見那細小的蚊蟲或病毒而宣佈沒有這種蚊蟲或病毒。

聆聽了懷士察講述的兩個故事後，羅威廉基本上放棄了自己原來的論證。他談到，"我現在認爲，這論證充其量只是弱的論證。"[25]他沒有罷休，提出了一個新版本的論證。如上面提到，羅威廉原來論證的思路是從 P 到 Q，再從 Q 到非 G，即上帝不存在。他的新論證要採用一條捷徑，從 P 直接到非 Q。他是如何作到這點呢？他的思路是，既然有沒有上帝大家都沒有定論，且假定各有一半的概率，即 G 和非 G 爲眞都是 50%。現在有了 P，這是大家都認同的命題，即大家都看不到上帝有什麼理由允許了 E1 和 E2。在共同的知識

22 Stephen Wykstra, "Rowe's Noseeum Argument from Evil" in D. Howard-Snyder, ed., *The Evidential Argument from Evil*（Indiana University Press, 1996）.

23 懷士察提出的 noseeum 故事妙趣橫生，人們都樂於談論。他原意是將 Rowe 的思路稱爲 Noseeum argument，但人們常將他對此的反駁稱爲 Wykstra's Noseeum Argument。精確一些，Wykstra 自己的思路就應該稱之爲 Wykstra's argument against Noseeum argument。

24 2008 年在 Calvin College 的一個研討會上，我聽他談到這個例子。這例子可見於他和 Michael Rea 合著的新作，*An Introduction to Philosophy of Religion*（Oxford University Press, 2009）, p.168.

25 William L. Rowe, 1996. "The Evidential Argument from Evil: A Second Look," in Daniel Howard-Snyder（ed.）, *The Evidential Argument from Evil,* p.267.

背景下加入了這個命題 P 之後，兩者爲眞的概率有何變化？羅威廉作了一系列參數的設定再運用貝葉斯定理，就算出 P 使得 G 爲眞的概率降低到三分之一，而非 G 爲眞的概率上升到三分之二。這 P 當然就從概率上支持了非 G。這就是羅威廉的新論證。

下面就來考察羅威廉的論證。首先，有必要介紹一下貝葉斯定理。此定理源自一般合取規則（general conjunction rule）。從撲克牌的例子可以說明這規則。從一副撲克牌連續抽取兩張，兩張都是 K 的概率是多少？抽第一張 K 的概率是 4/52。抽第二張時只有 51 張牌了，而 K 還有三張，概率就是 3/51。連續抽兩張都是 K 的概率就是 4/52 * 3/51，即 12/2652 = 1/221。

轉爲較複雜的場景，就引出了貝葉斯定理。從一般合取規則到貝葉斯定理的詳細推導過程可參照赫爾利（Patrick Hurley）的邏輯導論教科書[26]。這裏再用一個例子來說明此定理。五個一樣的罐子，只顏色不同，一個米色，四個灰色。米色罐子裝有 8 個紅球 2 個白球，每個灰色罐子裝有 3 個紅球 7 個白球。現在黑暗中從其中一個罐子抽到了一個紅球，這個紅球來自米色罐子和灰色罐子的概率各是多少？把米色和灰色罐子分別記爲 A1 和 A2，紅球記爲 R。先來看米色罐子的概率，記爲 Pr（A1/R），貝葉斯定理就是

$$Pr（A1/R） = Pr（A1） * Pr（R/A1） / Pr（B）$$

而上面方程右邊的一項 Pr（B） = Pr（A1） * Pr（R/A1） + Pr（A2） * Pr（R/A2）。上面方程右邊的各項，Pr（A1）即五個罐子中抽到米色罐子的概率是 1/5；Pr（R/A1）即米色罐子裏抽到紅球的概率，這是 8/10；Pr（A2）即五個罐子裏抽到灰色罐子的概率是 4/5；Pr（R/A2）即灰色罐子裏抽到紅球的概率，這是 12/40。代入上面的方程，就有 Pr（B） = 1/5 * 8/10 + 4/5 * 12/40 = 2/5。再把這項代入上面方程，就有 Pr（A1/B） = 1/5 * 8/10 / 2/5 = 2/5。即此紅球來自米色罐子的概率是 2/5。兩種罐子是互斥並窮盡的，此紅球來自灰色罐子的概率就是 3/5。

貝葉斯定理在現實中有廣泛應用。只要涉及到相互排斥並可窮盡的（mutually exclusive and joinly exhaustive）選項，給出了相關數據，都可以計算。最典型的就是在賭場的運用。有趣的是，這個定理的發現者貝葉斯本人並非職業數學家，也不是如帕斯卡那樣的賭徒，而是一位長老會牧師。

---

26 Patrick Hurley, A Concise Introduction to Logic, Worsworth Learning, 8th edition,

　　回到羅威廉的新論證。羅威廉的問題為，在沒有 P 之前，權且公允些，假定 G 和非 G 的概率各為 50%。現在有 P 之後，兩者的概率有何變化？羅威廉要論證 P 能支持非 G，關鍵之處在他的賦值。這些賦值有幾項。首先，沒有 P 之前 G 和非 G 為真各為 50%。羅威廉將此解釋為在共同知識背景 K 下各自概率一樣，記為 Pr（G/K）＝ 50%，並且 Pr（-G/K）＝ 50%。羅威廉對於 K 有解釋，"我認為這點很重要，即 K 要幾乎完全限定為大部分有神論者和無神論者在考慮惡的問題時，都共同分享的信息。"[27]這看起來算公允。即，有還是沒有上帝大家各執一詞，誰也沒有辦法說服誰，那就權當上帝存在有一半的可能。其次，他又在於他設定了非 G 蘊含 P。這即是說，如果上帝不存在，P 為真就是百分百，記為 Pr（P/-G&K）＝ 100%。這似乎也說得過去。其三，他還進一步設定，Pr（P/G&K）的概率也是 50%。這說的是，上帝存在情況下 P 的概率是 50%。這有很大爭議。羅威廉認識到了這點，他稍作讓步，認為這即便不是 50%，也肯定是小於 100%。為方便起見，權且就設定為 50%。

　　現在把這些設定條件應用到一個典型的貝葉斯定理的場景。和上面五個罐子的例子相比，現在要簡單多了，只有兩個罐子，一個是米色的，另一個是灰色的。現在房間裏光線暗淡，無法看清楚顏色。換成羅威廉的例子，這兩個罐子就是 G 和非 G。兩個罐子裝的是名為 P 或非 P 的球。兩個罐子不同在於，G 罐子中任意抽出一個球，抽到 P 的概率是 50%，轉換到上帝的場景，就是上帝存在的情況下得到命題 P 的概率是 50%。但非 G 罐子不同，從中任意抽一個球，都是 P，即概率是 100%。這是因為，如羅威廉所說，非 G 蘊含了 P。轉換到羅威廉的場景，即上帝不存在情況下得到命題 P 的概率是 100%。

　　現在空虛混沌，暗無天日，遊戲開始。隨意從兩個罐子中抽到一個 P，要問的問題是，這個 P 來自 G 和非 G 的概率哪個大？不用複雜的運算，你馬上可以判定來自非 G 的概率當然要大於來自 G 的概率。再想一想，也不難看到來自 G 的概率是三分之一，來自非 G 的概率是三分之二。這是因為，既然 G 罐裏 P 的概率是一半，就是罐子裏一半是 P，而非 G 罐裏 P 的概率是全部，就相當於罐子裏兩半都是 P。那麼兩個罐子得到 P 的概率就有三份，一份在 G 罐，兩份在非 G 罐。當然，你也可以興師動眾用貝葉斯定理來計算如下：

　　　　Pr（G/P&K）＝ Pr（G/K）＊ Pr（P/G&K）／ Pr（P/K）

27　William L. Rowe, 1996. "The Evidential Argument from Evil: A Second Look," in Daniel Howard-Snyder（ed.）, *The Evidential Argument from Evil,* p.265.

　　按上面所設定，Pr（G/K）和 Pr（P/G&K）都是 50%，把兩項應用到上面的方程，相乘就是 1/4。這樣上面的方程就變為 Pr（G/P&K）= 1/4 /Pr（P/K）。現在只需要確定 Pr（P/K）就可以算出結果。再根據貝葉斯定理，就有：

　　　　Pr（P/K）= Pr（P/G&K）* Pr（G/K）+ Pr（P/-G&K）* Pr（-G/K）

　　上面方程的右邊有兩部分，前面部分如上已經設定，是 1/2 乘以 1/2，即 1/4。後面部分的 Pr（P/-G&K），如羅威廉所設定，-G 蘊含 P，所以這一項是 1；至於 Pr（-G/K），按照 Pr（G/K）為 50%，這反過來的概率也應該是 50%，這樣才公允。所以後面部分就是 1 * 1/2。這樣就得到：

　　　　Pr（P/K）= 1/4 + 1/2 = 3/4

　　把這項代入上面的方程，就有 Pr（G/P&K）= 1/4 / 3/4 = 1/3。回到上面兩個罐子的場景，這就是 P 從 G 罐抽到的概率是三分之一。由於 G 和非 G 是互斥並窮盡的選項，這個 P 來自非 G 的概率，即 Pr（-G/P&K）就是三分之二。這麼拐彎曲折的計算，和你上面腦袋轉一轉就得到的結果是一樣的。

　　再整理一下羅威廉的思路，他的新論證就是，在沒有命題 P 之前，G 和非 G 為真的概率各為 50%。有了命題 P 之後，根據貝葉斯定理的運算，就得到 G 為真的概率降低到三分之一，而非 G 為真的概率上升為三分之二。所以 P 就成為支持非 G 的理由。這就是羅威廉所說的從 P 直接推到非 G。

　　羅威廉的新論證從 P 直接推出非 G，當然這是從歸納角度而言。羅威廉認為 P 至少可以成為相信非 G 的一個理由。這個理由有可能很弱。但不管如何，這畢竟是個證據。羅威廉強調，這是在其他證據對等情況下。這個 P 就成為一個籌碼，使得證據天杪向非 G 一邊傾斜。人們自然要問，這樣的論證有無道理？相應地，如果要反駁羅威廉，辦法有兩種。一，說明這個從 P 出發的論證並不成立，自然天杪就不向非 G 傾斜了。二，如果可以說明，支持 G 的證據和支持非 G 的證據一樣強，也能使得這個論證無效。當然，第三種辦法就是找出壓倒非 G 的理由，這樣就可以證明上帝了。不過現在還不需要走到這步。柏亭格選擇的是第二種辦法。他和羅威廉一樣，也運用貝葉斯定理，得到和羅威廉一樣強的但卻是支持 G 的結論。

　　這裏尤其要注意的是羅威廉設定的非 G 蘊含 P。從這裏出發得到在 P 情況下 G 的概率只有三分之一。很自然，反過來的思路就是，如果有個 P*，並且 G 蘊含 P*，其他參數都如羅威廉所設定，這會如何？很明顯，這就會得到 P*情況下 G 的概率是三分之二，而非 G 的概率是三分之一。剛好和羅威廉的新論證倒過來。現在的問題是，能否找到這樣的命題 P*。柏亭格的答案是肯定的，他一口氣給出三個命題，都可以作爲支持 G 的前提。

  P* E1 或 E2 都不是我們不知其有何善來使得一個完滿的存有（位格）來允許其發生的（事件）。

  P** 我們不知有什麼樣的惡，是我們知道沒有一個完滿的存有（位格）有一些善來允許這惡發生的。

  P*** 我們所知的惡都不是那種我們知道沒有一個完滿的存有（位格）允許其發生的。[28]

正如非 G 蘊含 P，G 也蘊含上面三個命題。以這三個命題爲前提，就可以得到有利於 G 的結論。這裏唯一要問的問題是，以這三個命題爲前提有何不妥？但正如以 P 爲前提可以接受，這三個命題爲前提也可以接受。

所以，羅威廉設定的 -G 蘊含 P 是關鍵之處。這到底是一種怎樣的蘊含呢？奧妙在於，如柏亭格所細察的，羅威廉的命題 P，"我們看不出有什麼善，能讓一個至高能力、至高智慧和至高善的存有（位格）允許 E1 和 E2 這樣的悲劇發生。"，等同於另一個命題：

  P'：要麼上帝不存在，要麼我們不知道有什麼善（理由）使得 E1 和 E2 發生。

柏亭格沒有細述這兩個命題爲何是等同的，這其實是演繹的德摩根律（De Morgan's Rule），一個合取命題轉換爲一個析取命題。命題 P 是個複合命題，包含了兩個簡單命題，"上帝存在"和"我們知道有什麼善（理由）使得 E1 和 E2 發生"。把這兩個簡單命題分別名爲 G 和 J，P 就是合取命題"並非 G 且 J"：

  —（G^J）

根據德摩根律，這個複合命題等同於一個析取命題"非 G 或非 J"：

  —G v —J

但我們真正確定的只是非 J，即不知道有什麼理由使得小鹿斑比和蘇女孩的悲劇發生。羅威廉的 P 卻多加了一層，不僅是說沒有理由，而且是上帝沒有理由。這樣 P 就是 -Gv-J。又，根據演繹的附加規則（Rule of Addition），一個命題和任何其他命題的析取而成的新命題，和它自己都有蘊含的關係。這即是 -G 蘊含 -Gv-J。這樣，回到罐子的場景，就是 -G 罐子裏得到 P 的概率是

---

28 Alvin Plantinga, *Warranted Christian Belief*, Oxford, 2000, p.468.

100%。要留意，我們所知的其實只是-J，而根據附加規則，-J 也是蘊含-Gv-J。這個-Gv-J 是個比-J 弱的命題。即羅威廉爲了論證-G，給出一個比-J 弱的蘊含命題來作爲證據。柏亭格稱之爲退化的證據（degenerated evidence）[29]。

要反駁羅威廉，就回到-J，這個有神論者和無神論者都認同的命題，即我們看不到有什麼理由讓 E1 和 E2 發生。但根據演繹的附加規則，這個-J 除了蘊含-Jv-G，同樣蘊含-JvG。這個命題且命名爲 P2。用這個來作爲前提如何？再回到罐子場景，這就是說 G 罐子裏抽到 P2 的概率是 100%。當然，與羅威廉對應，這時候-G 罐子裏抽到 P2 的概率就是 50%。同樣，由此出發，也容易得到給定 P2 情況下 G 的概率是三分之二，-G 的概率則是三分之一。

現在可以回顧一下證據版本的惡的問題。懷士察的兩個故事已很充分說明了證據版本惡的問題，其思路不合理。而用貝葉斯定理來支持的版本，則被反過來的支持有神論的論證所消解。討論到此，證據的惡的問題其實質已經很清楚。羅威廉他們還有一些異議，也還有不少新文獻問世，但都不能改變問題的實質。回到最原始的直觀。我們看到世上無數沒來由的苦難。從這裏出發可以看到什麼進一步的結論？這端乎在於你有什麼樣的眼角膜。如果是無神論的眼角膜，就會看到 P，即覺得上帝沒有什麼理由讓這些悲劇發生。從此出發就會有證據版本的惡的問題。如果是有神論的眼角膜，就會看到自己的渺小和無知，知道自己不過是塵土，無論如何都要面對上帝終極的奧秘。

（四）必要的神正論

自由意志辯護和懷士察的 Noseeum 故事，都可視爲否定的辯護。否定的辯護說明上帝可以有他的理由允許惡，但並沒有講清楚是什麼理由。這對許多人而言是不夠的。人們可以堅持，noseeum 儘管眼睛看不見，但畢竟是可以觀察的，如被咬的時候可以借助放大鏡來觀察。但那些看來全無來由的惡，到底上帝爲何允許發生？即使承認人和上帝之間有知識的鴻溝，但另一方面，猶太-基督教一個基本信念是上帝是慈愛天父，既然如此，父親就不應該是不可理喻。在這些問題面前，否定的辯護確實難以令人滿意，有必要提供一種神正論。

所謂神正論，就是要爲上帝的作爲提供理由。既然萬事都在上帝手中，那麼惡也在他掌管範圍之內，那麼他就必有允許惡存在的理由。歷史上奧古

---

29 Alvin Plantinga, *Warranted Christian Belief*, Oxford, 2000, p.468.

斯丁（Augustine）和愛任紐（Irenaeus）等人都提出了自己的神正論。而萊布尼茲的版本最廣爲人知，此外還有如當代的靈魂塑造神正論[30]。本文不討論這些神正論，而是試圖直接從猶太-基督教的基本文本新舊約來考察惡存在的理由。新舊約經文有一個相當清晰的神正論的思路。新舊約經文記載的上帝的形象，最重要的一點就是上帝是慈愛的天父。這種理解下，人神之間的知識鴻溝還是有的，但上帝的旨意還是可以明白的，只不過在不同的人，不同的階段，都有不理解的時候。但最終，如哥林多前書 13 章所述，人要與上帝面對面，那時就會全部明白。人現在沒有能力接受，也無法理解，有如父母與嬰孩的不同。父母爲了一個好的目的，有時會讓嬰孩受一些痛苦，但嬰孩如何也不能理解，而是大喊大叫。知識也一樣，大人不用思考的問題幼兒如何努力也想不明白。但孩子長大了就會理解父母的苦心。這可類比上帝與人的關係。上帝的目的有許多是人暫時無法明瞭的。這可稱之爲類比神正論。但要指出，這並不是新的創造，許多作者如懷士察等人，都在這個思路上，這裏只是指出這思路在新舊約已有很清楚的脈絡。

在基督教傳統的理解裏，上帝作爲天父，爲了他更好更高的目的，讓人受苦不是沒可能的，即使這些惡事在人看來毫無理由，並難以承受，但在上帝眼中有可能是有明確理由並可承受的，《聖經》中對此有明確的指示。"上帝是信實的，必不叫你們受試探過於所能受的。"（《哥林多前書》10：13）又如，"我的恩典夠你用的。"（《哥林多前書》12：9）柏亭格也指出，人世間的苦難，與上帝的應許相比，是微不足道的。他引用保羅書信對此說明，「現在的苦楚若比起將來要顯於我們的榮耀就不足介意了」（羅馬書 8：18）。上帝給人所帶來的苦難是有限的，人無論如何受苦，他的人世生涯鮮有超過八十年，而全能的上帝應許的是永生[31]。"在你看來，千年如已過的昨日，又如夜間的一更。"（《詩篇》90：4）這樣看來，若承認上帝，即使是看起來最不可思議沒來由的惡，也是可以理解的。這就是爲何約伯受盡了各種沒來由的苦難，但他在旋風中與上帝面對面後，恢復了對上帝的信心，並最終得了安慰。無獨有偶，Swinburne 也在他的著作談到這觀點。[32]

---

30 Hick, John（1966/2007）, Evil and the God of Love, 2d. ed. New York: Palgrave Macmillan.

31 Alvin Plantinga, *Warranted Christian Belief*（Oxford University Press, 2000）, chap 14.

32 Richard Swinburne, *Providence and the Problem of Evil*（Oxford: Clarendon Press, 1998）, p.xiii.

需要留意的是，類比神正論也沒有爲惡的存在給出具體的理由，只是爲惡的問題提供一個解釋的框架，並不是一個無誤的論證。所以，神正論的解釋框架下，惡存在的理由依然是個迷。然而，神正論不能成爲一種說服的力量，神正論最終要求人對上帝的信心。如果沒有對上帝的信心，最終無法接受神正論。神正論固然可以解釋上帝的美好目的，但是對許多人而言，這目的太遙遠。比如，不公平的天生殘缺，無辜的死難。人們的反駁是，有些人一出生就是不公平的遭遇，有些人在無來由的苦難面前，不是受苦，而是一下就失去生命，哪里還有更高的目的可言？對此的神正論回答，最終要回到基本的教義，即不死的靈魂和永恆的生命。也即是，這個世界無法實現的目的，上帝可以在另一個世界實現。死去不是結束，而是生命的另一個開始。在這個世界所經受的看來毫無目的的苦難和不公，一定在另一個世界有一個更高地目的。從辯護的角度說，靈魂不死和永恆生命雖是可以接受的信念，並沒有無誤的證明。哥德爾晚年爲了她母親的緣故，曾提出一個靈魂不死和永恆生命的證明。在我看來，與其說他的證明成功，不如說他的前提大膽。和他的憂鬱面容相反，哥德爾是個哲學上的樂觀主義者，提倡大膽的預設和概括。他也寫了個自己版本的上帝存在本體論證，也有這種大膽預設的特點。這裏不能詳述他的論證，有興趣的讀者可去查看文獻[33]。然而，辯護的目的僅是要說明一種可能性，上帝有可能以這樣的理由來允許惡的存在，在另一個世界實現他的公義。可能世界的概念則說明，這樣的可能性是不可否認的，即必然存在這樣的一個可能世界。這足以說明上帝和惡的存在並無矛盾。當然，這對於不接受有神信念的人來說，這種公義是太遙遠了。所以，理解接受這種神正論，不再是知識的事情，而是有信心的要求。

（五）無辜的鄉下人

笛卡爾第一沉思裏的夢境是哲學上已經肆虐幾百年的一個龐大怪獸。這個笛卡爾式懷疑論，追問人們知道外部世界的存在，有什麼理由？比如，爲何不可能這都是夢幻，是莊生曉夢迷蝴蝶？而如果人們無法肯定自己是否在夢中，就連自己面前兩隻手都無法肯定是否眞實。這樣就有如下的 MP（Modus Ponens）論證。

---

33 Hao Wang, Reflections on Kurt Gödel（Cambridge, MA: MIT Press, 1987）.

（1）如果我不知道我是否在作夢，我就不知道我是否有兩隻手。

（2）我不知道我是否在夢中。

（3）我不知道我是否有兩隻手。（1，2，Modus Ponens）

哲學的論證，人們常說，一個人的 MP 會是另一人的 MT。在一次亞裏士多德學會的報告會上，摩爾（G. E. Moore）正是如此來挑戰笛卡爾怪獸。那是 1939 年，他正要從劍橋哲學講座教授退休（繼任者是維特根斯坦），他選擇這個重要時刻重要場合來表演他的常識。他站在臺上，舉起一隻手，說，我知道這只手存在，又舉起另一隻手，說，我也知道這只手存在。所以，我兩隻手存在。所以，外部世界存在[34]。他的論證就把上面的 MP 轉變爲 MT（Modus Tollens）。

（1）如果我不知道我是否在作夢，我就不知道我是否有兩隻手。

（2）我知道我有兩隻手。

（3）我知道我不是在夢中。（1，2，Modus Tollens）

從 MP 轉爲 MT，形式上說兩個論證都是有效的。兩者的第一個前提一樣，差別在於第二個前提。MP 論證承認第一前提的前件，MT 論證否認第一前提的後件。如果要問哪個論證是合理的，就要問兩個第二前提，"我不知道我是否在夢中"，"我知道我有兩隻手"，哪一個更可信更有理由？這依然是懷疑論和常識的較量，哲學家還在糾纏不休，也許永遠不會有答案。

現在就從摩爾轉換的角度來看看惡的證據反駁。這個反駁，再簡化一些，就是如下的一個 MT 論證。

（1）如果有一位上帝，就沒有毫無意義的惡與苦難。

（2）很多惡與苦難沒有任何意義。

（3）沒有一位上帝。（1，2，Modus Tollens）

要留意，這是簡化的形式。羅威廉他們的惡的證據反駁承認無法有無誤的論證表明上帝不存在，承認上帝存在和惡沒有必然的矛盾關係，那麼，就從證據的角度來看上帝存在有多大可能。這即是歸納的方法，而歸納的結論只能是或然的。既然有那麼多惡與苦難，而且看上去全無意義，那麼就很可能上帝不存在。所以這裏的論證，嚴格些就都要加上"可能"的模態限定。而這個論證，以摩爾轉換的方法，加上"可能"的限定，就可以轉換爲如下的 MP 論證。

---

34 G. E. Moore, "Proof of an External World" *Proceedings of the British Academy* 25（1939）273-300. Reprinted in *Philosophical Papers* and in *G. E. Moore: Selected Writings*, T. Baldwin（ed.）（London: Routledge, 1993）, pp.147-70.

（1）如果有一個上帝，就沒有毫無意義的惡與苦難。

（2）（很有可能），上帝是存在的。

（3）（很有可能），世上的惡與苦難都有其理由。（1，2，Modus Ponens）

與笛卡爾和摩爾論證一樣，這兩者也是形式上有效的。這樣，要問兩者哪個是合理的，也惟有比較兩個第二前提，"很有可能，很多惡與苦難都沒有任何意義"，"很有可能，上帝是存在的"。由於從"很多惡與苦難都沒有意義"可以推出"上帝不存在"，那麼就變成"上帝存在"和"上帝不存在"這兩個命題的比較。這兩個命題哪個更有理由？所以，這最終是有神信念和與之對立的立場的比較。這個與有神信念對立的立場，即是啟蒙運動以來有廣泛影響的自然主義。這樣，問題要轉到討論兩個不同的形而上預設，有神信念和自然主義。這兩者哪個更有理由？哪個在知識上更可靠？這是後面第七章討論的問題。

證據的惡的問題還有另一種形式。先來思考一下這樣的處境。一個人在中國鄉村終老一生，對福音聞所未聞，不知上帝無論耶穌。當然，人生而有罪，雖然這人自小被教導作個好人，他也畢生努力行善，但作過的錯事壞事還是很多。而且，從《聖經》標準看，此人在鄉下的偶爾拜祖祭神恐怕可說是偶像崇拜，不可原諒。這樣一個人死後是否該下地獄呢？如果是這樣，這是誰的錯？是鄉下人自己的錯？好像責任推不到他頭上，因他本來就沒有機會聽到福音。那麼是上帝的錯？錯在忽略了這可憐的鄉下人？但他既然是上帝，他怎麼會錯？

所以，這個形式的惡的問題著眼的不是那些如羅威廉所討論的無辜被殺的女孩等看來毫無目的的惡與苦難，而是直接追問信仰這件事。如果有一位上帝，無疑信仰就是非常重要最有價值，而沒有信仰就是非常不好的一件事了。但一個人如果沒有選擇，也並非故意要不信上帝，他或她無法成為上帝子民，以至結局悲慘，這難道不是一個惡的證據反駁？再想想這可憐的鄉下人，他只是古今千年，東西萬里的億兆斯民中滄海一粟。人們不禁要問，在中國和其他地方，有無數這樣的可憐蟲，終其一生沒被福音光照。勞苦一世默默死去，按照教義，由於不信上帝，他們還得下地獄。無數這樣的人生，這到底有何意義？這難道不是純粹的惡嗎？這個反駁即是惡的問題。

這是個重要的且是困難的問題。與此相關的另一問題就是，什麼情況下一個人要對自己不信上帝這件事負責？從有神信念的角度看，人有許多罪，而最大的罪就是不信上帝。但是，人不信上帝很多時候並不是自己的選擇。很簡單，上面所說的鄉下人，一生中根本就沒聽過福音。這樣一個人死後是否該下地獄呢？如果下地獄，這難道不是個無辜的鄉下人？從另一方面看，這就是一種可怕的惡。這種惡和前面討論的惡不同之處在於，這直接關乎信仰本身。

此節從知識論的角度說明，如無辜鄉下人的事例，人無需為自己的不信負責。並回到懷疑的有神論立場，說明這種惡雖然比其他惡更難解釋，但在有神論的框架下，依然是可以理解的，即如果對一個愛的上帝有信心，就會確信這些惡的背後都會有其目的和善，儘管現在無法明白無法看見。

無辜鄉下人這樣的事例是神學上的難題。在猶太-基督教歷史上，與此相關的思路大致有二。其一即是歷史上大有爭議的預定論。預定論當然有其經義上的依據，最直接的根據是保羅書信《羅馬書》第八至十一章。這種解釋認為上帝對人的全能權柄，就如窯匠對手上工藝的權柄，可以隨意把各件器皿造成不同樣式，或是茅廁用的卑賤器皿，或是王公貴冑餐桌上高貴的器皿。同樣，上帝讓某人得福，或讓某人遭詛咒，全在乎上帝全能權柄。教父時代起，不少神學家都認同預定論。但預定論在神學上廣為人討論是宗教改革以後，並常和加爾文這個名字連在一起。加爾文浩瀚的著作解讀起來是艱難的事，許多學者都認為這樣解讀加爾文是有欠公允的。不管如何，預定論基本上被認為是加爾文和改革宗教會的標誌。

第二種答案是神聖感知的概念。這個概念的依據是《羅馬書》第一章，"自造天地以來，神的永能和神性是明明可知的，雖是眼不能見，但藉著所造之物，就可以曉得，叫人無可推諉。"（《羅馬書》1：19-20）後來加爾文由此提出了神聖感知的概念。按照這種理解，這個鄉下人心中有上帝創造的神聖感知，而大自然奇妙的造化之功也顯明上帝乃創造之主。但這鄉下人的神聖感知沒有起作用，對上帝的創造之工視而不見，聽而不聞。羅馬書的說法，罪使人心昏昧。許多人對羅馬書的經文和加爾文的概念有異議。特別是在缺乏有神信念傳統的人們之中，起初接觸這個概念，多不以為然。

上面的兩種思路，一種說上帝沒給鄉下人機會，預定他下地獄。二，鄉下人的罪的本性阻礙了神聖感知，使自己認識不到上帝。很多人對兩種解釋都不滿意。第一種解釋，顯得粗暴無理由，讓那鄉下人無辜地陷入孤立無助。更壞的是，這種解釋好像有假傳聖旨的嫌疑。上帝眞這麼可怕嗎？眞會沒有理由地讓人下地獄嗎？上帝的預定和揀選眞是不可理喻嗎？還是這種預定論錯誤地傳揚了一個錯誤的上帝？第二種解釋稍有緩和。至少，這承認了上帝有眷顧這鄉下人，給了他一種神聖感知，讓他有能力去認識上帝。這裏依然讓人難接受的是，這鄉下人從未聽過福音，但他還得爲自己落入罪中而負責。因爲，他生於斯長於斯，身不由己在罪中成長。因此，人們依舊有理由歸罪上帝，在這樣一個設定的環境，即便心中有神聖感知，又有何用？就如一個人在漆黑之中，但某個角落有燈盞火柴，他卻對此一無所知，這燈盞火柴於他何用？

人們不接受上面的兩種解釋，是因爲覺得其中下地獄的人實爲無辜。這些人下地獄，只因沒有信上帝，但是因爲這個信念就可以指責他們並把他們推下地獄嗎？對一個人的道德指責是有條件的。道德的指責，是要在具備知識和自由意志的情況下，才是合理的。人們的道德指責不會指向一個無知的孩童，或一個白癡或精神失常的人。一個瘋子造成的悲劇你可以覺得痛心捶胸，但卻沒辦法怪罪他。即便你怪罪他，他也不會明白。如果他能明白，知道自己是瘋子作了大禍，那他就不是瘋子了。按照這種思路，要指責一個人不信上帝，只有一種情況。這就是，一個人有機會聽到福音，也聽明白了，卻以自己的自由意志，注意，不是由於被脅迫，也不是被引誘欺騙，也不是被灌醉酒或吸了大麻的情況下，而是頭腦清晰時，他或她就自動自覺明明白白痛痛快快的自己決定不信上帝，拒絕福音。

回到不信的鄉下人的處境，上帝要讓他並非無辜下地獄，條件如下。一是要給他完備的認知官能，其中特別是神聖感知，並且這官能是恰當功能的。其二，他要聽到福音，並且聽懂了。其三，他作出決定不信，不是由於其他原因，比如受到威逼利誘等，而是自願清醒的。其四，這神聖感知官能是可靠的，在合適條件下都可以使人相信上帝，而不是一時靈驗一時不靈驗，有時信有時又不信了。

上面所講的，其實就是柏亭格保證知識論的四件頭。對此本書第五和第六章將有的詳細論述。這裏只作簡單介紹，來分析有神信念預設下，一個人沒有信仰，在知識上會是如何。在保證知識論裏，一個信念有保證或有辯護，這信念須產生於這樣的四個條件。一，恰當功能的認識官能。二，合適的認知環境。三，這認知官能的設計是以眞信念爲目的。四，這認知官能設計可靠，成功率足夠高。這個結構裏，如果有上帝，但一個人聽到了福音卻不信上帝，那麼出問題的會在哪里？第二和第四個條件看來不會有問題。如果他沒有合適的環境，聽不到福音，他不信就當然怪罪不到他頭上。而如果有上帝，他設計的認知官能應該是可靠的。可能出問題的是第一和第三條件。這兩個條件出問題，都和罪的概念有關。在第一個條件裏，這神聖感知官能雖然設計完好，但卻有可能被壓迫變形，以致功能失常。比如，挪亞建造方舟的時候，他們一家八口造那條船，不是一年，不是兩年，是一百年，他們看起來確實夠愚蠢。那個世代的人都嬉笑挪亞一家。經上說，這些人"終日所思想的盡是惡"。他們心底儘管還有神聖感知，但被壓在了最底層壓成了薄餅，上面的重重疊疊山就是世上的私欲引誘。這神聖感知不得翻身，更別提恢復原形。他們聽到了福音，聽了一百年，耳朵都起繭了，所以他們沒有反應，水過鴨背，不留痕跡。這就是《聖經》常說的"以色列心腸剛硬"，也是先知指責的"石心"。這也就是耶穌所說的種子落到了硬土裏，無法生長。

第三個條件，說的是認知官能的目標指向是眞信念，而非其他。正常情況下，福音臨到一個神聖感知正常的人，他或她就清楚知道，就會接受這眞理。但爲罪所捆綁的心智，其中的認知官能往往不是指向眞信念。假設一個智力爆棚的人，他或她聽到了福音，很有感動，心底也知道這是眞的，知道沒有上帝的說法實在沒有什麼理由。但是，他或她一直被公認出類拔萃，自己也一直信心滿滿，現在要俯伏在三個位格一個頭的怪物腳下，這眞是有損尊嚴，斯文掃地。尼采和眾多啓蒙導師怎麼說來著？周圍的人會怎麼看我？這個吸鴉片的弱者。他或她的智商降到 75 以下了。這曾經的強者終於扛不住了，要趴下了。"我的奮鬥"失敗了，他或她要去教堂接受施捨周濟了。這昨日黃花終於凋謝了。等等，如此這般。總之信了上帝后，總有各種鄙夷嘲諷，總會被一些人橫看豎看都不順。免除這些煩惱的辦法是索性不信上帝。所以，這個人選擇不信上帝。這時，他或她的認知官能不是指向眞信念，而是指向驕傲和虛榮，或其他的心智軟弱。這種情況就是耶穌的寓言裏，麥子被稗子擠住，稗子人多勢眾，占了上風。所以，在這兩種情況下，一個人知識上要爲自己的不信上帝負責。

再來看這個鄉下人，這知識的保證四件頭套在他身上是什麼樣子。很明顯，問題不在他自己。他根本就沒有聽到福音，即他沒有合適的認知環境。

即使其他三件都不缺，他還是無法認識上帝。他被賦予了神聖感知，且功能正常，但神聖感知根本就沒有機會發揮功能。結果還是認識不到上帝，還是要下地獄。這無辜的鄉下人表明，上帝要麼並非那麼慈愛公正，致使這鄉下人無辜落入悲慘，要麼，上帝有心無力，雖給了鄉下人神聖感知，卻無能力好事做到底。總之，並沒有基督教信念所說的那樣一位至高能力至高智慧和至高的善的上帝。因此，這廣泛的有代表性的鄉下人例子，足以構成一個對上帝的反駁。

神學家並不是現在才碰到這樣的問題。這問題有多古老？大概從亞當出了伊甸園就開始了吧？教會試圖為此給出正式答案。這就是天主教 Limbo 的教義。在這教義裏，Limbo，就是地獄邊緣的意思，中國天主教的翻譯是靈薄獄，是指一個特別的地方，上帝用來安排那些可憐的靈魂，就是那些死去的嬰孩和那些活著時沒有機會聆聽福音的人。這些靈魂在此暫居，等候上帝審判的來臨。那時他們就會得到公正對待，並會有機會選擇上帝。

這些教義總算為這難題提供了答案。然而，天主教教理文獻也坦承，靈薄獄的教義並沒有明確的《聖經》根據，雖然也沒有明確證據說這教義違背《聖經》。這些教義可以為惡的難題給出一個出路，可以安慰諸如孔門弟子鬼谷先生這樣的無緣福音的好人。誠然，末日來臨可能果真如斯。但誰能擔保呢？從另一方面說，這教義不僅沒有《聖經》根據，還有挾持上帝的嫌疑，好像上帝不這樣安排，就會是不公不義。也正因此，新教各教派不接納靈薄獄的教義。這不表示路德和加爾文等改革之父沒有認識到如何安排諸如無辜孩童靈魂的難題。他們承認這樣的難題對人而言是奧秘。與其猜度上帝的意志，不如全然交托，一心信賴。

暫且放下這些教義猜度，來看看約伯記。約伯記學界多認同是舊約成書最早的一卷書，其中心實為神學的大題目，即惡的問題。和當代的羅威廉等人一樣，約伯和他的朋友都苦惱於那看似全無來由的災禍，不知上帝到底為何竟然允許這惡出現。約伯由此起來，要在上帝面前為自己辨屈，要上帝提出理由，到底自己為何受此苦難。"願我的煩惱稱一稱，我一切的災禍放在天平裏，如今都比海沙更重。""願有一位肯聽我。看哪，在這裏有我所畫的押，願全能者回答我。"最終，上帝出現在旋風之中，回應約伯。但上帝並沒有直接回答約伯，而是反問了一連串的問題，向約伯提出挑戰。"你當如勇士束腰，我問你，你可指示我。""責難的人，豈可與全能者爭論？與神辯駁的，可以回答這些罷。"面對上帝的奧秘，約伯重新確立了自己的信心，不是因爲他知道了具體的答案，而是明白了信仰所包含的另一內容，即上帝有他的權能，也有他的理由，但這對他而言，已經超出他所能知曉之事。人和上帝之間有深深鴻溝。他無法測度上帝的心思意念和智慧能力。約伯的對上帝權能的確認和先知以賽亞的表達一致，"我的心思高過你們的心思，我的意念高過你們的意念"。

對於無辜好人的靈魂的安排，這種保持緘默不作猜度的立場，與懷士察等人的懷疑的有神論一致。這種思路一方面坦承這是無法知曉的奧秘，另一方面也確信上帝會有其安排。這裏要留意到，這不僅是對上帝至高能力和智慧的確信，也是對上帝至高的愛的確信。猶太－基督教理解的上帝，"耶和華滿有恩典和慈愛"，他愛這些按自己形象所造的被造者。明瞭這點，就會在各種患難中坦然，並有信心向前。因爲知道慈愛天父總不會離棄自己，不管如何他會看顧到底。不管這些患難是來自撒旦，還是來自人類的罪惡，還是由於自己的原因，上帝都會與自己同在，自己最終要回到上帝的家中，如希伯來書所說的，這是一個更美的家鄉，是上帝所應許並預備的。

（六）上帝與證僞

前面討論看到，有神論者似乎總可以找到理由來回應惡的問題。在兩種主要的答案中，神正論讓有些人覺得難以信服，認爲上帝不一定非如人所設想的那樣行事。但自由意志辯護好像更難反駁，因其只是指出惡的問題和上帝存在並無矛盾，也即是從惡的事實並不能得出上帝不存在的結論。至於上帝爲何允許惡和如何解決惡，上帝自有他的方式。如 Noseeum 類比所指，不管世上的惡如何醜陋不堪和恣肆橫行，這背後總有理由，很可能是人看不見也不明白的理由。這樣的辯護是合理的嗎？傅鹿（Anthony Flew）質疑這樣的思路，認爲有神論者事實上把"上帝存在"和"上帝愛我們"此類命題作爲不可證僞的命題，也即是無意義的命題。

傅鹿的觀點見於他的一篇短文，"Theology and Falsification"[35]。這篇文章原本是傅鹿在牛津讀本科時在蘇格拉底俱樂部作的一個報告，後來被數不清的文集所收錄和重印。這篇文章是基督教哲學和分析方法結合的一個標

35　Athony Flew, Alasdair MacIntyre, ed., *New Essays in Philosophical Theology*（SCM Press, 1955）, pp.96-99.

誌。文章僅有四頁，和 Edmund Gettier 那篇三頁紙短文幾可比肩，被廣泛討論和引用，成爲傳奇。

此文旨在說明諸如"上帝存在"、"上帝愛我們"等命題是不可證僞的，因此是無意義的。傅鹿提出了一個神秘園丁的例子來說明。這裏大致按照 Flew 的思路來重述一下這個思想實驗。假設有一片林中空地，綠草如茵，鮮花爛漫。有人相信這美麗花草一定有個園丁在護理，權且稱這些人爲園丁派。另一些人不相信有園丁，他們提出理由和證據，比如，從沒見過有園丁來此護理，也求證過附近居民，都證實了這點。這些權且稱爲不信派。但是園丁派還是相信有園丁，他們爭辯說，沒有看到園丁不等於眞沒有園丁，比如，也許這園丁總是畫伏夜出，不爲人知。不信派的人爲了證僞園丁信念，在那林中空地拉上了圍欄。結果，一段時間後，也沒有任何園丁曾越過圍欄照看花草的痕跡。但園丁派同樣可以有理由來回應，比如，他們提出園丁可能是身手非凡，跨欄如飛，不留痕跡。故事可以繼續下去。比如不信派爲了證僞園丁信念，還可以在周圍裝上觀察裝置，動用高科技設備等等。而園丁派也可以繼續無邊際地作出回應，比如，這園丁有如天使，或者是蜘蛛俠，又或是貓和老鼠與隱形藥水的混合體，總之是來無影去無蹤。但這是合理的辯護嗎？Flew 指出，相信有來無影去無蹤的園丁，和相信沒有園丁，兩者沒有差別。這種園丁信念就是無法證僞的，也是無意義的。

同樣，有神論者面對質疑，有類那些園丁派。當不信者提出惡的問題，質問在這些苦難裏，怎麼不見仁慈的上帝？有神論者會以神正論來回應，表明惡是爲了更大的善等理由。不信者進一步提出一些看來是全無理由的惡，有神論者又會以自由意志辯護來回應，比如 Noseeum 那樣的理由等等。傅鹿認爲，那些看不見不明白的理由，其實等於沒有理由，也沒有上帝。

傅鹿提出他的證僞原則。一個有意義的命題是可以證僞的。"有一位園丁"的否定是"沒有一位園丁"。如果"有一位園丁"是有意義的命題，則"沒有一位園丁"是可以證實的，比如有了各種沒有園丁的證據。有了足夠的證據，就可以認爲"有一位園丁"這命題被證僞了。"有一個園丁"這命題是有意義的，是因在一定證據下人們就可以承認它被證僞了。如果如同那些園丁派，拒不承認證據，那事實上把"有一位園丁"這個命題變成了無意義的命題。"上帝存在"這命題如何？對有神論者而言，這命題就如那些不可理喻的園丁派信念，不管什麼理由他們都認爲沒有證僞這命題，"上帝存在"也就是無意義的命題。

　　這個反駁思路就大體如下。首先，他們承認，自由意志辯護某種程度上是合理的，即惡與上帝存在確實沒有必然的矛盾。其次，他們設立證偽原則，認為有意義的命題是可以證偽的。這樣，有神論者不管面對什麼反駁，都堅持有一個上帝，這個斷言變成了不可證偽的命題。因為，與其堅持那些虛無飄渺的理由，還不如承認沒有上帝。

　　這個反駁有效嗎？關鍵在於證偽原則是否可靠。證偽原則可以作為知識的一個教條嗎？證偽原則的最重要代表是波普爾[36]（Karl Popper）。他提出這原則源於他青年時期一段信仰馬克思和佛洛伊德（FM）的經歷。一戰前後的維也納，是思想的大熔爐，產生了璀璨的結晶。波普爾即在此度過他的求學生涯。他十七歲時曾經狂熱迷戀上 FM，對革命和未來充滿浪漫理想。但是，很快，他發現自己的同道們面對各種不同意見和反駁時，總有振振有詞的理由來回應，來說明自己是科學的、進步的、革命的，當然也是正確的。這種辯證法後來被戲稱為變戲法。波普爾發現，這些"科學的"理論其實是一套巧妙的詞彙，其中你只能有支持的立場，而不能否定它。不久，波普爾聽了愛因斯坦的一個講座，內容是剛完成的相對論，他敏銳地覺察到，這背後有一種與 FM 全然不同的精神，即，這是原則上可檢驗的，是可錯的。相對論後來被廣為接受，即是因其被天文觀察所證實。波普爾為此提出了證偽原則，認為科學和偽科學的區別就在是否可以證偽。科學命題都是在一定證據和條件下可以證偽的，而偽科學則總能找到自圓其說的理由。波普爾確立證偽原則後，從此一生都警惕那些大詞炎炎的宏大理論和理想。

　　證偽原則原本意圖是區分科學命題和偽科學命題，並無意涉及常識信念和信仰。很多日常信念是無法證偽的，顯然不能由此斷言這些是無意義的命題。神話和傳說小說的人物，不能證偽，如"宙斯劫奪歐羅巴"，這命題如何能證偽呢？在什麼情況下，有什麼證據，就可以宣告這命題被證偽了？換一個中國的例子，"梁山伯結拜祝英台"，這命題又如何被證偽？如何作實驗如何搜集證據來證明這是假的？很明顯，類似的命題都不是可以證偽的，但卻不能由此說這些命題無意義。前面兩個例子，雖不能被證偽，並不缺乏多情種子們，一旦想起一頭神武白公牛馱著肌膚勝雪綽約處子的歐羅巴宛在水中央，又或想起梁祝青青子衿悠悠我心，攜手上河梁梁下雙鴛鴦，純淨又

36 Karl Popper, Unended Quest; An Intellectual Autobiography（London: Fontana, 1976）.

淒美，他們都不禁心頭蕩漾愛到癡狂不能自已。這些不是意義是什麼？又來看看他心的信念，也同樣不能證偽，即不管什麼證據，即便那些證據是可靠無誤的，都不能使人相信自己的親朋好友是無心無肺的機器人。設想一下這樣的一個可能世界，其中有人發現了一個偉大真理，就是人們原來是被一個巨大機器遙控的小機器，所有數據準確無誤，那麼人們就會相信嗎？他心的信念就被證偽了嗎？很難想像人們會放棄他心信念，相反，恐怕人們寧願相信那些確鑿證據是幻覺。也即他心信念是不可證偽的，但不能由此宣稱他心信念是無意義的。Popper 的證偽原則原意是針對偽科學，特別是以科學自居的 FM，這原則也不能擴展到所有個人信念。傅鹿拿證偽原則來討論神學主題已經偏離了 Popper 原來的方向。

傅鹿這篇文章的成功之處，乃在以一個生動的故事，並運用當時大有影響的證偽理論，簡潔清楚地將一個古老問題重新闡述。這種意義和證實/證偽原則相連的理論，其實有其前輩，就是艾耶爾他們的邏輯實證主義的立場。艾耶爾正是由此宣稱"神學皆為廢話"（theology is nonsense）。邏輯實證主義還可以往前溯源，這就是經驗主義。萊布尼茲等人所區分的必然真理和偶然真理，或者先驗與後驗命題。到了康德，就有了綜合判斷與分析判斷的區分。這在知識論上就形成了古典基礎主義。這種圖景裏，有意義的基本命題有兩類，一是演繹自明的，二是經驗可證實的。這個知識圖景是有缺陷的。現在的意義理論，一般對意義的要求不再那麼高。在可能世界意義理論裏，一個命題只要並不是違反矛盾律的，即並非在所有可能世界都不能，那麼這個命題就有意義，就如雪姑和梁祝都是有意義的。當然，人們可以堅持傳統經驗主義的立場，堅持意義的證實/證偽理論，但這樣一來，就要接受自己的許多日常信念都是無意義的，如詩歌、藝術、神話和他心信念，以及神學命題等等。

現在可以得出結論。第一，傅鹿他們的問題在於對神學命題有一個不恰當的要求，就是把神學命題的意義與科學命題的意義同等。其二，意義不能以科學命題來為標準，而是要看到意義有不同層次。科學命題的意義之外，還有其他的命題，雖無法證實或證偽，其意義卻不容否認。這裏有個問題出現，假如 FM 等人的理論不再宣稱自己是科學的，而是作為一種個人信仰，那麼前面所述的有神信念的辯護，豈不也適用於 FM？但這兩種信念明顯是對立的，沒有可能兩者都為真。這就是信念的多元困境。第八章將討論這個問題。

（七）論證或賭局

柏亭格強調，要論證上帝存在，這超出了哲學的能力。類似地，康德說上帝存在的論證不可能，他接著也斷言，反過來，要論證上帝不存在也是不可能的。但對後者他並沒有提供論證。在前面的第一和第二章裏，此章討論了有神論證，歸納版本有神論證，無法得到無誤的結論。而演繹版本的，即本體論證，則會有循環的問題。因此，有神論證都不成功。第三章討論反有神論證，即惡的問題，結果不管是矛盾版本的還是證據版本的惡的問題，都可以有相應的辯護，也無法得到確定的上帝不存在的結論。這兩部分的工作，一，論證了可能的上帝存在的論證都不成功，二，反過來，也論證惡的問題，反有神信念的主要形式，也不成功。兩個結論合起來，就得到上帝存在問題不可解的結論，即肯定和否定的結論都無法得到。

上帝存在問題不可解，這只是在命題的真假而言，即無法有一個無誤的的證明。但這並不表明有神信念知識上無法判斷。論證上帝的信念是否合理，或者有無保證，這卻大有文章可作。Swinburne 的累積論證表明，有神信念為真的證據壓倒性地勝過對立的立場。而智慧設計論則以現代科學的種種證據，表明世界和人類沒有一位超自然的設計者是很難想像的。最主要的是，反自然主義論證表明，不接受有神信念的結果是有潛在的自我挫敗，這決定性地使兩者的知識地位決出高下。因此，有神信念有知識上的合理性。

另一方面，上帝是否存在類似他心問題。柏亭格論證了上帝與他心信念，知識上而言兩者都在一條船上。他心信念最好的論證只能是類比，從自己的心靈推出他人也有心靈。但這是從一人推出全部，乃不可靠的歸納。維特根斯坦說這是極不負責任的推理。但除此以外，並沒有其他更好的論證。然而，他心乃不可否認，否則知識和生活都不可能。

這種知道其不可靠也要相信的處境，有如一個無法回避的賭局。事實上，不少人都認為信仰和賭博類似。齊克果的理解裏，這就是一個跳躍，從懷疑到相信。帕斯卡為此設計了一個上帝是否存在的賭局，他說信仰可由下注賭博贏得。人類天性好賭。伊甸園裏就有一個賭局。賭注是一個果子。結局是兩個可能，一是上帝說的吃的時候必定死，二是那蛇所說的不一定死，還和上帝一樣有智慧。夏娃決定伸手摘那個果子，就是下注要贏得和上帝一樣的地位。出了伊甸園的人類賭性不改，出了不少賭神賭王。然而，王族畢竟是極少數派，他們的大多數賭場老友往往因賭而一事無成或傾家蕩產。帕斯卡另闢蹊徑，因計算賭的贏輸幾率而成了數學概率論的鼻祖。可謂同人不同命，造化如風，天命難測。當然，帕斯卡還是虔誠天主教徒，對傳揚天國福音頗有負擔。正是在此背景下，他提出了這個關於上帝的賭局。這也許是世上最有名的賭局，這個賭局又被整理為有神論證的實用主義版本。帕斯卡的賭局出現在他的《思想錄》。

> 有兩樣東西可輸：即真與善；有兩樣東西可賭：即你的理智和你的意志，你的知識和你的福祉；而你的天性又有兩樣東西要躲避：即錯誤和悲慘。

> 這裏確乎是有著一場無限幸福的無限生命可以贏得，對有限數目的輸局機遇來說確實有一場贏局的機遇，而你所賭的又是有限的。這就勾銷了一切選擇：凡是無限存在的地方，凡是不存在無限的輸局機遇對贏局機遇的地方，就絕沒有猶豫的餘地，而是應該孤注一擲。所以當我們被迫不得不賭的時候，與其說是我們冒生命之危險以求無限的贏局（那和一無所失是同樣的可能出現），倒不如說我們是必須放棄理智以求保全生命。

> 你確實決不會陷入有害的歡愉，陷入榮耀，陷入逸樂……

> 你將因此而贏得這一生……[37]

上帝是否存在，如帕斯卡指出，如果有誰願意一搏，以個人性命下注賭上帝存在，將會是個大贏家。因為如果上帝存在為真，則可獲得上帝應許的諸多福樂；如果上帝存在為假，那下注的人也沒有損失什麼。相反，下注賭上帝不存在則很危險：如果上帝不存在，並不能給下注的人帶來什麼好處；如果上帝存在，則下注的人不但得不到上帝應許的所有福樂，還會招來給不信者的所有詛咒。這和賭場規則是一樣的，如果有機會包贏不輸，你不會拒絕。這個賭局的不同，只是贏的不是金錢，而是天堂，這當然更為值錢。因此，如果你是個理智健全的人，你當然會選擇相信上帝。

這個賭局可以用決策理論（decision making theory）來分析。事實上，有學者指出這是歷史上第一個清楚明白的決策論的貢獻[38]。決策理論的一個原則是，要在各種可能性中，作價值的評估，找出最優的可能，然後做出選擇。

---

37 帕斯卡：《思想錄》，何兆武譯，北京：商務印書館，1997，第 233 節。

38 Ian Hacking, The Emergence of Probability（Cambridge University Press, 1972），p.viii.

從這個決策論原則來看，這賭局是從價值的比較來為信仰辯護，後來人們從此整理成實用主義的有神論證。其實這和其他的有神論證不一樣。其他有神論證是直接論證"上帝存在"這個命題，而這個賭局其實是為對"上帝存在"這個命題的選擇辯護，說明選擇相信這個命題是合理的。

由此引出的實用主義的有神論證也類似，是為信仰的選擇辯護。這個論證又分為兩個稍有不同的變種。第一種可稱為非獨立於真的版本，這就是上面介紹的帕斯卡賭局。如果上帝存在，則選擇信仰能得到更大的價值。如果上帝不存在，則選擇或不選擇信仰的結果一樣。那麼總的來看，選擇信仰就有更高的幾率得到更大的價值。但這更大的價值的實現，是依賴於"上帝存在"這個命題的真。

第二種可稱之為獨立於真的版本，不管"上帝存在"這命題的真假，選擇相信這個命題都有更高的價值。詹姆斯（William James）就是從這點來為選擇信仰辯護的。《宗教經驗種種》指出，信仰中的人，生活上會得到更多價值，比如平安喜樂，對未來充滿信心，對鄰舍滿有愛心等等[39]，而那些不信的人很難得到這些。後來還有人作過種種社會學的調查統計，比如壽命，在背景大致相同的情況下，信上帝的比不信的要壽命長。這個版本表明，不管"上帝存在"這個命題真假，選擇信仰都有更高的價值，由此信仰的選擇是合理的。

兩種版本說明的都是，選擇信仰上帝比之相反的立場，能得到的價值大得多。這就是決策理論所說的理性抉擇。這其實是一種比較的優勢。後面第七章將討論有神信念的知識地位，和這裏所討論的價值優勢類似，有神信念在知識上也有比較的優勢，有更好的知識上的理由。但是，從克利福（William Clifford）的證據主義標準來看，這樣的打賭而來的信念是否知識上過關呢？Clifford 說若無足夠證據，這樣相信就是錯的。這證據夠充足嗎？

帕斯卡的本意是要以這個賭局來吸引世人信仰上帝，他沒有注意到，他的賭局不是普遍有效，而是只對靈性平靜幸福的尋求者而言有吸引力。帕斯卡不知道，對許多人而言，輸掉的恰恰不止"真與善"兩樣，而"歡愉，榮耀，逸樂"對他們來說並不有害，而是甜蜜的。他們沉醉的不是天上的福樂，乃是地上的歡愉。信仰上帝對他們也就成為巨大損失，因為經上記載，若愛

---

39 William James, The Varieties of Religious Experience（New York: Longmans, Green, 1916）, p.475.

上帝就要恨惡這個世界。但許多人恰是愛這個世界，對天國或明天毫不在意，"在我死後，哪管洪水滔天"。

帕斯卡賭局的另一問題是，選擇下注和信仰是不能等同的。信仰和外在承認上帝沒有必然聯繫。中世紀時，在火刑柱與基督之間，有人宣誓改變信仰，但誰也無法判斷真偽。加利略在壓力下宣佈放棄他的學說，卻喃喃自語，"但地球確實在圍繞太陽轉啊。"所以在帕斯卡的賭局中，如有人下注賭上帝存在，並不能由此確定此人的信仰，他或是害怕詛咒，或是為福樂所吸引，或純粹因為喜歡賭，都有可能。

這裏可能真正觸及了問題。這問題就是，到底如何才是真的信仰。打賭而來的信仰，人們，或者上帝，會有理由質疑這信仰是否是真的。那麼，有些不是打賭來的信仰，比如，不少人是自小跟隨別人去教會的。作禮拜，履行各種信徒的義務，愛鄰舍如同自己，等等，從外在生活看，他們是完美信徒。但是，這些只是生活習慣。他們卻從來沒有怎麼真的心底裏想過，或相信過一個三位一體的天父上帝。這可能嗎？當然可能。

反過來，也許有些表面上是不信的，他們可能心底裏會很自信自己是真信徒。中國知識界流行的"文化基督徒"，據說就是這樣的。他們不去教會，甚至不禱告，和教會的人保持距離，和鄰舍也不來往，當然，除非這些鄰舍也是啟蒙人士。既然不來往，也說不上愛鄰舍如同自己了。至於《聖經》，據說他們中不少正是研究《聖經》的，所以估計他們是讀的。總的說，外在生活看，他們不是信徒。但據說他們是認信的基督徒。如何認信？當然是在心底自己認信了。很有可能，這些文化基督徒不僅自認是真正信徒，他們恐怕還認為那些教會裏的是假信徒，或者至少是劣等一些的信徒。

這裏的結論是，外在生活確實和心底所信沒有必然聯繫，因之也就有了假冒偽善。當然，有很多並不是假冒偽善，他們只是習慣了這種生活，或者說，他們並沒有想過是否信的問題。這確實是難題。恐怕，這也對每位信徒提出了挑戰。你是否真的信？是如何的信？是海枯石爛？還是人云亦云？信仰到底如何才能判斷？這裏給出一段經文，可以作為對此問題一個很好的說明。新約記載了這樣的一個故事。耶穌有次在聖殿碰到兩個人，一個是法利賽人，就是當時的猶太精英，不僅知書識禮，還是愛國青年。另一個是稅吏，在當時就是人人痛恨的守財奴加賣國賊，替羅馬人搜刮民脂民膏。在聖殿裏，兩個人都在禱告。那法利賽人站著禱告說，上帝啊，你看，所有的律法我都守齊了，不僅如此，什一奉獻沒有要求奉獻的芫荽、香菜和蔥，我也奉獻了。上帝啊，我可沒有像這個稅吏那樣壞。而那個稅吏卻跪在那裏，哭得淚人一個，話都不會說，只會捶著胸口，說，"上帝啊，開恩可憐我這個罪人！"（《路加福音》18：10-14）這經文重要之處，在於所述剛好和本書上面所論信仰的兩種情形類似。一個很自信自己是眞信徒，一個卻惶恐不安，覺得自己不配。另一處經文，記載了一個父親，兒子快要死了，來求耶穌。耶穌問他，你信嗎？這父親哭起來，說，"我信，我信！但我信不足，求主幫助我！"（《馬可福音》9：17-27）這個父親，和那個稅吏，都得到了耶穌的贊許，耶穌惟獨不喜悅那個猶太精英法利賽人。到底如何才是眞信仰？這裏承認沒有答案。只是從經文看，上帝喜悅眞心尋求他的人，喜悅那些謙卑的心。

　　上帝是否存在，無法有確定無誤的答案。而帕斯卡的賭局，則無法獲得眞正的信仰。波普爾說，神學產生於信仰的缺乏[40]。這個判斷相當正確，要用理性證明上帝存在的人，信仰很可能是不堅定的。上帝存在嗎？也許，這是爲理性預備的一個永恆之謎。

---

40 Karl Popper, Unended Quest; An Intellectual Autobiography.（London: Fontana, 1976）.

第五章　知識的出埃及記

　　何謂知識？什麼情況下一個人可以說"我知道這事"？這就是古老的知識定義問題。這在基督教思想史上，問題就轉換爲，何謂認識上帝？有神信念如何是知識？傳統的知識定義是有辯護的眞信念（JTB，Justified True Belief）。蓋迪爾（Edmund Gettier）的反例所示，有辯護的眞信念也不一定構成知識。這不僅對知識論，也對基督教信念有挑戰。柏亭格的前期和中期的有神信念辯護，都可以看做是對 Gettier 反例的回應。而後期的保證三部曲，則是要提出一個全面的知識圖景，既要回應 Gettier 難題，也要對基督教信念在知識上作出辯護。如導言所述，本書處理兩個主題，一是有神論證，二是有神信念（基督教信念）知識辯護。前面幾章已處理有神論證。在轉入討論有神信念知識辯護之前，有必要介紹基督教傳統的知識論背景，特別是關於對上帝的認識。這一章分爲四節。第一節討論柏拉圖關於知識的兩個觀念，記憶說和 JTB。第二節討論《聖經》、奧古斯丁和加爾文所代表的基督教傳統對知識，尤其是對認識上帝的理解。第三節介紹 Gettier 反例。第四節介紹柏亭格的保證知識論和有神信念辯護。第五節，在保證知識論的圖景下，說明人如何認識上帝。

（一）柏拉圖的知識論

　　柏拉圖的知識論頗爲繁複。他著作浩繁，並沒有一部是專門處理知識論的。關於知識的討論和其他主題連在一起，如正義，美德等。後世解經家也眾口不一。這裏不打算給出一個完整的柏拉圖知識論圖景（這也許柏拉圖自己也作不到），只討論兩點，一關於知識來源，即記憶說，二是知識定義，即

《美諾》（Meno）和《泰阿太德》（Theatatus）中所述的知識是有辯護的真信念（JTB，Justified True Belief）。

柏拉圖記憶說的要點是說知識乃根植於人的心靈，後天的學習知識只是回憶，把原來已經在心靈中的知識找出來。柏拉圖記憶說主要出現在 Meno（80 – 86）。先是 Meno 提了個學習知識的悖論。大意是，一個人 S 要麼知道 A，要麼不知道 A。如果 S 知道 A，那麼 S 就無須學習 A。如果 S 不知道 A，那麼 S 就不知道要學習 A。所以 S 無論如何無法學習 A。關於這個悖論的討論很多，現在來看其實道理很簡單，關鍵在於 "知道" 的意思在這裏有歧義。這裏將兩個意思一起混用。一個 "知道" 意指有 A 的知識，另一個 "知道" 表示知道或聽過這件事。但聽過這件事不等於有這件事的知識。S 知道有某本書，不等於 S 有那本書的知識。但 S 知道有這本書，就可以去學習這本書。

蘇格拉底用另一種方式來回應這個悖論。他先講他從祭司那裏聽到關於靈魂永恆的事。靈魂輪回無數次，有各樣的經歷，知識豐富。所有知識都在靈魂記憶裏。學習知識即是回憶，把靈魂裏本來有的知識找出來。

> 靈魂是不朽的，再生了許多次，見過所有事情，不管是這個世界的，還是下面那個世界的，所有這些知識都具有。所以不奇怪，靈魂能由記憶喚起關於美德和所有其他事情的知識。因為所有本質都是同源的，靈魂也知曉所有事情，所以對靈魂來說，把這些事引出來並沒有困難。就如人們說的，學習只是回憶的事，只要振作起來。因此我們無須聽這精妙的論證，說學習不可能。這樣的說法只會讓人無所事事，只有遊手好閒者才會覺得甜蜜。而不同的說法能使人動起來去探索。我會很自信也很樂意和你去探索美德的本質。[1]

（Meno 81）

接下來蘇格拉底用相當長篇幅描述一個奴隸如何學習幾何。一個本來對幾何看來是無知的奴隸，在蘇格拉底一步步的詢問指引下，一步步把心中的知識找出來。而蘇格拉底沒有教他幾何，只是幫助他回憶。他用具體的例子反駁了學習知識不可能的悖論。

記憶說可以歸結為，知識，這裏精確一些說是一些先天的觀念，如數學，是本來就根植在人心中的，而所謂後天的學習，就如那個年輕奴隸，經過別

1　Plato, *The Dialogues of Plato*, Vol 1, translated by Benjamin Jowett（Oxford: Clarendon Press, 1871）, p.269-270.

人的指點提醒，把原本在自己心中的知識發現出來。這個圖景影響深遠，後來的神聖感知、恰當基本信念等與此大有關聯。

知識定義的 JTB 之說在柏拉圖的著作裏，大致有兩個來源，一是 Meno（97e–98a），二是 Theaetetus（201c–202d）。Meno 一書其中論到知識的定義，起因是蘇格拉底和美諾討論美德是否可教的，他們的結論是不可。並且他們也同意，沒有知識的指引，正確的和善的行為是不可能的（Meno 96e）。但他們接下來就留意到了，真信念就能指導正確和善的行為，是否真信念就是知識了？他們認為不是。美諾說，有知識的人不會出錯，有真信念的人會有時對有時錯。蘇格拉底反問他，一個人的信念既是真，如何會出錯？美諾這時承認自己不明白了。蘇格拉底接下來就以奴隸為例說明。奴隸還在身邊時，當然可以作許多事幫很多忙。但是，一旦這奴隸逃跑了，這些好處就沒有了。他說知識與真信念的區別就在於，知識不僅是真信念，而且是系穩的，不會跑開。

> 這裏真信念的本質可以得到說明：他們和我們同在時誠為妙事，但他們會離開我們的靈魂，不會久留，這樣，除非用因由之繩索把他們綁住，不然就所值無多。此因由之索，吾友美諾啊，就是回憶，這是我們都已經認同的。當他們被綁住，一者就有了知識的本質，二者就不會跑掉。這就是為何知識比之真信念更為可貴出色，因他們是被綁住的。[2]（Meno 98a）

這裏轉譯所用的是卓維（Benjamin Jowett）的英文譯文。此翁乃 19 世紀牛津狂客，自許學究天人，曾作打油詩，其中有兩句，"我所不知者，皆非知識"。胸有詩書，腹中有料，狂妄一些是可以理解的。他對文本的理解準確毋庸置疑。話雖如此，他主要成就在古典學，並不是哲學家，因此他的概念和現在哲學界所用的有些不同。這裏主要的區別是，"真信念"他沒有用 True Belief，而是用 True Opinion。

上面的引文意思很清楚，即真信念不足構成知識，還得有另一個條件。這裏如果用 JTB 來對應，蘇格拉底所指的辯護，就是真信念之外，還有一些理由，使這真信念不會丟失以致出錯，就如一個有用的奴隸不會跑掉。而這個拴住真信念的，就是本書前面所論的回憶。注意，這裏的一個觀點就是，知識和美德是先天就在人心中的。但如果沒有一個回憶的過程，僅為真信念，這不成為穩固的知識。在 Theatetus 這個觀念的表達如下：

---

2 Ibid, p.288.

當人有一眞信念卻無法講出個所以然來，他的心智無疑是在這上面，卻不能說有這知識。對某事物不能給出理由，就還是對此事無知。當他加上理由，他的心智就大不相同了，就有了完美知識。[3]

（Theaetetus 202c）

這裏所述，和 Meno 所述大致相同，都認爲單是眞信念不構成知識。但 Theaetetus 不是如 Meno 那樣從知識來源上講辯護。要注意這裏的辯護，Jowett 把它譯成定義（Give a Definition），希臘原文的詞其實是 "Logos"。當然這裏的 Logos 不是指那個 "太初有道" 的 Logos，這裏所指的很平常，現在哲學界的翻譯通常是 "給出個理由" 或 "給出個說法"（Give an account）。這裏意思是指能夠談論，給出理由，能講出個所以然來。

所以，這裏表達的是，一件事爲眞，一個人也相信一件事，還不能說一個人知道此事，也即這樣還不能說一個人有這知識。此人還得有一些理由，說明爲何相信此事。當一個人說，德州北部這兩個禮拜都陽光很好，而且這事是眞的，還不能說他知道這事，或有這知識。他也許是胡亂猜測的，也許沉醉在美妙的罌粟之味，但恰好給他說對了。表明他知道此事，他還得講出理由來。比如，這些天他都有關注關於德州北部的天氣預報，又或他家人就在德州北部，他每天都打電話給家人。這些就可以成爲理由，支持他的信念。這些理由當然有強弱之分。比如，他只關注了一天，說十天半月都是陽光燦爛，恐怕就不能算是好的理由。如果他至少隔三差五就有關注這天氣，就會有相當強的理由來說十天半月的天氣。一個信念有好的強的理由，就表明一個信念有辯護。

柏拉圖記憶說與 JTB 並不是兩個對立的知識圖景，而是從兩個不同方面對知識的考察。記憶說著眼信念的來源，JTB 著眼信念辯護的理由。柏拉圖的兩種知識說，其實也是爲了應對兩種不同的信念，兩種不同的知識。記憶說應用的最好例子是數學。柏拉圖關於奴隸學幾何的論述，要點說明，如數學這樣的觀念，是先天就在人的心中的，後天的學習是把那原來已在心裏的知識找出來，使之清晰。與此類似，上帝等觀念也是先天就在人心中的。Meno 所論記憶說，就是針對這些先天觀念。

---

3 Plato, *The Dialogues of Plato,* Vol 3, translated by Benjamin Jowett（Oxford: Clarendon Press, 1871）, p.431.

　　另一種知識則是關於事態的，比如德州北部這些天的天氣。是的，沒錯，按照柏拉圖的理論，人心中原本是有天空，雲彩和陽光等的觀念。但關乎這些天德州北部天氣的事態，卻不能說是先天就在人心中。陽光和天空，這可以組成一個好天氣的觀念，人心中是有的。但“在時間 T 某地 X 的天氣很好”這個事態不是先天的。人有這個信念，是後天獲得的。Theatetus 所論的信念辯護即是針對這樣的事態信念。

　　信念的辯護不僅是對後天的信念適用，對先天的信念也適用。一個先天的信念不一定都是有辯護的。雖然記憶說是從觀念來源來論述先天的觀念，也可以從辯護角度來看這些先天觀念是否有辯護。比如，一道複雜的數學，一個人經過計算和驗算，可以說他有這知識。但一個人猜對了，而且他心中也確實有這先天觀念，但還不能說這是知識，也即這道數學題答案的信念沒有辯護。當然，辯護的渠道是多樣的，不一定非得每一樣信念都要親自驗證的才是有辯護。比如，上面所提的數學題，請教專家，或用計算器計算，也可以是很好的辯護理由。

　　運用到上帝的觀念，按照猶太－基督教的傳統，每個人都心中有上帝的觀念。但一個人隨便宣稱自己相信上帝，這恐怕不一定是有辯護的信念。比如，帕斯卡的賭徒，他下注賭上帝存在，他相信上帝，但這個信念明顯沒有什麼好的理由。與此相對，如果一個人自小在一個信徒家庭長大，對上帝毫不陌生。長大後，他也確實有感動，知道聖靈的召喚，這心裏的感受真真切切。並且，他接受的學校教育是世俗化的，周圍有很多不信上帝的人，他也和他們討論過，知道沒有什麼確定的理由證明沒有上帝。這樣的一個人的上帝信念，就可以說是有很好的辯護。

（二）《聖經》－奧古斯丁－加爾文

　　猶太－基督教傳統對人的觀念，無疑對後世的知識論有影響，尤其關於人對上帝的認識。基督教傳統是個龐大的集合，觀點各異。這裏只討論基本的源於《聖經》的觀念，並選擇奧古斯丁和加爾文為代表。因為奧古斯丁是教父時代神學的集大成者；而在多位改革之父之中，加爾文對系統神學有最大貢獻。

　　首先，人乃按照上帝形象所造。“讓我們來按照自己形象造人，乃是造男造女”這裏所說上帝的形象，不是指鼻子眼睛，有手有腳。《聖經》上說，

"上帝是個靈"，並不一定有形體。當然，上帝也可以道成肉身，這就是耶穌，這當然是有形有體了。這裏所說的上帝形象，是指心智，性情，等。

其次，對上帝觀念安放在人心裏，雖然很多時候人們自己不知道。這就是笛卡兒所說的，上帝如同一個工匠，在自己的作品打上記號。人們認識到上帝，不是一個新的觀念加到心裏，而是把原來心裏已經有的觀念找出來，並使之清晰。這和柏拉圖知識的記憶說相同，人獲得關於上帝的知識，是因爲上帝已經在靈魂裏。

其三，人認識上帝，找出自己心中本來有的觀念，途經可以是多樣的。既可以是上帝親自的啓示，也可以是藉著所造之物。"我觀看你指頭所造的天，並你在其上陳設的月亮星宿，就心裏說，人算什麼，你竟顧念他。"又如，"自造天地以來，上帝的神性和永能是明明可知的，雖是眼不能見，但藉著所造之物就可以曉得，叫人無可推諉。"更爲普遍的認識上帝的方式，是通過別人傳講的福音。

在基督教思想史上，希伯來的宗教傳統和希臘哲學傳統的結合，被認爲是由奧古斯丁完成的。另一方面，他有被認爲是另一個傳統的開創者，這就是一般所說的基督教的唯信論（Fideism）。就如柏拉圖和亞裏士多德代表希臘哲學的兩種不同的傳統，神學上也有類似的一個對比，就是信仰和理性的兩個不同傳統。而奧古斯丁和阿奎那就是兩者代表。當然，這只是個粗略的對比，兩人的思想遠不是兩個標籤可以概括的。奧古斯丁著作浩瀚龐大，各種主題反復出現，不同的論證來回穿梭，人們覺得他的思想難以把握，這是可以理解的。

但既然他普遍被認爲是唯信傳統的掌門人，他的基本觀點還是有跡可尋。他對知識的理解離不開神學背景，和他對《聖經》的理解。關於對上帝的認識，他的觀點常和"信仰尋求理解"（fides quaerens intellectum）這個口號連在一起。這個廣爲人知的口號正式出現其實要晚很多，是在安瑟倫的《宣講》的序言。這口號又和一節經文有關，就是《以賽亞書》7：9。這節希伯來文原文是"你們若是不信，定然不得立穩。"後來的七十子譯本錯譯爲"你們若是不信，斷乎不能明白"。這雖是個錯誤，卻爲後世所鍾愛，形成了信仰尋求理解的信條。這其中表達的是，人要知曉上帝，首先要相信，不然是無法理解上帝的。包括證明上帝這件事，即是理解上帝，也要先從信仰出發。這就是《宣講》第二章的一種解讀，這個論證是設爲信徒向不信者解釋爲何上帝存在。

　　所以，證明上帝是為自己的信仰找出理由，而這理由有多種，既可以是見證，也可以是構造一個論證。奧古斯丁很少提到論證或證明上帝存在。也許只有一個地方，算是提出了一個上帝存在的論證，就是《論意志的自由選擇》（De Libero Arbitra）這本書[4]。所以各種理由只是為了說明信仰，說明你本來已相信的上帝，並不是你由於這些論證才認識上帝。那麼，人對上帝的認識最終的根源在哪里？奧古斯丁的答案是上帝造人時根植在人心的觀念，這在《懺悔錄》的一開頭就有清楚表達，"主啊，我們的心被造，乃是要尋求你，若找不到你，我們的心就不得安寧。"[5]關於人認識上帝的途徑，他常用的概念是異象（Vision），又或譯作洞見，有時也用內在感知（Inner Sense），這兩個概念，用現在比較好理解的概念，應該是指啟示，即人心中本來有的上帝觀念，經由上帝的啟示，得以發現，使之清晰。

　　加爾文的著作也很浩瀚。這裏討論他關於知識論，或人認識上帝的兩個主要觀點，一是人本來心裏就有上帝的觀念，即神聖感知。其二，這神聖感知能起作用，人能認識上帝，則是上帝的工作。加爾文對保羅書信《羅馬書》的闡發，引出了神聖感知的概念。這完整表達在《基督教要義》一書。加爾文的原文如下：

　　　　在人心中，實在是有天然的本能，有對神的認識。這是無可置疑的。為使人無可推諉，不可假裝無知，上帝把對他自己的至大神性的認識，確定地根植在所有人的心裏。。。因此，人都能思想到有一個上帝，而人自己就是他所造的，人自己的見證給自己定罪，因為他們沒有榮耀上帝，也沒有按照他的旨意獻上自己的生命。。。就如一個出名的異教徒也曾說過，那不深信有一個上帝的國家和民眾，沒有比之更為野蠻和愚昧。。。因此，自造天地以來，沒有哪個地方，城市，甚至哪個家庭，沒有信仰而而能站立得住，因在其中有無聲的認信，那對上帝的認識，乃是刻在每個人的心裏。[6]

（Institutes of Christian Religion I, iii, 1）

---

4 Augustine, *On Free Choice of the Will*（Hackett Publishing, 1993）.

5 Augustine, *Confessions*, translated by F. J. Sheed（Hackett Publishing, 2006），p.3.

6 John Calvin, *Institutes of Christian Religion*, translated by Henry Beveridge（Grand Rapids: Eerdmans, 1989），p.43.

加爾文對神聖感知的確認很堅決，這也使很多人不以爲然。特別是在一些從無聽聞福音的地方，人們對這種斷言覺得天方夜譚。這可以構成一個反駁有神信念的理由。如前面第四章所述，這其實是惡的問題的一個版本，也並不能成功反駁有神信念。

另一方面，加爾文也斷言，人乃是全然敗壞。這成爲後來改革宗教會的第一信條。人既然是全然敗壞，那麼人的拯救就是上帝的工作。即人能夠認識上帝，乃是上帝自己給出的恩典。沒有上帝的工作，人無論如何努力，也不可能認識上帝。容易看到，把這思路推到極致，就可以得出人得救是上帝的揀選，而人下地獄當然就是上帝的詛咒。後來的改革宗神學家正是這樣來闡發加爾文，形成了預定論的教義。這在神學上爭議很大，支持和反對的都不乏熱誠之士。

可以看到，這種上帝觀念固有在人心裏，而認識上帝，又是上帝啓示的工作。這樣的理解來源既有《聖經》的傳統，也有柏拉圖的思想。基督教傳統裏，對於上帝的信念在知識中的辯護，主要是記憶說與《羅馬書》的影響。但是，另一方面，基督教傳統對柏拉圖的 JTB 也是可以接受的，只不過，對他們來說，這個來自上頭的觀念，深印心中，這本身已經是足夠的證據，足以成爲 JTB 中的辯護。

（三）蓋迪爾反例

根據柏拉圖的傳統，知識分析有兩個方面，一是知識來源，二是信念辯護。Gettier 反例不涉及信念來源，只針對信念辯護。反例的要點在於表明，有辯護的眞信念不等於知識。這對所有信念都構成挑戰，當然也針對有神信念。這一節介紹 Gettier 反例和解決的思路。

Gettier 的論文只有三頁紙[7]，卻成爲被引用最多的論文。這短文成爲典範，背後原因值得思考。啓蒙以來的思想普遍喜好宏大格局和奇思妙想，總有一種囊括萬有擔當世界的架勢。這疾病即是爭奇鬥豔，巧立名目，故作驚人之語。當然，這樣的結果就是磚頭著作沉沉，天馬行空，神龍見首不見尾。這些大師的作品往往令讀者如墜雲霧不知所云。一百個讀者有一百種不同的理解。當然，這也是大師們追求的結果，非如此不能顯出思想的深邃。但在分析哲學興起，特別是邏輯實證主義之後，另一種弊端出現了，就是賣弄技術，

---

7 Edmund Gettier, "Is Justified True Belief Knowledge?", Analysis 23, 1963, pp.121-123.

日常語言能表達清楚的，卻非要用一堆符號方程式。Gettier 短文與這些大師的磚頭著作相反。首先，此文只有三頁紙，與大師專著不可以道裏計。其二，此文所述非爲奇思妙想，乃柏拉圖以來眾人都討論過的知識定義。其三，此文重點不在作者自己發揮思想，而僅講述兩個故事，作爲反例，說明傳統知識定義有誤。其四，這短文固然沒有啓蒙大師們大詞炎炎的微言大義，但也沒有將簡單的變得複雜。此文緊貼常識，以最樸素簡潔的語言，將一個古老問題講清楚，並提出質疑和洞見。

　　這篇短文成爲哲學思考和寫作的典範。這讓人們看到，哲學思想深刻的同時，也可以是樸素的。此文沒有出奇之思，而是討論古老的知識定義。Gettier 也沒有自說自道，而是整理舊故。往往整理舊故才顯出一個人哲學素養。其要點有三。一是對各種文獻和學說有總體上的把握。二是對具體文本有細讀並準確理解。其三，能以簡明樸素語言將前人思想準確表達。Gettier 在這方面表現精彩。他的短文提出問題後，寥寥數語將此問題來龍去脈講清楚，並在注腳中注明柏拉圖定義的各篇章節出處。短文列出三種定義，指明其實基本上是柏拉圖的 JTB（Justified True Belief 有辯護的眞信念），即，知識定義有三要素，即，若說 S 知道 P，一是 S 相信 P，其二，P 是眞的，其三，S 有充分的理由相信 P。他還指出，若可反駁其中一種定義，其他兩種可以大致相同方法駁倒。

　　Gettier 接下來提出兩點原則。第一，假的信念，同時是可以有辯護的信念。這是一個簡單常識，即是說一個人可以有充分理由相信某個信念，但這信念可以是假的。A 的朋友 B 要捉弄人，若有其事告訴 A 一件事，A 自然就相信這件事。但這是 B 的惡作劇，不是眞的。生活中不乏這樣的例證。在此場景中，A 的信念是建立在對朋友的信任之上，這無疑是生活中最普遍的規則，由此也可以說 A 的信念有好的理由。其二，信念的演繹傳遞原則。即，若 S 的信念 P 是有辯護的，而且由 P 可推出 Q，那麼 S 對 Q 的信念也是有辯護的。這一點是合理的，因 P 到 Q 的過程是演繹有效的，S 對 P 的辯護就可傳遞到 Q。

　　確立了兩個原則，Gettier 接下來講了兩故事。這講故事的方式後來成爲眾人追隨的哲學思考和寫作的模式，這就是後來哲學界大行其道的思想實驗，很多哲學論文常常是講故事。下面大致講述一下這兩個故事。其一，設想 A 知道朋友 B 口袋裏有十塊錢，A 又從上司那裏知道 B 將得到升遷。A 有這樣一個信念：B 口袋裏有十塊錢並將得到升遷。從這個信念 A 由此得到另一個信念 P：將得升遷的人口袋裏有十塊錢。但殊不知，A 自己得到了升遷，而且他不知道自己口袋裏恰好也有十塊錢。這樣，P 照樣還是 JTB 三條件都滿足的信念，A 的信念 P 是有辯護的眞信念，但卻不能說 A 知道 P，A 並沒有關於 P 的知識，他只是碰巧得到這信念。

第二個故事，A 有充分理由相信朋友 B 有一輛福特車，比如好朋友談過此事，或者其他途徑，比如見過 B 去買車，等等。總之，他的信念 P "B 有一輛福特車" 是有辯護的。A 另有一位朋友 C，久不聞音訊不知所之。但 A 基於信念 P，就有這樣一個信念 Q，"要麼 B 有一輛福特車，要麼 C 在巴塞羅那"。但出乎意外，B 的福特車是租來的，而 C 又恰好眞是在巴塞羅那。這樣 A 的信念 Q 是有辯護的眞信念，但 A 同樣不能說知道 Q。

Gettier 反例提出來後，知識定義爲人關注。這時大家想起來，羅素其實以前提出過類似的反例，出現在 1948 年出版的《人類知識的範圍與局限》[8]。他的反例是關於時鐘的。設想有人看見對面牆上的鐘，指向下午三點，這人有很好的理由相信這是下午三點。而事實上這時也眞是下午三點。這信念是眞的，且有辯護。但殊不知，這鐘恰好是昨天下午三點時停在那裏。因此，這個有辯護的眞信念，說不上是知識。這裏有補充一點，現在的鐘一般都有秒針，看幾眼就知道鐘是否停了。羅素時代的鐘很多都是沒有秒針的，僅憑看幾眼是不會發覺它已經停了。

這篇短文出來後，很多人看到了問題，但並不覺得很難解決，於是人們躍躍欲試。但如 Gettier 當時在 Wayne State 的同事 Robert Sleigh，Jr.那樣，苦思一夜也沒有找到答案[9]。其他人很快就有同感。Gettier 本人根本就不提供答案，而他從此以後再沒有理睬這問題，好像忘記了似的。

人們很容易想到，解決方案大致有兩種。一是 JTB 之外增加一個條件，防止出現 Gettier 的反例。這就是後來很多人尋找的知識定義第四個條件。第二個出路，是修改辯護的概念，使其避免反例。這兩種解決的思路，一是想從源頭上著手，因反例中問題出在源頭的信念有誤，這思路就想如何來確保源頭的信念。這就是後來柏亭格等人的思路。二是要在過程中阻止錯誤信念，使得即使源頭信念有誤，也無法通過推理過程。這就是要放棄或修改演繹原則。

---

8 Bertrand Russell, *Human Knowledge: Its Scope and Limits*（New York: Simon & Schuster, 1948）.

9 David F. Austin, ed, *Philosophical Analysis: A Defense by Example*（Kluwer Academic Publishing, 1988）, p.xiv.

這些方案大致有如下。首先，人們留意到，第一個反例中，S 得到 P 的信念途徑是演繹原則，A 從原來的信念，"B 口袋有十塊錢並將得到升遷"，推出信念 P "將得升遷的人口袋有十塊錢"。但 A 如此推理時，他所指的人是 B，後來 P 的所指卻變成了 A 自己。這是推理過程出錯。換句話說，這錯誤是由一個信念追蹤另一個信念得來的。為此人們後來提出了一個原則，"無追蹤錯誤"（no tracking mistake）。但既是演繹，為何會有錯？演繹過程本身當然不會有錯，這裏自然是指不要從錯誤的前提開始。這又引出了一些新的反例，說明信念無須來自演繹傳遞，本身就可以是有辯護的真信念，卻不能成為知識。

假穀倉的例子在知識論上已有大名。這例子可以有變種，每人用都不太一樣。這裏權且也借用這個例子說明無追蹤錯誤原則。在這例子中，一個人開車經過一片田園，看到兩邊很多穀倉，當然可以得到一個信念，此地五穀豐登。他不知道這些穀倉都是空的，是拿來裝門面的。補充一點，這例子據我所知原本靈感來自威斯康辛的田園。但這個故事的中國版本實在多如牛毛。前輩們講述革命年代的故事，在畝產萬斤的年代，那些報紙上的累累穀子，都是莊稼熟了時，把它們全搬到一片地裏，讓人拍照。不久前則偶爾看過一組照片，名字叫作"史上最強面子工程"，拍的是中原某地，馬路兩邊都是裝飾光鮮的房子，其實只是一面牆，轉到後面是空空如也。經過此地，有理由相信一個信念，"此地富庶發達"，但這信念是假的。在這些例子裏，都有一個有辯護的假信念。

這裏把這些故事略作修改。設想那鄉下真的五穀豐登，那個開車的人也確實看到有幾個穀倉滿是糧食。他有理由相信其他穀倉也如此。這些並非裝門面的假穀倉，而是因為恰好這時只有這幾個穀倉有穀子，那是留作來年的穀種。其他穀倉都是空的，穀子賣了，賣了個大價，農夫都樂呵呵合不攏嘴。"此地五穀豐登"這個信念照樣是有辯護的真信念。又如中原大地面子工程的例子，設想那些房子確實是一面牆的假貨，但當地也確實富到流油。那些假房子，其實是當地的一個影視城，是招商引資的一個大項目，叫作"東方好萊塢"。這個"此地富庶發達"的信念，和假穀倉的例子一樣，也是有辯護的真信念，同樣不是知識。

這樣，這些修訂版的假穀倉故事裏，這些有辯護的真信念不是來自有問題的演繹推理，而是直接由視覺感知形成的，看見那些穀倉和光鮮房子就得來的。"無追蹤錯誤"的原則就無效。因此，即使沒有追蹤的錯誤，也照樣有反例。

其次，人們想到了 Gettier 第一原則，有辯護的錯誤信念，在反例中，錯誤首先出現在這源頭上。A 原來的信念 "B 將得升遷並口袋裏有十塊錢" 雖有充分理由，但卻是錯的。這辦法就是修改知識的定義，避免出現反例中的情形。但這一點在原來的知識定義是無法完成的，這就有了尋找知識的第四條件。很多人都想到，這個條件就是可靠的認知環境，不會出現如反例中那些假像和碰巧的情形。這個方案常被稱爲可靠論（Reliabilism）。

柏亭格後來的知識論也在此可靠論的思路上。他的知識定義雖還是三個條件，但一個信念的辯護下又有四個條件，其中的一個條件就是可靠合適的認知環境。四個條件下的辯護，其中的信念是不會錯的。後來柏亭格放棄了辯護的概念，改用保證來表達四個條件下的辯護。他的知識定義就變成了 "有保證的眞信念"。

蓋迪爾的反例說明 JTB 有誤，這對有神信念的挑戰是，何謂知道上帝？有神信念如何是知識？Getiier 反例使人要問有神信念兩個問題，一，有神信念的辯護是如何得到的？或者這根本就沒有辯護？二，有無可能即使這信念有辯護，也是眞信念，卻說不上是知識，就如反例所揭示的那樣？

（四）保證的知識圖景

柏亭格是 Gettier 的同事好友，自然熟知 Gettier 反例，事實上他是這文章手稿的最早讀者，他明白這對基督教信念構成什麼挑戰。他並沒有寫過直接回應 Gettier 反例的論文，但這問題一直在心裏。他的三個時期的對基督教信念（有神信念）的辯護，都可以視作對 Gettier 問題的回應。他早期的上帝與他心類比，只關注單個信念，沒有涉及整體的知識圖景。中期則把有神信念作爲恰當基本的，把有神信念放在基礎主義圖景下來討論。前兩期沒有給出新知識方案。這一節追溯柏亭格三個時期的有神信念辯護，重點介紹保證知識論。

早期的有神信念辯護主要在《上帝與他心》這本書。這本書大致兩部分，第一是考察不同版本的有神論證，得出結論上帝存在無法論證。第二部分回答，既然有神信念不能有無誤的論證，那這信念在知識體系裏，到底是一種什麼樣的信念？柏亭格把有神信念與他心信念類比，他論證，他心的觀念和上帝的觀念是同一個知識地位，在一條船上。無須其他辯護，就可以是合理的。

　　然而，在源自洛克等人的古典基礎主義知識圖景裏，這樣的辯護是可疑的。古典基礎主義的框架下，有神信念既不是無誤的基本的信念，也不是從基本信念經無誤的演繹推導而來的，因此不能說是有辯護的信念。柏亭格中期的有神信念辯護，就是要處理這個問題。這主要闡述在他的長文《理性與有神信念》（Reason and Belief in God）。他的工作是兩步，一是反駁古典基礎主義圖景，指出這樣的知識方案有自我矛盾。二是提出一個擴大的恰當基本信念框架，在其中有神信念是有一席之地的。這也引出了大南瓜的反駁，即到底什麼標準可以把一個信念歸到恰當基本？是否樣樣怪異信念也可以是恰當基本的？這個大南瓜的反駁，也即是後來的多元/獨一論之爭的一個表現形式，關於這個難題的解決，本書第八章有詳述，結論是其他信念不可以與有神信念競爭。

　　柏亭格早期和中期的有神信念辯護，都沒有提出一個知識方案。後期的保證三部曲，不僅是要對有神信念（基督教信念）辯護，也提出一個完整的知識方案，全面解決 Gettier 難題。這就是保證知識論。三部曲全部由牛津大學出版。第一部是《保證：當前的爭論》（Warrant：The Current Debates），主要是回顧近幾十年的知識論進程，分析爲何各種方案都難以令人滿意。第二部是《保證與恰當功能》（Warrant and Proper Function），完整闡述了保證知識論的要點，並回應了各種質疑。第三部是《有保證的基督教信念》（Warranted Christian Belief），則是保證知識論應用於基督教信念的辯護。這部書規模大，涵蓋廣，所處理的主題還有宗教語言、宗教情感、惡與苦難問題、《聖經》歷史考據等。有學者指出，這至少是半世紀裏最重要的基督教學術著作[10]。關於基督教信念在保證知識論裏的辯護，本書第七章有論述，這裏主要從知識論的歷史背景來介紹保證知識論。

　　保證知識論可以視作柏拉圖兩個知識圖景的綜合。不僅要回答知識何來，也要回到信念如何有辯護。從保證知識論裏，一個信念有保證要有四個條件。從此可以來看這兩個問題的如何得到回答。保證四個條件中，第一是認知活動中的當事人要有恰當功能的認知官能。這裏有兩點要留意。首先認知官能是個複雜的集合，不是單指頭腦，還有眼睛，聽覺和觸覺，以及身體各部分提供的使整體認知官能工作正常的要素，如心臟和肺輸送的血液氧

10　2007 年 Regent College 夏季學期的一門課，"Incarnation"，授課的 Dr. Oliver Crisp 課堂上就曾提到這點。

氣，等。還有很重要的是，認知官能不單指物理的生物的身體部件，還包括智力、性情、秉賦等。不同性情的人面對同樣的環境，能產生很不同的信念。在基督教傳統裏，有一種秉賦非常重要，就是人內在的對上帝的認識，這就是加爾文所說的神聖感知。

其次，這認知官能是被按一定參數"設計"的。柏亭格強調，這裏他並非要求有神論的預設，並非要求先確認上帝設計世界和人類。他說他強調的是這認知官能是按照一定參數來設定的，至於這背後的設計者是什麼，他暫且不追究。當然，有神論者可以說這是上帝設計的，而無神論者可以說這是自然演化而來的。總之這認知官能是按一定目的成為一定樣式出來的，比如心臟成為那個樣子是為了泵入泵出血液。其三，這被設計成一定樣式的認知官能工作正常，比如，眼睛見山是山，見水是水，看蝴蝶是蝴蝶，不會看成毛蟲。當然，這裏不包括那些高人貴客得道之士的慧眼，據說他們見山不是山見水不是水，見到雪膚香肩是臭皮囊。同樣道理，功能正常的肺呼吸吐納吹氣如蘭，而兩個鼻孔也不會突然如同 F22 戰機的噴氣雙引擎，罡罡然打個噴嚏能掀翻屋頂。

保證的第二條件是合適的環境。這認知官能能正常工作是有環境條件的要求的，不是何時何地都能照常運作。關於認知官能的環境，柏亭格喜歡說肺和心臟來作例子。在那高山之巔，或千米水下，這些都工作艱難。心臟合適工作的環境其實很窄，只在那地面和太空之間那薄薄的一層空間。再來看那迷人的柏拉圖洞穴寓言。那洞中人的認知環境當然是不合適的，以致他以幻影為真相。柏拉圖的洞穴也許太遙遠，且換個近一些的場景。現代人一般都對遊樂場的哈哈鏡不陌生。設想一個人自小在哈哈鏡環境中長大，他的認知官能同樣會給他產生錯誤信念，以致他相信自己的頭有那麼小，肚子有那麼大，好像在修煉蛤蟆功。這錯不在認知官能，而在那鏡子。

第三個條件是認知官能是從一定設計而來的，而這設計則是有一定目的意向的，這其中最重要的就是這設計的目的是為了產生真的信念，而非其他目的，比如為了生存進化，或者為了心理安慰，等等。19 世紀以來的自然主義，把生存進化作為生命演化的目的，這不可避免一個可能，即一個信念是假的，卻適合生存進化。後來的反自然主義論證即從此著手。

第四個條件，這設計是個成功的設計，即有很高的概率能運作良好的設計。只要其他條件和環境適合，總能產生真的信念。第四個條件也許有些難以理解，何謂好的設計？有必要作些說明。這個條件其實是針對休謨提出的。休謨曾經設想過上帝是個未成年的拙劣工匠，他的創造之工乃是有心無力[11]。想像一下這樣一個上帝，他要造的的人每次看見牆壁，都會成功產生不要撞上去的信念。但事實上，成品中能按設計產生正確信念的比例很低，大多數情況下他們產生了相反的信念，就是要和牆壁親密接觸。這不成功設計的結果就是這些成品常鼻青臉腫。這樣的設計其中的信念當然難以有保證。而一個成功的設計就是能按照設計的意圖來運作的，只要看到眼前的牆壁，都能產生不要撞上去的信念。當然，不排除有例外，如有些人喝了酒或吃了藥時，那設計就不再靈驗了。

　　保證概念的提出針對有二。其一很明顯是要解決 Gettier 難題。Gettier 反例的要點是，JTB 中有辯護的信念的真，和當事人是可以無關的，比如例子中，S 的信念就碰巧是真的。這樣就有，JTB 三個條件都完整無缺，S 卻不知道 P。柏亭格的思路是修改 J，使其中信念的辯護和信念的真聯繫起來。在四個條件下，一個信念有辯護（保證），也就同時蘊含了真。其二，保證的概念和基督教信念吻合匹配。設計的概念，本來就出自有神論證，現在則有很多人討論智慧設計論。

　　建立了一個知識論框架，柏亭格接下來要在此框架下論證基督教信念如何在其中有保證或有辯護。他要論證兩個論題。一，如果基督教信念是真的，則其有保證。二，如果基督教信念是假的，則其無保證。[12]先來看看，如果有神信念（基督教）是假的，即根本沒有上帝，那麼相信有上帝這樣一個信念，是否有保證？這裏首先要留意，保證的概念有一個推論，這就是後來 Linda Zagezebski 等人所論述的，一個信念的保證蘊涵其真值。柏亭格自己也明確了假信念沒有保證，對這點的論證卻語焉不詳[13]。理解這點其實不難。因為四件頭之一，就是認知官能的設計是以真為目的。有了這個限制，就不太可能沒有問題的認知官能產生出一個假信念。反過來看，一個假的信念，就沒有保證。基督教信念也不例外，如果這信念是假的（沒有上帝），那麼有神信念就沒有保證。具體而言，如果沒有上帝，就不可能這信念本身來自四件頭都好端端的一個情形。也即是，如果沒有上帝，這信念卻有保證，就要想像一下，

11　David Hume, *Dialogues Concerning Natural Religion*, Part V.

12　WCB, pp.187-190.

13　WCB, p.187.

四件頭都沒問題，卻產生了一個假信念，"有一個上帝"。特別是，這四件頭中有一件是，設計是指向眞。這樣的結果當然是不可思議。

如果有一個上帝呢？結果會如何？答案是，這時有神信念就會有保證。如果有上帝，有那麼一位至高至大至善的位格，就可以把四件頭一件件擺開來看。首先，大可不必擔心認知官能，上帝會保證心臟該怎麼跳就怎麼跳，腦細胞該怎麼跑就怎麼跑。其次，上帝也會創造並保障你的認知環境，不會把你放在夢境裏出不來。第三，上帝保證你的認知官能指向眞信念。上帝這樣一個位格，他不是那個笛卡爾的惡魔，他不可能把你造得顛三倒四，認黑爲白，說圓爲方，也不會指鹿爲馬。第四，上帝保證認知官能的設計是成功的，靠得住的，不會動不動就罷工。除了極個別的例外，比如你喝到東倒西歪的時候，那時就有可能看到圓的方了。所以，如果有上帝，就會四件頭都有保證，從而有神信念自身也會有保證。

建立了保證的知識架構，接下來柏亭格要在神學上應用這種知識方案[14]。柏亭格常引加爾文爲自己的思想淵源。他也指出，羅馬書第一章才是改革宗思想的源頭。這段經文已經用另一種方式說明了，上帝造人時按照他自己的設計，賦予人對上帝的認知官能，這即是後來加爾文所提的神聖感知的概念。柏亭格認爲阿奎那也是這種思想的重要淵源，他由此提出了 A/C（阿奎那/加爾文）模型。大致的思路是這樣，如果基督教信念是眞的，那麼就有一個至大至善的位格，這個上帝就可以保障那四個保證的條件，人就可以認識上帝，而這個認識上帝的信念就是有保證的。特別地，根據加爾文，上帝將一種神聖感知放在了人心裏，並藉著聖靈的感動，使這種感應發生作用，人就由此認識上帝。那麼如何解釋爲何世上那麼多人不認識上帝？答案是《聖經》和基督教的教義。人本來按照上帝形象所造，人心中本來有上帝，本來認識上帝。但人墮落以致有了原罪。由於人們都有這背叛上帝的原罪，每個人的認知官能都被罪所扭曲，人們就無法認識到上帝，也不願認識上帝。那麼爲何又還是有那麼多人能成爲信徒？答案是上帝拯救的工作。人墮落後，上帝拯救的工作也開始。這工作主要有兩部分，一是通過《聖經》記載的啓示，向人傳講眞理。但往往人有書本記載的知識還不夠，熟讀《聖經》不等於相信上帝，神學家不等於是聖徒，事實上，有許多神學家自己不信上帝。人相信上帝，重生得救，還要有第二樣上帝的工作，即聖靈的感動。由於聖靈的感動，人就不僅有《聖經》的知

14　WCB，pp.204-206.

識，還相信上帝。人就看見自己的本相，知道自己乃是罪人一個，若非上帝的恩典，只配下地獄。在保證的知識論裏，就是人本來有恰當功能的認知官能（神聖感知），這官能因為罪的緣故而敗壞，人就遠離上帝。在上帝的啟示下，本來被扭曲的認知官能就又復蘇，人就又能重新認識上帝。可以看到，柏亭格其實是從知識論的角度來闡發非常傳統的基督教要義。

（五）聖靈的工作

在這個保證知識論的基督教義圖景裏，罪的觀念至為關鍵。在猶太－基督教的敘事裏，罪進入人心乃在伊甸園的墮落之時。但人們理解人的墮落和罪，往往只留意到道德倫理的層面。然而，基督教傳統對罪的理解遠不止道德倫理的缺陷。罪的另一個重要方面，就是人的認知方面的扭曲。這種扭曲能使人本來的本質，上帝所造的美好的形象被毀壞，走向邪路。這種毀壞最嚴重的就是人不願也不能認識上帝。而使人脫離這種可悲境地的，是聖靈的工作。

對人的罪的理解，在《聖經》裏又常稱為人的“敗壞”（Corruption）。上帝要用大洪水毀滅世界，就因人的全然敗壞。“世界在神面前敗壞，地上滿了強暴。神觀看世界，見是敗壞了。凡有血氣的人，在地上都敗壞了行為。”（《創世紀》6：11.12）而以色列人敗偶像，就是最嚴重的敗壞。“耶和華吩咐摩西說，下去吧，因為你的百姓，就是你從埃及地領出來的，已經敗壞了。”（《出埃及記》32：7）新約裏的使徒們，也常有關於敗壞的教導。“順著情欲撒種的，必從情欲收敗壞，順著聖靈撒種的，必從聖靈收永生。”（《加拉太書》6：8）“但那些想要發財的人，就陷在迷惑，落在網羅，和許多無知有害的私欲裏，叫人沉在敗壞和滅亡中。”（《提摩太前書》6：9）彼得所論，尤其值得留意。“因此他已將又寶貴又極大的應許賜給我們，叫我們既脫離世上從情欲來的敗壞，就得與神的性情有分。”（《彼得後書》1：4）“他們應許人得以自由，自己卻作敗壞的奴僕。因為人被誰制伏就是誰的奴僕。”（《彼得後書》2：19）彼得和保羅一樣，明確指出敗壞來自邪情私欲。彼得也指出，脫離敗壞，就與“神的性情有分”。要留意，神的性情原意是神的本質（Divine Nature），就是上帝的形象，就是聖潔、敬虔、溫柔、良善等等，這些也是認知官能的一部分，特別是指神聖感知。人若能保全自己，認識上帝，就是脫離捆綁得以自由。相反，若順著私欲，收取的就是敗壞，其中就有失去“神的性情”，包括失去神聖感知，人就遠離上帝，成為敗壞的奴僕。

　　這個觀念在阿克頓勳爵（Lord Acton）之關於 Corruption 的格言能很好說明。"Power tends to corrupt，and absolute power corrupts absolutely。"（權力導致敗壞，絕對權力導致絕對敗壞）這句話中的 Corrupt 華語學界通常譯成"腐敗"，這是不確當的。Corruption 所指不僅是貪財謀利，也指權力之中的人性的扭曲乖謬，所導致的無知、冷酷、傲慢、偏執、恐懼、迷信等等。如此種種，惟"敗壞"一詞方能形之。在貪官污吏茂盛如草的華夏大地，人們這樣來翻譯是可以理解的。但也應該留意到阿克頓勳爵的宗教背景。他不僅是貴族、政治家、思想家，還是虔誠信徒。這格言其實出自他寫給一位教會朋友的一封信，討論的是 1870 年天主教會出臺的一個教義，即教皇無誤論。這個教義爭議很大。阿克頓勳爵明確反對這種自我封聖，認爲這是教士階層權力膨脹之下的敗壞。權力導致敗壞，這也許要追溯到伊甸園的墮落，還有巴別塔的建造者，這些都是人試圖自作主宰，要自己權力在手。而這種權力追求的後果是敗壞。而這敗壞帶來的不僅是道德的，還是知識的，使人的認識官能扭曲，從而無法認識上帝。

　　使人脫離這種靈性的敗壞，是聖靈的工作。聖靈使敗壞的復蘇，使冰冷的火熱。這就是新約中反復強調的重生。當耶穌第一次宣講這種重生的時候，有人理解爲身體的重生，以致有了這樣的發問，"人如何能重回母腹中呢？"這種重生的教義在保羅書信裏得以系統闡述。如保羅所說，重生得救是脫下舊人，披上新人。保羅自己是這種靈裏重生的最好例證。下面就從保羅的例子來看看何謂靈裏的重生。

　　先來看看保羅何許人。保羅身世非同一般。據他的自述，"我原是猶太人，生在基利家的大數，長在這城裏，在迦瑪列門下，按著我們祖宗嚴緊的律法受教，熱心事奉神，象你們眾人今日一樣。"（《使徒行傳》23：3）"我第八天受割禮，我是以色列族，便雅憫支派的人，是希伯來人所生的希伯來人。就律法說，我是法利賽人。就熱心說，我是逼迫教會的。就律法上的義說，我是無可指摘的。"（《腓力比書》3：5-6）迦瑪列門下，表示他是博學的教法師；熱忱的法利賽人，表明他信仰純正的猶太教徒。他還是青年領袖，帶頭鎮壓基督徒。他的名望很大，基督徒聽到他的名字都吃驚害怕。同時，他又具有羅馬公民身份。但就是這樣的一個人，被選中爲外邦人的使徒，從一個舊人變成新人。

　　《使徒行傳》第九章記載了保羅和至高者的相遇。他是在往大馬色的路上遇見耶穌，結果是雙目失明。這裏要留意到，耶穌是以巨大的光的樣式出現的。這可以理解保羅的失明，太強烈的光照之下，眼睛會失明。這也使人留意到，耶穌的出現，和舊約裏耶和華上帝的出現，樣式是一致的。耶和華在西奈山上傳律法給摩西，就是大光的樣式。保羅遇見耶穌，不僅是雙目失明，還有另一個重要的結果。這要看看經文的細緻記載。這事件中，保羅只說了一句話，就是他在大光中撲倒在地，問了一句"主阿，你是誰？"。此後，他三日三夜沒有吃喝。從這裏可以知道，保羅遇見大光之後，不僅是眼睛失明，他還陷入了心智的黑暗。如常識所知，人在經歷巨大精神震盪後，心智會失常，或恍若夢中，或全然失憶，甚至瘋狂。這心智失常可長可短，有些會永遠無法復原。毫無疑問，保羅遇見大光後也心智失常了。這一點很重要。以往解經家只注意到保羅眼睛的失明，沒有留意他精神的變化。他眼睛和心智的雙重失明，同時發生，也同時復原，都復原在亞拿尼亞的禱告之後。經上的記載乃是如此，"亞拿尼亞就去了，進入那家，手按在掃羅身上說，兄弟掃羅，在你來的路上，向你顯現的主，就是耶穌，打發我來，叫你能看見，又被聖靈充滿。掃羅的眼睛上，好像有鱗立刻掉下來，他就能看見，於是起來受了洗。吃過飯就健壯了。"（《使徒行傳》19：17-19）要留意到，這簡短告白提到了保羅的名字，提到了主就是耶穌，要讓他看得見，特別是"被聖靈充滿"。禱告之後，保羅的眼睛立刻仿佛有鱗片掉下，看得見了。他受了洗禮，吃了飯，"就健壯了"。他從此開始了外邦人使徒的生涯。無疑，他不僅眼睛得見，身體健壯，他的心智也健全了，他真被聖靈充滿了，他重生得救了。要留意，對於保羅來說，可見的世界還是一樣的，改變的是他的眼睛。原來他不能在這世界裏看到上帝，現在則可以看到。他還是那個其貌不揚的身體，但被聖靈澆灌充滿後，這就是個煥然一新的新人。用保證知識論的術語來說，這就是認知官能（神聖感知）的恰當功能的毀壞，到功能恢復的一個過程。

　　安瑟倫構造他的本體論證時，引用詩篇十四，"愚頑人心裏說，沒有上帝"。他認為即便這些愚頑人，雖然不承認上帝，但他們心裏同樣有一個上帝的觀念。從某個意義上說，不僅信徒遇見上帝，那些不信者也遇見上帝，從他們知道否認上帝的那時起，他們就遇見上帝了。信徒與不信者的差別在於，不僅遇見，還承認上帝。保羅的遭遇說明的是，遇見上帝而不承認上帝，結果是心智之眼的失明。這就是以賽亞先知說的，"你們聽是要聽見，卻不明白。看是要看見，卻不曉得。"（《以賽亞書》6：9）當然，這種心智之眼的失明，表現有輕有重。輕的是芸芸眾生的醉生夢死，重的就是如大馬色路上的保羅，三天不吃不喝，神智不清。最嚴重的是恐怕是瘋人院中的尼采，心智完全墜入黑暗。不同的是，保羅後來認信了，心智得以重見光明，而尼采則黑暗中度過餘生。兩個樣子嚴厲嚇人的男人，兩個和至高者相遇的人，一個成為聖徒，一個成為敵基督。

　　關於聖靈的工作，柏亭格曾講述自己的一個經歷。阿爾斯頓和他是亦師亦友，是他讀研究院時的第一個老師。阿爾斯頓出身基督徒家庭，後來成為《啓示錄》所述的那種不冷不熱的老底家人，即那些不願委身教會的所謂基督徒。柏亭格則不僅是學者，也一直都委身教會。他們是學術上的同道好友。但在世俗化的學術界，學者之間一般都不會談論私人的信仰。他後來忽然有一段時間，心裏總想著老師，而且都是關於他的信仰的事。心裏總有一種衝動，要打個電話向他講福音的事。但又想到，這樣的電話會很尷尬，"喂，你找到耶穌沒有啊？"這樣的話在學界簡直天方夜譚。他安慰自己，不要再想這麼荒唐的事。後來他知道，正是在那段時間，阿爾斯頓為信仰的事，經歷了很大的內心掙扎。阿爾斯頓的內心掙扎，就是那本來已毀壞不再工作的神聖感知，正在聖靈工作下重新復蘇。而在同一時間裏，柏亭格那時的內心衝動，其實是聖靈在催逼他去關心自己的老師。他自責自己那時的猶猶豫豫其實是儒夫軟弱，辜負了聖靈的託付。阿爾斯頓後來不僅重返教會，還為基督教學術作出了很大貢獻。他成為基督徒哲學家協會的首任會長。一般所說的改革宗知識論的三柱石，就是阿爾斯頓，柏亭格和沃特斯多夫。阿爾斯頓還在教學之餘，每週在自己家主持一個查經小組，影響了許多朋友學生。柏亭格的 WCB 即是獻給他。

　　至此，此章已介紹了從柏拉圖、《聖經》到奧古斯丁、加爾文、Gettier、柏亭格的知識論。必須指出，知識論的範圍遠非此章所涵蓋，其他重要的知識論主題，如懷疑論、辯護的內部/外部論等都沒有觸及。這裏只是以認識上帝為主題展開討論。此章著重說明，源於柏拉圖的記憶說和知識的 JTB 定義，以及《聖經》中所述人的形象的觀念，構成了基督教思想關於認識上帝兩個知識論要點。其一，上帝的觀念本來在人心裏，而非外來。其次，認識上帝，乃是經由上帝的啓示，使得原本不能正常工作的神聖感知，重新恢復功能。

這種對認識上帝的理解，在基督教思想上傳統久遠。故此可以說，柏亭格等人的改革宗知識論，雖是知識論的新方向，也是一種古老傳統的回歸。

　　人對上帝的認識，自啓蒙以來的幾百年裏，受到很大的衝擊。非理性、無辯護甚至迷信的指責，是知識界對基督教信念相當普遍的態度。可以說，知識論上的基督教信念，在這四百年裏都是身處埃及，被奴役、被侮辱、被藐視、被痛斥。近幾十年來，基督徒哲學家的努力，使得人對上帝的認識重新獲得地位，恍如當年的以色列人出埃及過紅海，走向那應許之地。

第六章　大南瓜家族

　　此章轉入討論有神信念的知識辯護。柏亭格早期的有神信念辯護，重點是將有神信念與他心等基本信念類比，認爲兩者地位同等，要麼知識上都可接受，要麼都不能接受。柏亭格進一步論證有神信念是恰當基本的，並同時反駁古典基礎主義的知識方案。這個知識方案又稱爲古典套裝。這個辯護引出了一系列的反駁，即"大南瓜家族"。此章也介紹柏亭格對這些反駁的回應，指出關鍵之處在於引入反自然主義的論證，使得有神信念的恰當基本辯護得以成立。

　　本章分爲四節。第一節介紹他心問題與有神信念的辯護。第二節介紹恰當基本信念和反駁古典基礎主義。第三節介紹大南瓜的反駁及柏亭格對它們的回應，並整理針對有神信念辯護的反駁，把它構造爲一個 MT 論證，並指出這種批評的思路構成了大南瓜家族。第四節討論有神信念以外的主要選擇是懷疑論和自然主義，兩者都無法以有神信念同樣方式來自我辯護，因此大南瓜家族的反駁不成功。

（一）上帝與他心

　　柏亭格早期的著作，《上帝與他心》（God and Other Mind），主旨是論證有神信念和他心信念有同等的知識地位。從這裏他開始了對有神信念（基督教）的知識辯護。這裏他處理的他心信念，僅是知識體系裏單個的基本信念。後來他的辯護涉及了整個的古典知識圖景，即基礎主義。

　　相信他人有心靈，這是最基本的信念。但卻不容易辯護。發現他心信念難以辯護，這和維特根斯坦有關聯，主要就是他關於私人語言的討論[1]。這裏

---

[1] Ludwig Wittgenstein, Philosophical Investigations, translated by G. E. M. Anscombe （Macmillan, 1953）, 244-271.

按照維氏沉思的方式來討論問題所在。設想保羅並非使徒，並沒有去過大馬色也沒有經歷過神跡，他是 20 世紀的一個普通人。普通人保羅相信除了自己以外，其他人和他一樣都有個眞實的心靈，父母、妻子、兒女和師友，都有實實在在的活生生的一個心靈。但是，保羅上過哲學課，讀過休謨，知道歸納是不可靠的推理，知道有限經驗不能推出普遍眞理，也同意休謨所說，人類日常生活所依賴的各種知識和信念並非無誤，乃源於習慣和風俗。保羅也從眾多師友的口口相傳裏知道維特根斯坦深刻又純粹，且玉樹臨風，英氣逼人。保羅由此心儀維氏，高山仰止，景行行止。雖然，他除了知道一兩句維氏格言，其大作卻讀不下一兩頁。又是從眾口相傳中，他知道了維氏關於牙痛的深刻探討。保羅從此相信，我們其實無法知道別人牙痛。因爲，相信別人牙痛，這個信念完全出自我自己的經驗。我牙痛時呲牙咧嘴，我知道我痛。當我看到別人也呲牙咧嘴，也和我一樣哼哼唧唧，我相信了別人也牙痛。但是，我這個信念全出自我自己的經驗。我看見了別人扭曲的臉，我聽見了別人的哀哼，我以此類比我自己的臉和哀哼，因此相信別人牙痛。但是，僅從我自己經驗就推出別人的經驗，這推理是不可靠的。而且，這裏是只能從我一個人的經驗來推出所有人的經驗。從一個例子推出全部，用維氏的話來說，這實在是不負責任。基於同樣理由，維氏 Tractatus 中主張唯我論是無可辯駁的[2]。因此，我並不知道別人牙痛，我知道的只是我自己。

再按維氏的方式沉思，這就到達了他心的問題。他心信念類似於牙痛信念。我相信別人有眞實的心靈，完全出自於我自己一人的經驗。笛卡爾坐在火爐前，披著睡袍，陷入深深沉思，忽然大叫 "cogito ego sum!"。是的，我思故我在，只有這點是確定無疑的。我知道我會思想，能知道牙痛，能愛也能恨，所以我知道我有個眞實的心靈。但我看見有其他和我相訪的生物，也是有鼻有眼，有手有腳，也說話也行走，牙痛時也呲牙咧嘴，我將這些生物類比於我自己，相信他們和我一樣有眞實的心靈。和牙痛一樣，這也是從一個例子推出全部。保羅也看到了，其他和我相仿的生物，他們沒有心靈的可能實在是無窮無盡。或者他們僅是一塊塊巨大的會行走的肉，外面披著一層層很麻煩的包裝，這些肉的末端分叉，分別套著兩隻怪模怪樣硬邦邦的包裝物，有些還打上鐵釘。如果你要吃這些肉，那可要小心，不要連包裝也吃下。或者他們是精妙的機器，都由看不見的另一隻宏大的思想機器控制著，據說

---

2 Ludwig Wittgenstein, *Tractatus* 5.62.

這只思想機器有可能是放在一個水桶裏。可以想像這只水桶該有多大。一定比諾亞方舟還要大，這要砍伐多少畝森林才能做成這只水桶。又或者，他們是我的幻覺；又或者，笛卡爾的那個邪惡的上帝在操縱一個惡作劇。或者，又或者，無盡的或者。總之，相信那些生物碰巧爲人且有心靈，這實在沒有多少理由。

因此，他心信念的辯護，如柏亭格指出，類比是惟一合理的辦法[3]。而且這是極其不可靠的一個類比。另一方面，就推理方式而言，類比方法即是歸納論證的一種。本書第一章已經介紹了休謨問題不可解，說明歸納的結論無法確保爲眞。但是，他心信念是無法放棄的基本信念。柏亭格認爲上帝就是一個他心。根據基督教的傳統，上帝是一個位格，是慈愛的天父。對上帝的信念最好的辯護也只是類比，比如上帝類比自己的父親等。這是有神信念與一個最普通的常識信念的比較，柏亭格的結論是兩者的知識地位同等，在同一條船上：要麼兩者都可接受，要麼兩者都不能。顯然，他心信念是可以接受的，由此有神信念也可以。後來，柏亭格看到，他所面對的並不只是他心信念這一單個的例子，乃是一個整體的知識圖景，這就是古典基礎主義。

（二）恰當基本信念與古典基礎主義

古典基礎主義、知識義務論（epistemic deontology）和古典證據主義，三者組成柏亭格所稱的“古典套裝”[4]。柏亭格認爲洛克是這古典傳統的開創者。三者結合形成一個完整的知識圖景。十八世紀以來的知識界普遍接受這種知識圖景，並以之來認識關於信仰、理性、合理性、辯護和知識等的議題。這三者相互交叉，又各有側重。比如，在宗教信仰這個議題上，古典證據主義認爲宗教信仰需要有好的論證來支持，才是理性上可接受的；知識義務論則強調在知識上，對證據和論證的要求是一種義務，一種道德，而無證據的盲目信仰不僅是知識上不可接受，還是道德的缺陷；而基礎主義則要求，可以被接受的信念要有可靠的基礎，即須以恰當基本的信念爲支持。許多對有神信念的批評正是從古典套裝的立場出發，指責其無證據、非理性和知識上不負責任等。

3　Alvin Plantinga, *God and Other Mind*（Cornell University Press, 1967）.
4　Alvin Plantinga, *Warranted Christian Belief*（Oxford University Press, 2000）, p.82.

　　"理性與有神信念"（Reason and Belief in God）一文是改革宗知識論正式出現的標記。柏亭格在此文中力辯有神信念是合理的，重點是反駁證據主義的詰難。證據主義認爲有神信念不是恰當基本的，由此知識論上不能算是有辯護的，或是合理的。柏亭格則要論證有神信念是恰當基本的，當然也是合理的。[5]當他完成這個論證時，他就碰到了一個反駁，爲何其他信念不也和有神信念一樣得到辯護呢？這就是大南瓜的反駁。這個反駁的思路延伸下去，就出現了一系列類似的論證。我把這些論證統稱爲大南瓜家族。這裏有必要回顧一下證據主義及其背景。

　　證據主義對有神論的反駁，最生動的例子是羅素。他曾被問起，如果死後眞的見到上帝，上帝責問他爲何不信，他將會如何作答。羅素說，他會大叫"證據不足！證據不足！"[6]在知識論上，證據主義大致指這樣的一種立場，這種立場堅持的有兩點。第一，任何信念須有足夠的證據的支持；第二，人有責任堅持信念須有證據支持，不然就是不道德的。克利福（William Clifford）爲此編了個出名的故事。故事大意是有個船主有條老船，有人要買去出海。他明知自己的船年久失修，不能再遠涉重洋。但他安慰自己說，這船既然飽經風雨，都安然無恙，這次也應該沒事。他收了錢，對那些出遠門的人說："上帝保佑你們！"然後揮手告別。結果是船沉大海。克利福由此得出他的結論：

　　　　若無足夠證據，無論何時何地，何人相信何事，都是錯誤的。[7]

　　克利福看來，這些信徒沒有證據的信念是許多災禍的源頭，人類要進步就要驅除這些迷信。信仰上帝完全沒有證據，不僅理智上無立足之地，道德上也因該受到譴責。

　　證據主義的責難有它的理論根源，這就是知識論的基礎主義。基礎主義源遠流長。知識論最主要的問題，即知識是什麼，或什麼情況下我們才可以說知道某事？主要的答案來自柏拉圖，他認爲知識是有辯護的眞信念。這個答案至今廣爲接受。但何謂有辯護，則眾口不一。一個很多人支持的觀點認

5 Alvin Plantinga, Ed. with Nicholas Wolterstorff, *Faith and Rationality*（University of Notre Dame Press 1983）, p.77.
6 Wesley Salmon, "Religion and Science: A New Look at Hume's Dialogues" *Philosophical Studies* 33（1978）: 176.
7 William K. Clifford, *The Ethics of Belief*, 1877. Quoted from Kelly James Clark, *Return to Reason*（Grand Rapids, Michigan: Eerdmans, 1990）, pp.101-102.

爲，有辯護就是有充分的理由，或充分的證據。但如何才是充分理由？要多少個理由才爲之充分？這是很難說清楚的。有人提出了一個無窮倒退的反駁。即如果要爲信念找支持的理由，則要爲找到的理由找理由。以此類推，就會陷入無窮陷阱，永遠無法到底。基礎主義正是要回答這個難題。基礎主義的知識結構裏，有些信念是基本的，無需再爲其辯護另找理由的。其他的則屬於非基本信念，是建立在基本信念之上的。笛卡爾是這種基礎主義的代表，他的沉思錄正是要尋找知識的堅實基礎。費德曼將這種笛卡爾式基礎主義歸結爲三個信條：

（1）個人內心狀態的信念，和基本的邏輯眞理的信念，這兩者是有辯護的基本信念。

（2）有辯護的基本信念之所以是有辯護，是因爲這些信念是不可錯的，也即無誤的。

（3）其他信念，是在基本信念之上經過演繹推演而得來的，並因此得到辯護。[8]

笛卡爾的基礎主義認爲，在這樣的知識圖景裏，有神信念是無法立足的，因爲這既不是如數學─邏輯的眞那樣是自明的，也不是直接感官知覺的，而且，也不是可以從這兩者有效推演得到的。這種笛卡爾式的基礎主義又稱爲古典基礎主義。上面費德曼所講的有辯護的基本信念，在柏亭格的論著裏，一般稱爲恰當的基本信念（properly basic belief）。他定義的古典基礎主義的恰當基本信念爲：

一個命題 P 對 S 而言爲恰當基本的，當且僅當 P 對 S 而言是自明的，或是不可錯的，或是在 S 感官上是明顯的。[9]

可以看到，柏亭格的定義與費德曼所總結的古典基礎主義的內容是一樣的。這樣的知識圖景是合理的嗎？柏亭格指出，如果我們的知識眞要按古典基礎主義的標準來界定，就會導致我們許多日常生活的基本信念都無法過關。他的《上帝與他心》，論證了對上帝的信念和對他心的信念的知識地位是同等的，用他的話說，是在同一條船上。而對他心的信念，顯然不能通過古典基礎主義的知識關卡，因爲這不能是如數學般自明的，也不是直接感官知

8　Richard Feldman, *Epistemology*（Upper Saddle River, New Jersey: Prentice Hall, 2003），p.55.

9　Alvin Plantinga, "Reason and Belief in God", *The Analytic Theist*, edited by James F. Sennett（Grand Rapids, Michigan: Eerdmans, 1998），p.136.

覺的，也不是由兩者推演而來的。不僅是他心的信念，還有其他日常生活的信念，如記憶等，都處在同樣的位置。這些信念都是最基本的信念，沒有這些信念，連日常生活都無法進行，當然就更談不上哲學思考了。想像一下，一個人無法斷定面前的是否真是自己的父親，或者無法確信是否吃過早餐，生活會陷入怎樣的混亂。

不僅如此，古典基礎主義的信條自身就不能過關，"只有自明的邏輯真理的信念和直接感覺知覺的信念，才是有辯護的基本信念"，這命題自身就不是基本信念，也不能從基本信念推演出來。也就是說古典基礎主義是自我挫敗的。人們當然沒有理會古典基礎主義的要求，他們，包括古典基礎主義者自己，無一不把這些日常信念作為當然的基本信念接受下來。柏亭格同樣認為人們有知識的權利以有神信念為恰當基本信念，即使這信念不是自明的，也不是直接感官知覺的。

柏亭格的立場是另一種基礎主義的，只不過，和古典基礎主義相比，他能接受為恰當基本信念的內容要比笛卡爾他們寬廣很多，其中最重要的當然是有神信念。在他所秉承的加爾文思想傳統裏，對上帝的信念是直接的，是上帝安放在每個人心中的印記。人有這個信念是恰當的，也是基本的。相反，沒有這個信念則是認知結構的嚴重扭曲。拿保羅的話來說，是罪扭曲了人的心思，又如福音書所說，這些人脂油蒙了心，以至看卻看不見，聽卻聽不明白。因此，如果有一個上帝，對上帝的信念就是恰當基本的。海騰加（Dewey Hoitenga）將這種立場恰當地命名為改革宗基礎主義（Reformed Foundationalism）。[10]

這裏的反駁雖然針對古典基礎主義，但容易看到，這個反駁也針對整個古典套裝。如果古典基礎主義站不住腳，就不可以從知識義務來指責一個信念沒有證據或沒有辯護。同時，如果一個信念無需證據和無需論證就可以是恰當基本的，古典證據主義也就破產了。

（三）大南瓜的反駁

當他結論說，有神信念無須論證也是恰當基本的，他意識到會有一種反駁出現，他名之為大南瓜的反駁（Great Pumpkin Objection）。這個反駁的思路

---

10 Dewey Hoitenga, *Faith and Reason From Plato to Plantinga*（Albany: State University of New York Press, 1991）, pp.180-181.

如下：若有神論者認爲自己的信念無須論證也是恰當基本的，爲何不把其他的信念也看做是恰當基本的？比如南瓜王每年萬聖節都會降臨地裏，地球是平的，大能大力的外星人統治萬邦等等。柏亭格否認這種可能。他回應時主要集中討論信念者的背景，或者說信念者身處的群體。他否認有一個普遍的恰當基本的標準。他的方法是歸納的，就是信念的群體是通過範例來確定何爲基本信念。在一些範例中，某些條件下，某些信念是明顯恰當基本的，而在另一些範例中，在某些條件下，某些信念則明顯是非恰當基本的。通過經驗的範例的歸納，一個群體就可以確定自己的基本信念。柏亭格坦陳，一個群體的標準，肯定會有人持不同意見，也即是，這個標準只對自己群體適用。

　　大南瓜的反駁在哲學上已有大名，不少哲學家的唇槍舌戰中，大南瓜飛來飛去。大南瓜這名堂無疑出自家喻戶曉的舒爾茲（Charles Shulz）創作的花生系列漫畫。柏亭格沒有注明這點，這恐怕不夠朋友。這裏且重述一下這個故事，並添油加醋一番。小狗史魯丕（Snoopy）有一班小鬼狗友，其中有位叫萊納斯（Linus），這人是個南瓜迷，他相信萬聖節夜裏，南瓜王會駕臨南瓜地，並給小朋友帶來禮物。爲了多得禮物，萊納斯給南瓜王寫了封語氣恭謙的信，投進郵政信箱寄出去了。史魯丕的另一狗友查理・布朗（Charles Brown）嘲笑這種迷信，萊納斯則反擊說，查理・布朗相信的聖誕老人才是迷信。他宣佈，他和布朗屬於不同教派。迷人的萬聖節到了，冰涼的南瓜地，虔誠的萊納斯，這忠誠的守望，直到凌晨三點。儘管沒有看到南瓜王降臨，萊納斯並不改變自己的信仰，他還是忠心的南瓜教徒。也許，我還是不夠虔誠；也許，我該向其他小鬼狗友傳講南瓜福音；也許，南瓜王披了件隱身衣，他已經來過了而我卻看不見；也許，南瓜王去了馬槽了卻沒告訴我。也許，也許，總之，無可置疑，南瓜王存在。年復一年，每到萬聖節他都會忠實地到南瓜地舉行守望南瓜王的禮儀。南瓜王存在，這是無需證實的恰當基本信念。

　　大南瓜的反駁提出的問題是，如果把有神信念當做恰當基本的，這是否是知識上的武斷和非理性？即，如果無法證實的有神信念可以是恰當基本信念，那萊納斯的南瓜教義呢？或其他類似的或更怪的教義，比如，外星人教派，扁平地球教派，爲何這些信念不可以是恰當基本？

　　　　但沒有理由要事先假定每個人都會同意這些範例。一個基督
　　徒當然會設定對上帝的信仰是完全恰當和合理的；如果他不是基
　　於其他命題來接受這個信念，他就會下結論說，對他來講這是恰

當基本的。羅素和奧哈爾的信徒也許會不同意，但這有何干係？難道我的標準，或者那些基督徒群體的標準，要與他們的範例相符？當然不。基督徒群體只對自己的範例負責，而不對他們的範例負責。[11]

柏亭格這段話招致了眾多的批評，包括他自己亦師亦友的阿爾斯頓也對此頗不以爲然。另一批評者馬丁（Michael Martin）則說這是極端的相對主義。這些批評引出了大南瓜兒子的反駁。在 Warranted Christian Belief（中譯本命名爲"基督教信念的知識地位"，下面簡稱 WCB），柏亭格對這些批評作了個簡單回應。他還是堅持一個人持某種信念爲基本信念，並不能由此可以要求他也去接受其他信念。他反駁說，休謨和笛卡爾都有某些基本信念，難道可以因此要求他們去接受一些不相干的信念嗎？

他接下來要處理大南瓜兒子的反駁。這個反駁主要是批評柏亭格的方法會導致相對主義。其中最不遺餘力者乃 Michael Martin，波士頓大學的資深教授。此人數十年如一日致力批判有神論和基督教等迷信。他的反駁是這樣的：

> 雖然改革宗知識論者不會接受巫毒教（Voodoo）信仰爲理性的，巫毒教徒依然可以聲稱，只要那些信念在巫毒教群體裏是基礎信念，那些信念就是理性的了，而且，改革宗的思想在這些群體裏是非理性的。誠然，柏亭格的主張會導致不同群體可以合法地聲稱他們的基礎信念爲理性的……在這些群體裏，可以有拜魔鬼的人，相信地球是平的人，相信有精靈的人，只要對魔鬼、平面地球和精靈的信念在有關群體裏是基礎信念。[12]

柏亭格看到了這個反駁不同於大南瓜反駁，而是上升了一級。這個反駁簡而言之，就是說柏亭格的路子會導致不同的信念持有者各說其理，誰都可以在自己的群體裏宣告自己的信念是合理的，而別人的則是不合理的。柏亭格將這上升了一級的反駁命名爲大南瓜的兒子（Son of Great Pumpkin），並在 WCB 中花費頗多篇章來回應這個反駁。首先他把這個反駁重述爲：

---

11 Alvin Plantinga, Nicholas Wolterstorff, ed, *Faith and Rationality*（University of Notre Dame Press, 1983），p.77.

12 Michael Martin, *Atheism: A Philosophical Justification*（Philadelphia: Temple University Press, 1990），p.272.

（1）如果改革宗知識論者能夠合法地聲稱對上帝的信念在理性上可接納，可成爲基礎信念，那麼在某些群體裏被接納的任何其他信念，那些群體的知識論者都可以合法地聲稱這信念爲恰當的基礎信念，不論這信念是如何古怪。

（2）但是這條件句的後件是假的。

（3）所以改革宗知識論者不能夠合法地聲稱對上帝的信念是理性上可接納。

　　柏亭格對這個論證的處理很細緻，甚至有些咬文嚼字。他指出這個論證沒有講清楚什麼是"合乎理性"，也沒有講明"合法"是什麼意思。他舉出兩種可能的對"合乎理性"的理解，兩種對"合法"的理解，都導致這個論證的前提有錯誤。我不一一細解他的處理，只舉一個例子。比如，如果將"合乎理性"理解爲內在合理性，這將導致前提二爲假，因爲如果對上帝的信念有內在合理性，大南瓜的信念同樣可以有，儘管可能這信念確實爲假。設想一個在大南瓜山谷中成長的人，山中無曆日，寒盡不知年，耳濡目染盡爲南瓜教條，別無他矣，他當然有內在合理性認爲南瓜教是眞理。即使這事實上純爲謬誤，難道這南瓜教徒有何可指摘嗎？這樣前提（2）就爲假了，這個論證不成立。

　　柏亭格認爲最後一個理解只能是將"合乎理性"和"合法"理解爲"有保證"。這樣這個論證就稍有變化，成爲如下的"保證"版大南瓜兒子：

（1）如果改革宗知識論者的聲稱（即對上帝的信念是保證式的基礎信念）是享有保證的，那麼某些群體所接納的任何命題P（不論多麼古怪），那些群體的知識論者都可以稱P爲有保證的基礎信念，而他們的聲稱是有保證的。

（2）上面條件句的後件爲假。

（3）改革宗知識論者的聲稱並沒有保證。

　　對這"保證"版的大南瓜兒子，柏亭格的回應有兩步。第一，他先講明他並沒有要去論證對上帝的信仰是有保證的，他所論證的是"如果基督教信念是眞的，則其享有保證"。其次，他指出前提一在有些情況下爲假，比如當基督教信念爲眞，而另一群體的信念P爲假，這時，P就不是有保證的。這個論證同樣不成立。

這裏可以對柏亭格作進一步的反駁：其他信念，如大南瓜教派，是否也可以依樣畫葫蘆，論證自己"如果真，就有保證"？很顯然，這個反駁比大南瓜的兒子又上升了一級。按照大南瓜兒子的思路，這個反駁恐怕可以稱為大南瓜的孫子。柏亭格也看到了這點，他按照這思路提了個帶普遍性的問題：

> 我提議擴展的阿奎那/加爾文模型可以視為基督教信念的基礎信念，然後力陳三件事：第一，這模型在邏輯上和知識關係上是可能的；第二，如果基督教信念是真的，並沒有哲學上的論點可反對這模型的可能性和真實性；第三，如果基督教信念的確是真的，那麼這些信念就很有可能可得到保證，其方式會類似這擴展阿奎那/加爾文模型所說的。現在我們可問一個問題：這番理論豈不可以應用在任何一組信念上麼，哪管那些信念如何荒唐？這豈不削弱我的觀點麼？[13]

到此為止，大南瓜家族祖孫三代已經悉數登場。現在總結一下大南瓜家族的內容。概而言之，大南瓜的反駁所言乃是，有神論者既然無需證據就把對上帝的信念看做是恰當基本的，為何不把其他信念也等量齊觀？大南瓜兒子所言則為，若有神論者有權在自己群體裏宣稱自己信念是合理的，其他信念的持有者同樣可以這樣做。大南瓜孫子則針對"如果真，則有保證"的辯護模式，認為有神論者能論證自己信念"如果真，則有保證"，其他的信念也可以做得到。

大南瓜家族背後是一個普遍的思路，即認為不管有神信念如何辯護，其他與之相對立的信念，同樣可以得到辯護。而一般理解的有神信念無疑是獨一論的，這樣就要面對多元困境的難題。從知識上說，在明瞭其他與己不相容的信念同樣有辯護，這時自己的信念就有一個挫敗因。如果無視其他信念而堅持自己，就要陷入非理性的境地。下面將整理這個思路，並給出一般化的結構，將其構造為一個MT論證，可以視為大南瓜家族的一個總的表達。

這裏所講的反有神信念的 MT 論證，是由兩種對柏亭格的有神信念辯護的批評整理而成。第一是對有神信念獨一論的批評，第二種批評指柏亭格的有神信念辯護會導致相對主義。兩種批評有一個共同點，就是認為其他有神

---

13 Alvin Plantinga, *Warranted Christian Belief*（New York: Oxford University Press, 2000）, p.350. 中文譯本名為《基督教信念的知識地位》，刑滔滔等譯，北京大學出版社，2004。

信念以外的信念體系，也可以用柏亭格的方法來爲自己辯護。這兩種批評的思路在圍繞自然主義的爭論中也處在重要位置。

很多人都相信，有神信念的辯護可以爲他人所用。Michael Martin 是其中代表，學界甚至出現了一篇很受關注的論文，"Warranted Neo-Confucian Belief"[14]（有保證的宋明理學），作者 David Tien 力辯王陽明以良知爲中心的心學體系和基督信仰一樣知識上可以得到保證。這些批評著眼點有所不同，或批評信仰獨一論，或指出相對主義的後果，但都認爲柏亭格的辯護方法可以爲其他信仰所用。而這兩種批評，其實是彼此支持，互爲一體的。批評信仰獨一論的，必然會認爲，如果有神信念可以得到辯護，其他信念同樣可以得到辯護。而如果如 Michael Martin 那樣認爲柏亭格的辯護策略將導致相對主義，即各說各理，個個都有理，那無疑這種批評也會同時是針對信仰獨一論的。這兩種批評其實是在同一個思路上。

這個相當普遍的思路大體如下：柏亭格的知識論認爲有神信念（基督教）是合理的，有辯護的或是有保證的。柏亭格又堅持信仰的獨一論是合理的，或者是有辯護和有保證的。這些批評都不約而同地認爲，其他的信仰也可套用柏亭格的方式來爲自己辯護，比如論證"合理的、有辯護的或有保證的某種東方信仰"。如果這樣的辯護是成功的，那麼信仰的獨一論就是不合理的——有那麼多的信仰都是合理的，有人卻宣稱只有自己是對的，這當然不合理。這其實是一個 MT（modus tollens，否定後件式）論證：

> （1）如果有神信念是合理的，並且信仰的獨一論也是合理的，就不可能有其他的信仰也可以用有神信念的方法來論證自己是合理的；
>
> （2）但確實有其他信仰可以套用有神信念的方法來論證自己是合理的；
>
> （3）所以，"有神信念是合理的，並且信仰的獨一論也是合理的"是錯的。（1，2，MT）

這樣，這個論證的結構就很簡單：

> （1）如果 P，則 Q；
>
> （2）非 Q；

14 David Tien, "Warranted Neo-Confucian Belief: Religious pluralism and the affections in the epistemologies of Wang Yangming（1472 – 1529）and Alvin Plantinga", *International Journal for Philosophy of Religion* 55: 31-55, 2004.

（3）所以非 P。（1，2，Modus Tollens）

這個論證裏，前提（1）看來可以站穩，現在只要考察前提（2）是否是真的。如果（2）是真的，其他信仰也可以有神信念同樣的方式來為自己辯護，則不單有上面的結果，"有神信念是合理的，並且信仰的獨一論也是合理的"是錯的，而且，"有神信念是合理的"這本身也是錯的。這裏要留意到，兩個命題的合取（A∧B）是錯的，不等於 A 或 B 是錯的，這裏幾種可能：A 是錯的，或者 B 是錯的，或者 A 和 B 都錯了，都可以有（A∧B）為錯的結果。但這裏，A，即"有神信念是合理的"，確實是錯的。因為，其他和有神信念相反的信念都可以得到辯護，就構成了對有神信念的挫敗因，那有神信念本身的辯護就只能是失敗的了。同時，信仰獨一論是指這樣一種立場，認為自己的信念是真的，所以其他與自己信念相悖的信念就是錯的。這樣，B，即"信仰的獨一論也是合理的"，也就是錯的了，因為有其他與有神信念相悖的信念都得到了辯護，信仰獨一論當然就是錯的。所以，在這裏如果（2）是真的，則 A 和 B 都是錯的。

前面提到的那些批評都沒有明確這個思路有兩個結果。但從有神信念辯護和信仰獨一論的關係來看，這個雙重的結果是必然的。這種反駁思路如影隨形，從柏亭格早期的有神信念辯護就出現了，隨著有神信念辯護的變化，這個反駁也作相應的變化。這個系列的反駁即為大南瓜家族。

（四）最後一個南瓜

前面已經介紹了柏亭格對大南瓜和大南瓜兒子的反駁。大南瓜孫子能否完成父輩的未竟之業？柏亭格對此的回答是否定的。他指出，很多信念，如懷疑論和自然主義，都不具備這種"如果真，則有保證"的結構。只有基督教信念，或者與其類似的有神信念，才具有這種結構。之所以是這樣，柏亭格認為所有這些針對有神信念的詰難，都不能是規範的（de jure），而只能是事實的（de factor）。即有神信念的真假無法在觀念上驗證，而只能由事實來驗證。由此而來，除非有事實證明有神信念是錯的，不然它就很有可能為真，而如若為真，則有保證。

那麼真正的問題在哪里？首先要考察為什麼柏亭格說"如果真，則有保證"的論證模式只適用於有神論？這裏要先介紹一下保證的概念，並瞭解在有神信念裏，保證這個知識的要素是如何獲得的。

　　柏亭格關於保證的理論，完整闡述在"保證與恰當功能"（Warrant and Proper Function，簡稱 WPF）的前面三章。這個理論我戲稱爲保證的"四件頭"（A Four Pieces Garment），要旨大致如下：S 的信念 P 是有保證的，當且僅當 1）S 的認知官能是處在恰當功能的狀態下；2）認知環境是適合於 S 的認知官能發揮作用的；3）S 的認知官能是按一個以產生真信念爲目的的設計規劃所設計的；4）這是個好的設計規劃，即成功的機率是很高的。[15]

　　現在來看有神信念是如何在此框架下來論證自己是有保證的。第一步，有神信念（比如基督教）的預設是有一位上帝，他創造了世界和人類，是全能智慧的，是全善的，對人類充滿愛心，如同父親愛兒女。第二，這位上帝造人時就給了人一種官能，或者稟賦，使人有能力在一定情況下能夠感知到上帝的存在，這就是加爾文所說的神聖感知。第三，這種稟賦既是上帝所設計的，就必定是可靠的，是爲產生真信念的，而非爲產生幻覺而設計的，因上帝是全善的，滿有愛心的。第四，上帝所設計的這個神聖感知官能是個成功的設計，能恰當地起作用。因此，在一些情況下，這種神聖感知就起了作用，如人看見大自然的壯麗奇妙，又如人在極度悲傷或極大的歡樂中，又或在一些信徒身上看見了各種見證和奇事神跡，這些都有可能讓神聖感知產生作用，由此使人相信有一位上帝。這就是柏亭格所說的阿奎那/加爾文模式。

　　這個有些拗口的模式可以有個簡易一些的表達，大致就是說，有一個上帝，他創造我們心靈的時候，就如奧古斯丁說的，是要我們的心靈去尋找上帝。這個上帝所賦予的稟賦在合適時候起作用，我們就找到並認識了上帝。由此，人對上帝的信仰是再自然不過的事。相反，人不相信上帝是由於認識的稟賦出了問題，根本原因就是人類普遍的墮落，導致這原生的稟賦功能失調。

　　因此，如果有一位上帝，則有神論者的信念在知識上是有保證的，而不相信上帝的信念則沒有保證。那爲何說這種模式不可應用於其他有神信念以外的信仰？比如一些希奇古怪的信念，大南瓜每年都會在萬聖節回到地裏，地球是平的，巫毒教派，"沒有命題可以有保證"，等等。是否這些信念都可以套用"如果真，則有保證"的模式來爲自己辯護？顯然，有些信念根本就不在考慮之列。如"地球是平的"，這已經被經驗證明是假的。又如"沒

15 Alvin Plantinga, *Warrant and Proper Function*（New York: Oxford University Press, 1993）, pp.viii-ix.

有命題是有保證的"這個信念，如果這命題為眞，則其有保證，但據其本身，則又是沒有保證的。所以，首先可以明確，有神信念的辯護模式的成功，並不會導致所有的信念，不管有多古怪，都可照同樣方式得到辯護。

事實上，若撇開大南瓜這樣的奇談怪論和"沒有命題可以有保證"這樣的邏輯小把戲，有神信念以外値得考察的只是兩種信念，一是懷疑論，二是自然主義。前者對有無上帝持懷疑的態度，不肯定也不否認；後者則明確否認有一個上帝。柏亭格對這兩者都做了回應。先來看看懷疑論。懷疑論者（或許休謨是最好的代表）宣稱，只有自明的命題，如數學，才是確定無疑的。這就是休謨所說的觀念之間的關係。其他命題都是或然的關係，都是可懷疑的，如太陽是否明天還起來，這並沒有必然的眞理：明天太陽也許會起來，也許不。休謨鍾愛的例子則是麵包：眼前這塊麵包，還會如以前的麵包給我營養嗎？以前所有的麵包都滋養我，就有理由說這塊麵包也會如此嗎？這其中有什麼確定的理由？休謨認爲沒有。在他看來，這只是習慣和風俗，其中眞假是沒有保證的。[16]

由此，如果懷疑論是眞的，則我們要懷疑這樣一個命題，"人的認知官能是可靠的"。顯然，這不是個自明的命題。但如果這個命題可疑，則我們所有的信念都是可疑的。因爲，產生這些信念的認知官能是可疑的。但這樣一來，"懷疑論是眞的"這個命題也是値得懷疑的了。所以，懷疑論不可以套用有神信念的模式來爲自己辯護。

那麼自然主義又如何呢？它能照搬照套有神信念的策略，論證自己"如果眞，則有保證"嗎？現在要來看看是否這樣：如果自然主義是眞的，則它是合理的，有辯護或有保證的。有神論者的答案是否定的。柏亭格在 1991 年開始他對自然主義的征討。這個論證被稱爲進化論的反自然主義論證（Evolutionary Argument Against Naturalism，簡稱 EAAN）他最初構造這個論證時，並沒有把它和大南瓜家族聯繫起來。到他寫 WCB 時，他重新回應大南瓜家族，意識到大南瓜家族最終的質疑，即此章前面所命名的大南瓜孫子，恰好與自然主義聯繫在一起。他在 WCB 中訂正了早前的論證，並把它放在對大南瓜孫子的反駁中，並很容易就得出結論：如果自然主義是眞的，則要陷入自我挫敗的境地，因此，自然主義不合理，沒有辯護或沒有保證，當然

---

16 David Hume, *An Enquiry Concerning Human Understanding*（Indianapolis: Hackett Publishing Company, 1977/1993）, p.21.

也就無法套用“如果眞，則有保證”的論證模式。這裏只是引述反自然主義論證的結論，後面第八章將詳細闡明這個論證。

　　因此，最後一個大南瓜也無法成功反駁有神信念辯護。現在，可以回顧一下討論過的內容。前面提到了 Michael Martin 等人的 MT 論證要講明有神信念的辯護方法可以爲其他信仰所沿用。此章介紹了爲何這種辯護只適用於有神信念，懷疑論和自然主義不能沿用這種辯護。Martin 等人的 MT 論證是不成功的，因爲它的一個前提是假的，即並沒有其他有神信念以外的信仰可以套用同樣的方法來爲自己辯護。因此，有神信仰獨一論的立場在知識上是沒有問題的，至少，這個 MT 論證尙未構成威脅。“有神信念是合理的，並且信仰的獨一論也是合理的”這個命題依然成立。由於沒有和有神信念相排斥的其他信仰可以用一樣的方法來辯護，”有神信念是合理的”這個單獨的命題也還依然成立·

第七章　保證與啓蒙批判

　　源於柏拉圖的傳統認爲知識是有辯護的眞信念（Justified True Belief，簡稱 JTB）。這個傳統歷史上沒有太大爭議，直到 20 世紀六十年代。Edmund Gettier 在一篇三頁紙短文對此傳統提出了反例[1]。從此，普遍認爲柏拉圖的知識圖景是不完整的。Gettier 反例之後，出現了許多完善知識理論的方案。柏亭格提出的圍繞保證而展開的知識論是其中之一。在過去幾十年裏，保證知識論的發展有一個重要內容，就是這理論在有神信念辯護上的應用。柏亭格最主要的著作是“保證三部曲”，Warranted Christian Belief（以下簡稱 WCB）是最後一部，目標是對啓蒙運動以來的思潮作出回應，並爲信仰在知識上做出辯護。這個辯護的關鍵處在於論證對基督教信念的規範反駁預設了其爲假，因此不是合格的反駁。有人質疑這個辯護的思路。此章要考察這些質疑，介紹 WCB 的論證思路的理論背景，指出其論證思路的來源，並討論如何回應這些質疑。此章分爲五節。第一節介紹 WCB 反駁啓蒙批判的論證思路概要。第二節介紹對 WCB 論證思路的批評。第三節討論柏亭格保證的知識結構，闡明在這結構下可以消除 WCB 的批評者指出的問題。第四節介紹 WCB 另一理論背景，改革宗的預設護教學，回答了 WCB 爲何有一種獨特的論證思路。第五節指出柏亭格對啓蒙批判的理解有誤，闡明啓蒙批判其實就是自然主義的立場。

1　Edmund Gettier, "Is Justified True Belief Knowledge", *Analysis* 23（1963）.

（一）WCB 的基本思路

對有神信念知識上的批評可以溯源至啓蒙運動。特別在康德之後，知識界一致認爲理性上給出一個對上帝存在的證明是不可能的。當然，康德也明確了證明沒有上帝也是不可能的。因此，在此之後對有神信念的批判就集中在其知識地位上。這些批判認爲，有神信念無論眞假，總之是不合理性的，沒有辯護的，知識上不是可靠的。尼采和弗洛伊德等人代表了這些啓蒙運動以來的思潮。此章權且把這些稱爲啓蒙批判。WCB 正是要回應啓蒙批判。這一節要介紹 WCB 思路的概要結構。

柏亭格首先把對基督教信念的反駁分爲兩類，一種是事實的（de facto），主要指惡和苦難的問題。這個問題直接質疑信仰的眞假，認爲惡與苦難的普遍恣肆足可證明沒有一位全知全能全善的上帝。柏亭格在其他著作對此有詳細論述，主要是用可能世界來解答[2]。一般認爲這個辯護是成功的。第二種反駁是規範的（de jure），這種發駁主要針對基督教信念的知識地位。這種反駁不直接質疑信仰眞假，而是認爲，基督教信念不管眞也好，假也好，總之知識上有缺陷，比如，沒有辯護，不合理性，沒有保證等。一言以蔽之，即便基督教信念是眞的，那幫信徒也沒有什麼好的理由信他們所信。這種反駁又被懷士察（Stephen Wykstra）稱爲羞答答假正經的規範反駁（Demure De Jure Objection）[3]。這種反駁在本體立場上看起來寬宏大量，事實上，知識的要求卻很嚴厲。懷士察認爲這樣的一種知識態度有時是合理的，他舉了個外星人的例子說明[4]。且讓我按他的思路講一下這故事。假設你碰見一人，他是熱誠的外星能量教徒，滔滔不絕向你傳講外星能量長生不老的眞理福音，講的頭頭是道。你和他坐而論道半日，卻發現他原來是癮君子，服了某種秋石丹藥。這時候你一定會對自己說，我雖然要老老實實承認不知道是不是有外星能量也不肯定是否能夠羽化登仙，畢竟星空是那麼宏大的一個東西，據說面對這麼大的東西要心懷敬畏，但此公所言定不足信。許多啓蒙人士，他們對待基督教，恰似這種情形。他們一方面看起來靦腆害羞，開明又謙卑，聲稱不敢說到底有還是沒有上帝；另一方面，他們卻斷言，那幫信徒所言肯定不是什

---

2 Alvin Plantinga, *God, Freedom and Evil*（New York: Harper Torchbook, 1974）.

3 Stephen *Wykstra*, ""*Not Done in a Corner*": How to be a Sensible Evidentialist About Jesus", *Philosophical Books* 43, no. 2, April 2002.

4 Ibid.

麼好東西，肯定沒有什麼好證據。事實上，信徒就被看做是鴉片煙鬼或心理不健康。一個癮君子陶陶然欲仙欲死的時候說的話，你當然不會認爲他有什麼理由，即便他碰巧說對了一加一等於二或正方形不是圓的，那又如何。當然，如果啓蒙人士有確鑿證據表明信徒確實都是抽大煙，那麼這個反駁就不用羞答答，而是堂而皇之了。

WCB 正是要回應這種知識反駁。下一步就要找出一個合格的眞正的規範反駁。這裏有三位候選人，分別是從辯護、合理性和保證的角度來質疑信仰的知識地位。WCB 先考察了來自辯護的反駁，結果很輕易就過關，信仰是可以在知識上得到辯護的。第二位候選人是合理性。這種反駁稍微複雜一些，因爲合理性本身就有多種解釋。WCB 逐一考察這些解釋，包括亞裏士多德式的合理性、工具合理性和義務合理性。結果是，所有這些版本的合理性質疑都不能成立，不管按何種理解，信仰都能具有合理性。最後一個候選人是保證。這個反駁認爲基督教信念無論眞假，都是知識上有缺陷的。知識論上來說，就是這信念沒有保證。WCB 認爲這種批評的代表是弗洛伊德和馬克思等人（書中簡稱爲 FM）。他們認爲這信念不外是願望滿足等等。用權威的話語方式，這不是客觀的科學的，總之，不是知識上可靠的信念。但是，進一步考察後，WCB 得出結論，FM 不是獨立於基督教信念眞假的反駁，他們是預設了基督教信念爲假，然後指責其沒有保證。因此，FM 不能構成一個成功的規範反駁。這一點是關鍵的的一步，但恰好圍繞這點有很大的爭議。這裏暫時不討論這點是否成立，稍後將有詳細論述。

這樣，柏亭格認爲針對基督教信念的規範的（de jure）反駁都不成立。基於其他著作已經論證事實的（de facto）反駁，主要是惡的問題，也難以成立，結合起來，就得到一個結論，即啓蒙運動以來對基督教信念的反駁都不成功。另一方面，WCB 論證了這樣一個論題，"如果基督教信念爲眞，則其有保證"。因此，基督教信念在知識上，並沒有啓蒙批判所宣稱的那樣，不管眞假知識上都不可靠。

關於 WCB 中的論證，先要說明一點的是，這裏涉及了比較複雜的內容，包括基督教信念，阿奎那/加爾文模型，FM 等啓蒙批判，還有保證的知識論等等。這裏的篇幅不容許詳細介紹其中內容。此章關注的只是 WCB 論證的結構，由於這裏的論證使用的只是一般的推理知識，不需涉及太多具體內容也是可以理解的。

（二）對 WCB 的批評

前面介紹了 WCB 大致的思路。這裏的論證如沒有問題，則成功反駁了啓蒙批評。但如前面指出，WCB 論證的關鍵一點是指責 FM 預設了基督教信念爲假，從而不是一個合格的規範反駁。很多人都覺得 WCB 的這個思路有些怪異，總覺得好像有什麼問題，但卻不容易看清楚。旺德（Tyler Wunder）很快就提出質疑。下面要整理 WCB 論證的步驟，考察如何得出 FM 預設了基督教信念爲假的結論，並介紹對此論證的批評。

WCB 的思路是這樣，如果一個關乎保證的規範反駁是成功的，就必須是不管這信念是眞是假，都能說明這信念的知識缺陷，正如那些批評者自己所表達的那樣：「好吧，我眞的不知道有神信念是不是眞的——這樣的事誰會知道呢？——但我確實知道它是非理性的，或沒有辯護的，或沒有合理地確證的，或是與理性相悖的，又或是理智上不負責任的，又或者。。。」[5]FM 初看是合格的規範反駁，他們沒有直接說基督教信念是假的，而是說其爲願望滿足等等，從而知識上一無是處。接下來 WCB 要論證兩個論題：

（1）如果基督教信念是眞的，則其有保證。

（2）如果基督教信念是假的，則其無保證。

爲了論證「如眞，則有保證」這種論題，WCB 建立一個 A/C（阿奎那/加爾文）模型，在其中基督教信仰如果眞，就有保證。精確一些說，基督教信念所描述的世界和人類的圖景如果是眞的，就很難看到有什麼證據表明這信念知識上有問題。相反，如果基督教信念不是眞的，則其就沒有保證。WCB 這兩個論題乍一看有些怪異，論證也相當複雜。這裏不能詳述他的論證，但知道了他的出發點就很容易明白論證思路。根據 Gettier 反例，很多眞信念都得不到辯護。柏亭格認爲啓蒙以來的很多對有神信念的批判正是如此思路，認爲有神信念即便爲眞也無辯護也沒有足夠理由。柏亭格則反過來認爲，如果眞有上帝，有神信念則是有保證的。理由就是如果有上帝，人就不會陷入諸如幻覺等知識困局，上帝會引導人得到眞知識，其中包括對上帝的信念。而如果沒有上帝，有神信念則會是來自諸如幻覺或心理安慰，這當然是沒有保證。建立了這兩個論題後，再回頭考察 FM 的批評，WCB 得出結論，FM 不是獨立於基督教信念眞假的反駁，他們是預設了基督教信念爲假，然後指

---

5 Alvin Plantinga, *Warranted Christian Belief*（New York: Oxford University Press, 2000）, p.191.

責其沒有保證。因此，FM 不能構成一個成功的反駁。柏亭格的表述如下：

> 這裏我們看到，有關有神信念的合理性或有無保證的問題，背後其實有其本體的或形而上學的又或終極的宗教根源。你所認爲恰當合理的，至少是在保證意義上，依賴於你取何種形而上學和宗教的立場。這依賴於你認爲人類是何種樣式，依賴於你認爲人的認知官能，在恰當功能時會產生何種信念，人的哪樣官能或認知機制是以眞爲目的的。你認爲人類爲何種造化，就決定或者重大影響你認爲有神信念有無保證，或是否符合理性[6]。

> 結果是，規範反駁其實依賴於事實反駁。因爲，如我所論述的，如果基督教信念是眞的，其就有保證。聲稱有神信念（包括基督教）沒有保證，其實就是預設了其爲假。[7]

WCB 有數處涉及這個論點的表述，交替使用了"預設"和"依賴"兩個概念。這兩個概念表達的是同一個意義。只是在用"依賴"這概念時，就是指 FM 的規範反駁不能單獨起作用，它乃是依賴於事實反駁。鑒於柏亭格強調過，哲學不能論證有無上帝，也沒有什麼有效的事實反駁，這也就意味著 FM 是預設了基督教信念爲假。不管是用預設還是依賴，兩個表述都是要說明 FM 的反駁不獨立於基督教信念的眞假，即它無法論證即使基督教信念爲眞，其知識地位也無保證。這樣，WCB 回應 FM 的思路就大致如下：

（1）如果基督教信念是眞的，則其有保證。

（2）如果基督教信念是假的，則其無保證。

（3）FM 聲稱基督教信念無保證。

（4）FM 事先預設了基督教信念爲假。

現在來看這個論證結構，前兩個前提是 WCB 已論證的論題，第三前提是 FM 自己的立場。從 WCB 行文看，柏亭格是從這三個前提推出 FM 預設了基督教信念爲假。這樣，FM 就不是個合格的反駁，它只不過預設了基督教信念爲假，然後由此推出這信念沒有保證。但這樣的推理成立嗎？批評者對此持否定態度，認爲從上面的三個前提推不出 WCB 想要得到結論。Wunder 最早對 WCB 的思路提出質疑。他把"如假，則無保證"和"如眞，則有保證"兩個論題分別名爲 C1 和 C2，然後他論述如下：

6　Ibid, p.190.

7　ibid, p.xii.

考慮一下（C2）：如果有一位上帝，那麼有神信念就很可能是有保證地基本的；顯然，只要用否定後件式推理（Modus Tollens），如果後件可以否定，就可以否定前件。因此，一個知識的論證（之所以是知識的，因這裏考慮的是有無知識上所說的保證）能夠成功地得出一個結論，就是事實的問題的否定答案，而不是預設了這答案。確實，給出了（C1）和（C2），任何一個成功的規範的的反駁，都是與有神信念的真不相容的。然而，重要的是，任何一個這樣的知識反駁都無需預設有神信念或基督教信念是假的；正如我將要更清楚闡明的，這反駁也無需依賴一個事實的反駁，如果這裏"依賴"是指"要求事先認可了事實反駁（或者說是一個事實問題的否定答案）方爲可行"。這看起來像是，只有一個規範的反駁不允許蘊涵一個事實的反駁，這個關於保證的規範反駁才會失敗。這很難説是個對這反駁的有力的反擊。"預設"確實會在哲學上失敗，但"蘊涵"卻不會。[8]

按照 Wunder 的理解，FM 的思路中"基督教信念爲假"是論證的結論而不是預設。他理解的 FM 的論證就如下面一個否定後件式推理：

（1）如果基督教信念爲眞，則其有保證。

（2）基督教信念沒有保證。

（3）基督教信念爲假。（1，2，Modus Tollens）

上面的前提一是 WCB 已論證的論題，前提二則是 FM 要論證的論題。至於 FM 是如何論證基督教信念無保證，這是另一個大題目了。Wunder 認爲 FM 乃是這樣的一個思路，而並非如柏亭格那樣的理解。他由此認爲關於 FM 預設基督教信念爲假的指責是不成立的。FM 如果能論證基督教信念無保證，就可以得到其爲假的結論。Wunder 理解的 FM 就剛好和柏亭格理解的相反。

雖然還有其他對 WCB 思路的不同理解，但我認爲上面討論的 Wunder 等人所理解的是對的，即 WCB 確是認爲 FM 批評基督教信念沒有保證，是預設了其爲假，因此不是一個成功的論證。WCB 這樣的思路許多人覺得費解。按一般的理解，要回應 FM 的反駁，一可以考察它的論證是否完整，有無失誤的步驟，二可以考察它的立場自身是否可靠，比如是否融貫一致。但 WCB 卻

---

8 Tyler Wunder, "Review of Warranted Christian Belief", *Philo* Vol.5, No.1, 2002.

是指責 FM 有一個不合理的預設。這裏其實涉及了 WCB 兩個背景，就是保證的知識結構和改革宗的預設護教學。下面要說明，交待清楚背景後，WCB 的思路不僅可以理解，而且可以回應 Wunder 等人的批評。

（三）保證與基督教信念

Wunder 等人認爲 WCB 論證思路有問題，其中關鍵在於，雖然基督教信念爲假就導致其無保證，但論證其無保證好像並無需預設其爲假，除非其爲假是導致無保證的惟一原因。這裏引出很重要的一點，即，柏亭格的論證結構能夠成立的一個條件，就是基督教信念爲假是其無保證的惟一原因，或者說，無論什麼因素導致其無保證，這些因素都來自於其爲假。現在來問這樣一個問題：到底有多少可能情況下基督教信念無保證？也就是可以嘗試把所有導致其無保證的因素都找出來，如果這些因素都和基督教信念爲假聯繫在一起，那麼可以表明，聲稱基督教信念無保證，確實預設其爲假。這要涉及保證的知識結構。

前面提到了理解 WCB 思路首先要知道的背景，其中之一就是保證的知識結構。保證的知識結構相當複雜，WCB 提供了一個簡潔的表述：

> 簡單來說，S 的一個信念有保證，乃指其產生於 S 的有恰當功能的認知官能（沒有功能失常），並在一個與其認知官能相稱的認知環境之中，而這認知官能乃是按照一個成功地指向眞信念的設計規劃來設計的。[9]

這段話，說的就是，一個信念有保證涉及四個條件。這四個條件我稱之爲保證的“四件頭”。一是這信念產生於一個有恰當功能的認知官能；二是當事人處身一個合適的環境，其中認知官能能發揮其恰當功能；三是這認知官能按照一定的規格參數來設計的，這設計的目的是產生眞信念，而非幻覺或其他；四是這設計是好的設計，成功率高的設計。

正如 Trenton Merricks[10]，Linda Zagzebski[11]等人所指出，保證其實蘊涵了眞值。這其中道理不難明白，因四件頭其中一件是認知官能的設計以眞信念

9　WCB, p.156.

10　Trenton Merricks, "Warrant Entails Truth", *Philosophy and Phenomenological Research,* 55（1995）.

11　Linda Zagzebski, "The Inescapability of Gettier Problems" *Philosophical Quaterly* 44（1994）.

爲目的。柏亭格也明確，假的信念不能有保證[12]。所以有保證的信念都是眞的。這不是沒有例外。柏亭格就給出了一個很好的例子，說明什麼情況下可以假信念也有保證。你去登山時，遠遠看見一個岩羊是有角的，你相信這點。但恰好這只岩羊沒有角。一切正常，四個條件都沒有問題，但這有保證的信念是假的。柏亭格指出，這種假信念有保證的情況，通常都是在認知官能工作能力的極限，就如眼睛遠遠看那只岩羊。眼睛沒有問題，岩羊也是眞的，只是距離太遠，在眼睛能力的極限，所以看得不清楚[13]。但拋開這些特別情況，基本而言，在保證的知識圖景中，一個信念有保證就是和眞連在一起的。一個信念若有保證，這信念也就是眞的。而通過否定後件式推理，就有下面的結果：

（1）一個信念若有保證，這信念即爲眞。

（2）這信念不是眞的。

（3）因此這信念沒有保證。（1，2，Modus Tollens）

這就有個結論，如果一個信念不是眞的，則其無保證。從構成保證的四個條件來說，一個信念如爲假，四件頭裏不是內部三件之中有問題，就是環境有問題，這樣此信念就無保證。這樣，和基督教信念一樣，在保證的結構裏，一個信念也有"如假，則無保證"的模式。這就得到兩個結論。一，如果一個信念有保證，則其爲眞。二，如果一個信念爲假，則其無保證。也就是，保證的知識圖景裏，知識就是有保證的信念（Warranted Belief，簡稱 WB），而不是有辯護的眞信念（JTB）。也即，一個信念的保證包括其眞值。

從 JTB 到保證的知識圖景，一個信念的眞與其知識的辯護或保證的關係發生了變化，這裏就把這變化作個總結和比較。在 JTB 的圖景裏，信念的眞與其辯護是這樣的關係：

（1）如果一個信念爲眞，則其既可以有也可以沒有辯護。

（2）如果一個信念爲假，則其既可以有也可以沒有辯護。

而在保證的圖景裏，則是這樣：

（1）如果一個信念爲眞，則其既可以有也可以沒有保證。

（2）如果一個信念爲假，則其只能沒有保證，不可能有保證。

所以，在 JTB 圖景裏，一個信念爲假推不出其無辯護。但在保證的結構裏，只要知道一個信念爲假，就可斷定其無保證。

---

12 WCB, p.186.
13 WCB, p.187.

　　這裏要留意到，不管是辯護還是保證的知識結構，一個眞信念不一定知識上就沒有問題。Gettier 的反例指出的就是眞的信念可以知識上有缺陷的。保證的結構也如此。這樣，回到這節開頭提出的問題，到底有多少種原因可以導致基督教信念沒有保證？當然，首先這些原因有兩大類，即基督教信念爲眞時，有多少種情況，而其爲假時，又有多少種。由於 WCB 已論證了自己的論題"如果基督教信念爲眞，則其有保證"，所以就只剩下第二類，即其爲假時的情況。根據保證的結構，從一個信念爲假可以直接推出其無保證。具體到保證的結構，就是一個信念爲假時，四個條件總會有些出了問題，這些出問題的條件就導致信念無保證。WCB 指責 FM 預設了基督教信念爲假，正是源於這種保證的知識圖景。

　　現在就看得清楚，基督教信念知識圖景裏，其信念有保證和其爲眞緊密連在一起，這其實源於保證的知識結構。這裏就是要分析一下構成基督教信念有保證的四個條件，如何與上帝這個位格聯繫在一起，又是如何因此而使信仰中的人知識有保證。簡單來說，如果基督教信念爲眞，即事實上有猶太－基督教的上帝，那麼上帝這個理性的位格就會提供了一個機制，就是上帝全善的屬性，並由此確保四個條件，使之產生的信念有保證。反過來，如果基督教信念爲假，即沒有猶太－基督教所相信的上帝，則四件都難以有保證，因爲缺少了有神信念那樣的一個機制。而四件中只要有一件出問題，就可導致這信念無保證。

　　所以，在保證的知識結構裏，如果要指責基督教信念沒有保證，確實也同時是指其爲假。也即是，所有使基督教信念無保證的因素，都和其爲假有關。從這意義上說，指責基督教信念無保證，就是預設其爲假。而 WCB 提出的知識反駁條件是，在基督教信念爲眞時，這反駁也成立。FM 既然預設基督教信念爲假，當然就不是合格的反駁。

　　這裏有一個需要補充的問題。WCB 的論題是"如果基督教信念爲眞，則其有保證"。而根據保證的知識結構，一個信念有保證，則其爲眞。這裏是否有一個論證的循環？即要論證基督教信念有保證，需要以其眞爲條件，而要論證其爲眞，又需論證其有保證。答案是否定的。循環論證，簡單來說，如果要論證 B，就從 A 推出 B，但 A 的成立又是依賴 B，這就構成了循環。WCB 的論證有這個問題嗎？首先，在 WCB 的辯護裏，並沒有要論證基督教信念有保證，而只是預設其爲眞時，結果就有保證。其次，根據保證的知識結構，一個信念有保證，則其為真。但是，WCB 的辯護也沒有要以此來推出基督教信念為真，這保證的結構僅是表明了保證是和真連在一起，而並非從保證推出其為真。改革宗知識論從來沒有把目標定位為論證信仰的真，對此他們有清醒的立場，即信仰的真非理性力量所能及。所以，WCB 的辯護並沒有落入循環論證。

（四）WCB 與改革宗傳統

從上面可看到，交待清楚了四件頭，就容易理解 WCB 的論證思路。WCB 還有另一個背景，就是改革宗思想和預設護教學。很多人迷惑於 WCB 獨特的思路。柏亭格不僅是從預設的角度來批評 FM 的反駁，他還提到，FM 所屬的自然主義也是一個基於預設的體系。他認為自然主義者並不能論證自己的形而上學立場，他們不過是把自然主義本體論作為預設，然後從此發展出一個體系，並其中的知識理論[14]。而且，它的預設剛好和有神信念相反。他提出，WCB 的工作可以看做是自然主義的一個反過來的鏡像，從一個相反的預設出發，看可以發展出一個什麼樣的體系。所以，WCB 的主要論題就是"如果基督教信念為真，則其知識上有保證"。這個思路涉及到預設護教學。如前面曾提到，這其實是 WCB 論證思路的一個背景。這節就介紹這個背景。

預設護教學來自於一個古老的傳統。一般認為，基督教思想有兩個明顯的不同路線，一者注重啓示，二者注重理性。注重啓示的傳統一直不絕如縷。預設護教學即來自啓示的大傳統。上帝直接把信仰根植到人心裏，這觀念在新舊約裏就已很明顯，而教父時期代表這種思想傾向的則是奧古斯丁。中世紀時亞裏士多德/阿奎那的自然神學大行其道，強調以理性來證明上帝，這個注重啓示的傳統也一時沉寂。直到宗教改革，加爾文他們才重新發掘這古舊傳統，並最終使改革宗思想成為傳承啓示路線的代表。改革宗認為上帝的存在和對上帝的信仰不是理性論證的結果，相反，這是知識的第一個前提。信仰有一個上帝乃直接來自上帝的啓示，這個知識是直接的，不依賴於其他命題、證據或者論證。不僅如此，在這改革宗的思想圖景裏，信仰不僅是直接的和恰當基本的，這信仰還決定了一個人整個的觀念體系，包括對理性的理解。比如，改革宗會認為信仰本身是理性的，而與信仰相反的立場才是荒誕

14　WCB, p.xii-xiv.

不經。但是，反過來，如果拒斥這信仰，當然對理性的理解就會相反，就像後來的啓蒙批判常指責信仰是非理性的。柏亭格早年的恩師 William Harry Jellema，就在課堂上說，信仰中的人和非信仰中的人，對理性的理解是完全不同的。柏亭格回憶早年求學時光，說自己當年不太理解這句話[15]。他後來不僅理解這觀點，事實上，這成爲他的哲學的一個重要基點。由於這個背景，柏亭格他們對基督教信念的辯護被稱爲改革宗知識論。

改革宗對信仰和理性的理解，特別是信仰優先於其他知識的觀念，醞釀了後來的預設護教學。預設護教學的另一個根源來自康德的洞見。《純粹理性批判》有先驗論證，闡明人思維之先已有先天範疇，如時空觀念，因果關係等。此等先天觀念不容否認，若欲否定之，則否定之思維亦有賴先天觀念。這也就是，若無先天觀念，思維乃不可能。改革宗的范泰爾（Cornelius van Til）應用康德的洞見到護教學中。雖然范泰爾的學說有不同解釋，預設護教學的要點還是很明確的。首先確認的是，這世界的來源和運行是合乎理性的，是可以理解的。其次，從基督信仰來看，這種合理性的惟一合理的解釋是因爲這世界本身是按照理性而被造的，而作爲創造者的上帝是那位最高的位格，他是有理性的有意志和能力的。預設護教學否認有數學那樣的證明來證明有上帝，但認爲只有預設了上帝，合理性、時空、因果和邏輯規則等才是可以解釋的。正如康德所說的先天觀念是思維成爲可能的條件，范泰爾則認爲上帝是世界成爲可理解的條件。他認爲啓蒙運動以來的所謂理性時代，其本質卻是非理性的。原因在於，理性時代的人們一個重要的特徵就是以人爲中心，范泰爾稱這爲人的自主（autonomy），將人定位爲所有眞理的標準。但是，人爲何可以爲眞理的標準，對這點卻無法提供一個理性的解釋，只能訴諸非理性的非位格的力量，比如道金斯（Richard Dwarkins）所說的如"盲目的鐘錶匠"那樣的自然演化。預設護教學認爲，世界和人的理性的惟一合理解釋是這世界和人類本爲上帝所創造，而上帝就是那理性的最高位格。因此，否定上帝將使自己陷入矛盾，因爲自己賴以爭辯的理性就來自上帝。在此康德式的思路下，范泰爾有一個比喻，說如果否定上帝，就如一個人吐出空氣，爭辯說空氣不存在[16]。

---

15 Alvin Plantinga, *Faith and Rationality,* ed. With Nicholas Wolterstorff（Notre Dame University Press, 1983）, p.90.

16 Cornelius van Til, *Why I believe in God*（Reformation Translation Fellowship, 2007）.

　　這樣，可以看到，WCB 的思路其實和預設護教學一脈相承。柏亭格承認他自己的知識論淵源在改革宗思想[17]，這其中無疑包括預設護教學。但范泰爾等人一方面囿於康德的思想，另一方面又沒有周密地論證為何不相信上帝就導致非理性。柏亭格的工作就是在此基礎上向前推進。從預設的角度看，WCB其實就是在預設了基督教信念為真的情況下，論證其知識上如何有保證，而FM 等人的批評又如何是不合理的。另一方面的工作是，考察 FM 等人的自然主義預設下，即如果基督教信念為假，會有什麼結果。結果就是基督教信念知識上沒有保證。但兩種不同預設下得到兩個不同結論，並不表示兩個預設知識上平等。柏亭格另一個重要工作就是論證了自然主義預設下，會有潛在的自我挫敗，而有神信念則沒有這個問題，從而兩者知識上決出高低。這就是反自然主義的論證，這是另一個引起廣泛關注的題目。

　　到此為止，此章已經介紹了保證的知識結構和預設護教學。可以看到，WCB 的思路不僅在於其保證的知識結構，也在其改革宗的預設護教學背景。柏亭格並沒有把這交待清楚，這是造成許多指責和迷惑的原因。他身處的群體熟悉這些背景，正因如此他沒有留意要把背景交待清楚。從上面的討論知道，清楚了 WCB 的背景，不僅可以理解其獨特的論證思路，還可以回應 Wunder 等人的批評。

（五）啓蒙批判的另一種理解

　　前面介紹了基於保證的知識結構和預設護教學，柏亭格構造的論證規定了 FM 的樣式，即他們必須是預設了基督教信念為假。FM 的文本會支持這種解讀嗎？這個柏亭格版本的 FM 可能得不到背書。根據保證的知識結構，基督教信念無保證的四個因素確實與其為假聯繫在一起，在此意義上可以說 FM 預設了其為假。這裏的問題是，與其為假聯繫在一起不等於預設其為假。也就是，導致基督教信念無保證的四個因素，有無可能不問其真假也能得以成立？比如，認知官能的設計並不是以真為目的，如基督教信念為假，這點就能成立。除此之外，有無其他途徑使其成立？如果有其他途徑，就可逃脫預設的指責。本節要介紹 FM 的思路，說明他們乃是從經驗歸納來論證基督教信念無保證，而柏亭格對 FM 的理解是有誤的。

17　James Tomberlin, Peter van Inwagen, ed. *Alvin Plantinga*（Dordrecht: D. Reidel, 1985）, pp.55-64.

　　前面第二節曾提到，Wunder 理解的 FM 剛好和柏亭格反過來。柏亭格所理解的 FM，是先預設了沒有上帝，從而推出基督教信念沒有保證。Wunder 所理解的 FM，乃是從其爲願望滿足或精神安慰推出基督教信念無保證，進而推出其爲假。但是，WCB 認爲 FM 沒有論證願望滿足或精神安慰爲眞，並認爲他們著作中看不到一個論證，他們只不過如此宣稱罷了。這樣，FM 就無法從願望滿足出發來論證。因此，FM 就只能是先預設基督教信念爲假，然後推出其無保證。Wunder 反問，爲何 FM 要論證它？爲何不可以把它作爲前提？Wunder 認爲 FM 沒有義務要論證這點。他質疑柏亭格把許多信念作爲無須論證的，這裏卻要求 FM 提供論證。他認爲柏亭格這裏有雙重標準的錯誤[18]。

　　到底誰的理解正確？FM 當然自己沒有提供一個論證的詳細步驟。據說大師們的作品往往都不願意這樣作。FM 也不提供論證，大概因爲他們是大師。後人只好從他們的文本去試圖重構論證。從文本解讀來看，很有可能柏亭格是錯了。我看不出 FM 的思路是先預設基督教信念爲假，然後再指責其沒有保證。當然他們都認爲基督教信念爲假，這並不等於他們的論證是由此出發的。他們關注的起點是基督教信念源自何處？他們提出這信念是一種願望滿足或被壓迫者的鴉片這樣的解釋。既然這只是精神安慰和願望滿足，就不是客觀的科學的，因此也不是知識上有保證，再進一步，也就是假的。這樣看來，FM 的思路剛好和柏亭格理解的反過來，而且似乎 Wunder 對 FM 的理解是正確的。

　　但是，不管哪一種理解，看來都認爲 FM 沒有論證，柏亭格說他們只是宣稱，Wunder 則認爲他們有權作這樣的預設。但這樣理解 FM 也許不準確。在我看來，指責 FM 的批評只是聲稱而沒有論證也許有些不公，而說 FM 有權這樣宣稱也並不合 FM 原意。以同情的理解來看 FM，他們並非如有些人說的那樣沒有條理。FM 等啓蒙運動所結的果子，注重的是客觀科學。就精神鴉片和願望滿足這些教義而言，他們一般是訴諸客觀現實。比如，他們會說，有無數的苦難現象表明，那些被壓迫階級之所以尋求信仰，是因爲在地上得不到幸福，由此產生扭曲的精神願望，從信仰得到安慰，把幸福寄託在虛無的來生。而弗洛伊德則會說，他看過多少多少精神病人，又有多少多少都是因爲要滿足願望而尋求信仰，比如弑父戀母情結患者，就在聖母瑪利亞的形象找到了滿足。因此，FM 會說，他們的理論並不僅是宣稱，而是有客觀依據的，

18　Tyler Wunder, "Review of Warranted Christian Belief", *Philo* Vol.5, No.1, 2002.

符合科學的。當然，這些理論是否真是科學的普遍真理，這又是另一個大議題。這裏只需指出的是，儘管弗氏也許認為他為數不多的病人（清一色都是女病人）足可代表人類，也還有人自認是弗氏信徒，但恐怕更多人無論如何也無法看到自己有弒父娶母傾向，只會認為弗氏已破產。不管如何，現在可以幫助 FM 大致理出一個論證的結構：

（1）根據保證的知識結構，如果一個信念不是產生於以真為目標的認知機制或過程，則此信念不是有保證的。

（2）有客觀的證據說明基督教信念來自於願望滿足或者精神安慰。而願望滿足和精神安慰不是以真為目標的。

（3）基督教信念信念不是產生於以真為目標的認知過程。（根據 2）

（4）基督教信念不是有保證的。（1，3，Modus Ponens）

（5）基督教信念如果為真，則其有保證。（WCB 的論題）

（6）基督教信念為假。（4，5，Modus Tollens）

粗略來說，FM 是由證據的歸納推出基督教信念來自願望滿足或精神安慰，再從保證的知識結構推出其無保證，而根據"如真，則有保證"的論題，經過 MT 就可以得到基督教信念為假。可以說，FM 的思路是很普遍的，可以說很多受過現代教育的知識人都是認同的。當然，從 WCB 角度看，FM 的證據歸納背後也有個基督教信念為假的預設。但我認為 FM 無需此預設，他們可以直接從證據出發來論證。至於這證據表明了背後有何預設，他們無需知道。除非要否認從證據歸納出理論是不合理的。但這顯然要求太高了，因為歸納推理是最普遍的理論建立方式。從上面討論看，Wunder 所理解的 FM 是對的，即它並沒有從預設基督教信念為假來推出其無保證。

因此，FM 批評基督教信念知識上不可靠，在思路上是沒有問題的。但如上面提到，FM 依賴的證據是否可靠很難有定論。證據的歸納常會遇到這難題。何謂證據，這些證據又是否可靠，都是見仁見智，楚河漢界。具體到 FM 的批判，要討論的是佛洛伊德等人的經驗歸納是如何進行的，比如他到底看了多少病人，這些病人有多大比例是由於需要滿足願望和戀父情結而尋求信仰的，他的病人又多大程度上可以代表全人類，等等，現在恐怕都無人敢打保票。此章對 FM 的啟蒙批評是否有效不作評論，而是將轉入另一個問題，就是 FM 本身是一個什麼樣的體系，而這體系的知識地位又如何。如果 FM 自身是有問題的，那它對有神信念的批評就恐怕難以成立。當然，大家都公認 FM

是反對有獨立的精神實在的，是科學主義的。這看來是正確的描述，也是 FM 自己會樂意接受的。這裏要關心的是這樣一種理論，它背後的本體論是什麼樣的，而這樣的本體論在知識上地位如何。首先，不管 FM 是先預設基督教信念爲假，還是從沒有保證推出沒有一位創造並掌管世界的最高位格，無疑他們接受的本體論中，沒有造物主也沒有獨立於物質的精神實在，除了分子原子粒子或其他更小的物質，別無他矣。其次，FM 不僅用精神鴉片和願望滿足來解釋信仰，他們還以非位格的非理性力量掌控的自然演化爲機制，來解釋世界和人類的起源和進程，比如進化論。弗氏於此也許語焉不詳，但總體來說，FM 等啓蒙之子們大都是這樣的一個體系。根據一般的理解，FM 的體系就是近現代以來大有影響的自然主義。

　　上面整理了 FM 批評基督教信念的思路，指出柏亭格的對他們的理解有誤，並定位 FM 的體系爲自然主義。現在問題是：FM 這個體系自身如何？它是有保證的嗎？這是下一章將要討論的。

（六）不是在背地裏：合理的證據主義

　　前面論述了柏亭格對 FM 的理解有誤，而 Wunder 等人對 FM 的理解正確，FM 並無需預設基督教信念爲假來指責其無保證。郎陶德（Todd Long）等人也類似地看到了這點。郎陶德提出一個 SEO 的反駁（Sophisticated Evidential Objection，深思熟慮的證據反駁），他要論證的是，總體證據而言，有神信念並沒有得到辯護。另一方面，證據主義作爲一種知識立場，也可以爲有神論者所用，本節也介紹懷士察等人從證據的角度對基督教信念的辯護。

　　首先，郎陶德承認對柏亭格關於證據的觀點有些理解的困難。一方面，柏亭格，特別是中期的 "Reason and Belief in God"，確實常提到信仰無需證據也是合理的，因此人們常認爲他是反證據主義的，如懷士察等。在神學上，柏亭格等人所倡導的改革宗知識論，被認爲是秉承奧古斯丁/加爾文的傳統，強調信仰先於理性，甚至有人認爲他們其實是唯信論或者反智主義。另一方面，不少柏亭格的同道認爲他並非反證據，甚至認爲他其實是某種版本的證據主義。清楚理解柏亭格對於證據的立場，對於理解改革宗知識論很重要。

　　在中期的相關著作裏，當柏亭格提到信仰無需證據支持也合理，這裏所指的證據，其實是相當於傳統的對於基督教的要求一個證明（Proof）。這也就是他指的古典基礎主義的兩種恰當基本信念，演繹無誤的和經驗驗證的命題。他認為有神信念並不能有這樣的證明或證據。到了 WCB，柏亭格認為除了如惡與苦難問題這樣的事實的（De Factor）反駁，其他的都是規範的反駁（de jure），而這些對基督教的反駁都不免預設其為假，因而不是合格的論證。

現實之中一般信徒往往對所信之事無暇多思，卻很難指責他們沒有理由。SEO 針對的並非一般信徒。一般信徒也許從不想到該如何為信仰辯護或找理由。它針對的是那些深思熟慮的信徒，他們明白信仰的要義，也明白並沒有什麼確定無疑的理由支持信仰，而且，還明白有其他的信仰看來也有自己的理由。也許郎陶德所指的實際上就是如柏亭格這樣的基督徒學者。這些深思熟慮的信徒就類似那些柏亭格自己所述的多元處境中的信仰獨一論者，即使沒有確定理由，也無妨他們認為自己所信為真，其他信仰都為假[19]。這在 "Reason and Belief in God" 一文中的表述就是，有神信念無需證據，也可以是恰當基本的信念。郎陶德針對的就是這種立場。SEO 的基本原則，郎陶德稱之為"證據辯護原則"，其表述如下：

> 如果當事人 S 在時間 T 相信命題 P 在知識上得到辯護，那麼 S 的整體證據在時間 T 支持 P 並且不能同時支持非 P。[20]

郎陶德指出，這個原則其實就是同步信念證據論，又稱作一般證據主義（General Evidentialism）。與此類似，費德曼也提出一個證據辯護原則，"證據主義的中心觀念就是證據論辯護原則 EJ，即 S 在時間 T 相信命題 P 是有辯護的當且僅當 S 的證據在時間 T 支持 P。"[21]SEO 原則是對費德曼他們的觀點作更細的說明。這原則說的是，一個信念 P 的選擇，必須在整體的證據權衡之後，再作決定，而且，不僅要考慮整體證據支持 P，還有考慮整體證據不能同時也支持非 P。

這樣的原則下看基督信仰，人們有無理由權衡整體證據後作出非 P 的選擇？很明顯，Long 等人認為整體證據並不能明確地支持基督信仰，而且，有那麼多受過良好教育的人都不信上帝，這本身就是很強的證據。當然，信徒也可以認為整體的證據是支持有神信念的，比如，《聖經》的記載比任何史料

---

19 Alvin Plantinga, "Pluralism: A Defense for Religious Exclusivism", Sennett, James F., Ed, *The Analytic Theist*（Grand Rapids, Michigan: Eerdmans, 1998）．

20 Todd Long, "A Proper de jure Objection to the Epistemic Rationality of Religious Belief", *Religious Studies*（Cambridge University Press, 2010）, pp.1-20.

21 Richard Feldman, *Epistemology*（Upper Saddle River, NJ: Pearson Education, 2003）, p.45.

都不遜色，而若要數人頭，則信上帝的人遠遠超過不信的，等等。但這些都不構成一個絕對的答案。SEO 的思路不管如何都是有效的反駁，即無需如柏亭格所說的那樣預設基督教爲假。

這樣，Long 運用 SEO 原則，他的結論主要是兩點。一，無需預設基督教信念爲假，也可以爲一個有效的反駁。SEO 原則下，看不出有壓倒的理由支持基督教信念，當然，也沒有壓倒的理由證明自然主義爲眞。所以，在此情況下，懸隔判斷是正確的態度。二，這個反駁有效也不關乎基督信仰的眞假。即使這反駁是正確的，即使基督信仰無法知識上有辯護，信仰也可以是眞的。即，基督教信念無法提供足夠的證據說服自己或他人。但這恰好是信仰的其中一個特點，就是不管有什麼反對的意見，都要堅持信仰。歷史上那麼多人殉道，就是不管面對什麼，他們都不放棄信仰。這就是德圖良和齊克果的“因其荒謬，故我相信”。具體到三位一體、道成肉身等教義，人們覺得這些荒謬實在有類圓的方。但人們就是願意相信這荒謬。即便是自己也覺得難以置信，覺得荒謬，也要相信。自己都覺得荒謬，肯定就無法給出充分的理由了。因此，信心可以產生無辯護的信念，即便這信念爲眞，即便眞有三頭怪獸。所以，Long 並非要以 SEO 來駁倒基督教信念，他的重點是反駁柏亭格的論題：所有規範性（De Jure）反駁，包括 FM，都要預設基督教信念爲假才能有效。Long 的結論是，SEO 無需這樣的預設也是有效的。

那麼柏亭格的知識論會如何來回應這個反駁？他若要駁倒 SEO 並爲基督教信念辯護，大致有兩種選擇。一是接受 SEO 原則，並順著這原則提供足夠證據來支持基督教信念。但柏亭格本人多次強調信仰無需證據支持也合理，所以看來這不會是他的選擇。第二種可能是他不接受 SEO 原則，並提供一個論證駁倒它。柏亭格的著作沒有明確證據表明他不接受這樣的證據論辯護原則。他在這方面的最主要的工作是反駁古典基礎主義的知識圖景，並論述有神信念（基督教）也可以是恰當基本信念。但這沒有觸及到 SEO 的原則。Long 下結論說，柏亭格沒能提供一個論證來反駁 SEO。

SEO 確實是個有效的反駁，本章上一節所述的同情理解下的 FM 就是這樣的一個類似的反駁，不過，相對於 Long 的懸隔判斷，FM 更進一步，認爲有神信念爲假而自然主義爲眞。這反駁雖有效，並不意味兩者無法決出高下。本書第八章要論證，有神信念相對於自然主義有比較優勢。所以，對基督教信念是否知識上合理的問題，延伸到了兩種本體立場的比較。結論是自然主義有潛在的自我挫敗，從而無法和有神信念競爭。因此，SEO 本身雖有效，自然主義並無法借助它來為自己辯護。

另一方面，Long 指出，SEO 帶來的有好消息和也有壞消息。Feldman，Long 等人可以用 SEO 的思路來支持自然主義，認為證據不足支持信仰。基督徒則可以沿此思路來支持信仰，論證信仰有足夠證據。這裏要指出，有些基督徒哲學家，確實是從就是從證據主義的角度來為信仰辯護，其代表是懷士察，他提倡的合理證據主義與 Long 的 SEO 原則類似。他前後有三篇論文，為這種觀點作了辯護。後來他們被稱為合理的證據主義（Sensible Evidentialism）。

無神學家（atheologian）常以證據主義的姿態來指責有神信念，認為信仰沒有證據支持得不到辯護。而在有神信念內部，對證據主義的態度則有分化。一種立場認為，信仰無關理性，純為啟示，也無需證據去證實。這種態度走到極端就如巴特的唯信主義，完全拋棄理性。而溫和一些的如柏亭格，雖然不否定理性，不否定證據可能可以證實信仰，也認為根本而言信仰無需證據支持。柏亭格的著作沒有跡象表示他反對基督教的證據，相反，他強調基督徒的信仰經驗的真實，也反駁那些《聖經》歷史批判，認為沒有理由說明《聖經》所載為假。儘管也有人為柏亭格申辯，認為他其實是證據主義者，這裏不再詳細論述他的關乎證據的觀點。另一種是沿襲自然神學的傳統，認為信仰是可以理性來證實的，而證據上也是可以站得住腳的。這種立場的現在有新的發展，引人注目的就是懷士察等人所倡的合理證據主義。

懷士察的合理證據主義認為，信徒個人而言，也許由於得到啟示的原因，確實無需證據就可以確立自己信念，但是，作為整個群體，信仰是需要證據支持的。他認為，對於基督教而言，是足以面對這個挑戰的。他認為新舊約的記載和基督教歷史，有足夠證據支持信仰，因為這一切啟示和神跡，如經上所記載，都“不是在背地裏作的”，是有根有據的。[22]

許多護教工作正是由此思路出發。論證的要點認為《聖經》所載完整且一致，而歷史文獻和考據也無法提出推翻這些記載。所以，基督教信念的基本內容，如耶穌的神跡和復活等，都是真實無誤的。護教者反過來質疑批評者，認為他們對基督信仰有嚴重的偏見。因為，對於其他歷史事件，如果有

---

22 Stephen Wykstra, ""Not Done in a Corner": How to be a Sensible Evidentialist About Jesus", Philosophical Books 43, no. 2, April 2002.

類似新約的記載和證據，人們早就可以接受，比如，對於羅馬愷撒的歷史記載，人們就大都能接受。惟獨對於基督教的信仰，他們對記載的證據卻熟視無睹。

如何解釋這現象？人們爲何拒絕新約記載的證據？除了外在因素如成長環境等，還有一個重要原因，就是新舊約的記載不僅是歷史，它還與每個人相關。基督信仰具有普遍性，與人人相關，而這對於不信的人是無法接受的。比如，耶穌降生，教義上是上帝道成肉身，而他在十字架的犧牲，則是爲所有人的罪惡作代贖。這些教義與所有人相關，無一例外。若接受信仰，就接受自己在教義中的定位，即人乃是上帝的創造，但人自己墮落罪惡之中，而道成肉身的耶穌來到人世，就是爲拯救罪人，包括自己。一個人如果接受新舊約的敘事作爲歷史記載，卻拒絕信仰，那樣就等於承認自己是罪人一個，在拒絕上帝的恩典。這樣的結果對很多人而言是無法接受的。所以，如果拒絕信仰，惟一的選擇就是同時拒絕承認新舊約的歷史記載。與此相對，一般的歷史事件，卻不會這樣和自己相關。愷撒有無度過魯比肯河，不會涉及自己是否是罪人，是否虧欠上帝的榮耀。因此，這可以理解人們往往可以接受關於愷撒的記載，卻無法接受新約的證據，儘管兩者都屬於同等地位的歷史證據。

當然，除了《聖經》和歷史文獻，很多人會認爲，兩千多年來億兆信徒切身經驗就是一個龐大的證據。很難想像可以否認所有這些經驗。如果上帝不存在，那麼猶太-基督教的整個歷史就是個最大的奇跡，也是最大的錯誤，也是對人類理智最大的諷刺。而上帝存在，則整個歷史就有合理的解釋。所以，從合理的證據主義角度看，基督教信念是可以得到辯護的。

第八章　自然主義的下降之路

　　柏亭格建立的論題爲"如果基督教信念（有神信念）爲眞，則其有保證"。也就是在有神信念的預設下，可以實現知識辯護。但是，許多與有神信念不相容的信念是否也可以在自己的預設下得到知識辯護？柏亭格的批評者正是以此來對改革宗知識辯護提出挑戰。這即是多元困境的知識難題。如果各種不相容的信念都可以在自己預設下得到辯護，當事人在此處境中堅持其中一種立場，就有違反知識義務的嫌疑，就是某種武斷和非理性。也即是，除非可以論證對方有錯誤，或者論證自己的立場比之對立的立場更合理，不然就無法逃脫多元的知識困境。有神信念主要的對立的理論是自然主義。柏亭格爲此構造了反自然主義論證，目的就是要解決這種多元的困境。這個論證的結論是，自然主義和進化論的結合是自我挫敗的。本書提出一個一般化的反自然主義論證，指出啓蒙批判不管爲何種形式，都有潛在的自我挫敗，因此有神信念比之自然主義有比較的優勢。本書最後指出，反自然主義論證是符合常識和哲學直觀的。這論證背後的思路其實就是一種比較優勢下的理性選擇。如果承認有些訴諸人的論證是合理的和符合常識的，那麼知識上拒斥啓蒙批判也是合理的。

　　本章分爲七節。第一節介紹自然主義是什麼，以研究綱領的概念來定位這一複雜的思想體系。第二節討論進化論的反自然主義論證。第三節介紹一般化的反自然主義論證。第四節討論有神信念有辯護和有保證的機制是上帝全善屬性，而自然主義無法擁有對等的機制。第五節討論其他信念，如宋明理學能否套用"如果眞，則有保證"的模式來自我辯護。第六節從修辭論辨的角度來分析反自然主義論證，說明這是符合常識的，而有神信念辯護也是

成功的。第七節討論科學的世界觀應該符合什麼要求，而從這些要求來看，
自然主義並不是科學的。

（一）自然主義的上升

對有神信念辯護的挑戰認爲，即使這些辯護是成功地，比如確實可以論
證"如果基督教信念（有神信念）爲眞，則其有保證"，其他與有神信念相
對的信念同樣可以這樣來爲自己辯護，從而大家都陷入多元困境。有神信念
最主要的對立的立場是自然主義。現在就考察自然主義能否照搬照套有神信
念的策略，論證自己"如果眞，則有保證"。首先要看看自然主義是什麼，
以及在自然主義的框架下如何解釋宗教。

自然主義古已有之。啓蒙運動以後它漸得人心，尤其在知識人群體中。
不算誇張地說，自然主義是 20 世紀的官方哲學。自然主義陣容龐大，且往往
立場相差懸殊，以至於人們很難定義什麼是自然主義。首先，當然要排除文
學的自然主義，藝術的自然主義，社會政治的自然主義等等。這裡討論的只
是哲學上的自然主義。哲學上的自然主義，往往又分爲兩種，一是方法論自
然主義（methodological naturalism），二是形而上的自然主義（metaphysical
naturalism）。方法論自然主義認爲，如同科學領域一樣，哲學以及社會科學領
域也必須採用實證的方法，這才是唯一合適的哲學探索方式[1]。這種科學精神
中還有不言而喻的是，哲學探索當然也必須是數學-邏輯上融貫自洽的。這其
實也就是蘇格拉底追隨論證的眞精神。這種哲學方法論，爭議不大，尤其在
分析哲學領域，可以說是共識。有意思的是，柏亭格構造了反自然主義論證
後，曾說自己的知識論框架就是自然主義的，就是指自己從方法論自然主義
出發，得到了反形而上自然主義的結論[2]。

這裡討論的是形而上的自然主義。這個領域也是眾說紛紜。但這不等於
說它是不可描述的。一群人若彼此雖千差萬別，卻稱爲兄弟，儘管時有鬩牆，
那就一定有他們的共同之處。這也許就是維特根斯坦所說的家族類似。同樣，
不同版本的自然主義也有共同點。Michael Rea 運用拉卡托斯的理論，將自然
主義定位爲一種研究綱領，是個很有啓發的理解[3]。在這個自然主義的研究綱
領裏，有一些核心的理念，是不會輕易變動，並且自然主義各個流派都支援

1 Michael Rea, *World Without Design*（New York: Oxford University Press, 2002），p.64.
2 Alvin Plantinga, *Warrant and Proper Function*, Oxford University Press, 1993, p.237.
3 Ibid, p.7.

的。另有一些理念，處在外部的，邊緣的位置，這些理念是容易變動的，各個流派的態度也許各不相同。

　　從研究綱領的角度來看，形而上的自然主義的核心理念有兩個，第一是否認獨立的精神實在的立場。各種自然主義都不承認有獨立於物質的純精神的存在，萬事萬物都是物質在自然規律中運動的結果。第二點，科學主義的立場。Michael Rea 的表述稍有不同，但基本上也是認同這是自然主義的兩個基本內容[4]。自然主義和有神信念辯論中，所捲入的主要就是這兩個理念。事實上，關於自然主義的許多討論是集中在他們否認精神實在的觀點。第二個理念，科學主義立場，主旨認為科學才是知識體系中唯一可靠的內容，無需其他信念或理論。這其中捲入討論的主要集中在生命的來龍去脈，焦點是對生命現象的解釋。自然主義的選項是沒有指引的進化論，認為物種是從低級進化到高級，其中過程是物競天擇，適者生存，純粹是物質世界的事情，沒有什麼外來的非物質因素的干預，特別是沒有一個上帝創造並掌管世界的進程。

　　自然主義對宗教的批判有個漫長的演變過程。在啓蒙以來很長的時間裏，對宗教，尤其是對教會的批判，儘管激烈，總的說，用完全不同於猶太－基督教的另一種世界觀來理解宗教，這是不可想像的。知識界認為《聖經》、教會、神學等有許多荒謬之處，但不至於認為信仰整個就是假的，不至於認為根本就沒有上帝這麼個東西。用完全非猶太－基督教的世界觀來解釋宗教，費爾巴哈也許是最早的嘗試。在他的解釋裏，上帝即是人自己。宗教是人內在本質的外在投射和對象化。人在林林總總的恐懼和危險之中，就渴望自己大能大力所向披靡，這種渴望的對象化就變成了全知全能的上帝；人人都怕死，就有了靈魂不死和復活的教義。所有基督教的教義都可以依次類推得到解釋[5]。理解宗教，就是理解人自己。費爾巴哈有一句話，"神學就是人類學"，可以很好說明他的理論。費爾巴哈的著作甫一出版，就立得大名。馬克思和恩格斯後來的宗教批判明顯是費氏的影響，而斯特勞斯（David Strauss）頌贊費氏著作為"我們時代的真理"。他後來依照此理論寫出了《耶穌傳》，完全以自然主義觀點來解讀《聖經》，把耶穌還原為一個人。這部書也使作者立竿見影地功成名就。

4　Ibid, pp.22-23.
5　Ludwig Feuerbach, The Essence of Christianity, translated by George Eliot（Prometheus Books, 1989）.

　　達爾文進化論以後，出現了一種進步的觀念。這是一種完全不同於猶太－基督教的世界觀，自然主義藉此實現了一種純粹自然主義對宗教的解釋。大致而言，宗教被解釋爲蒙昧時期的人類的迷信，或病態，或被壓抑心靈的外在投射。這些錯誤的觀念或純爲想像，或是人類幼稚時期對世界的幼稚理解，又或者是由於認知機構出了問題。比如被壓迫階級苦不堪言，要尋找精神鴉片，有需求就有供應，於是就有些人製造了鴉片。沒有疑問，亞伯拉罕的後裔是最大的鴉片販子，他們製造了三大有神信仰，還製造了形形色色的各種主義，包括悖逆祖先的學說，比如鴉片說。這眞是不幸，鴉片說的作者居然也是亞伯拉罕的後裔。又比如，這錯誤是源於兒童時期被壓抑的欲望奪路而出找不到溫暖的懷抱，只好在腦子裏構造一個對象來滿足欲望。而那些有戀父或戀母情結的可憐蟲，就在聖父或者聖母的形象中找到了寄託。這些都是由於認知官能出現問題所致，一個健全的心智不需要鴉片也無需幻想。由此，近現代文藝中，宗教徒的形象往往是很猥瑣的，再加上尼采和羅素等人的生花妙筆和滔滔雄辯，宗教徒就變成了未經啓蒙的愚夫愚婦：無知，自私，陰暗，心懷鬼胎，頑固不化等等。

　　啓蒙人士如佛洛伊德等人對宗教的解釋，雖然影響很大，畢竟還是停留在理論假說與推斷。20世紀神經科學的興起，使得自然主義對宗教的解釋有了新進展。自然主義的理念，借助神經科學，信念都被還原爲腦細胞的運動，而這又還原爲原子粒子和能量的相互作用。人的心靈活動都被認爲可以還原爲神經科學的描述，而思想，則是頭顱裏錯綜複雜的一團紅灰相雜，血水相混，半軟半硬，粘粘糊糊，重約三四磅的一團原子分子，在物理的，化學的，生物的等等科學規則下，分解，組合，碰撞，摩擦，放電，吸電等等的作用下產生的火花。這種純粹從物質的角度來理解心智活動，一般稱爲物理主義（Physicalism，也有稱之爲 Materialism，物質主義）。在心智哲學中，物理主義有很大影響。不僅如此，腦細胞運動有健康的也有不健康的。健康的頭腦，就不會有宗教信念。而宗教信念乃產生於腦組織某個區域的某種病變或損傷。一個有名的案例，常被自然主義者引用。這案例中的一個人原本正常，且生龍活虎，熱愛戶外運動。後來在一次到沙漠地帶的探險旅行中出了事故，腦部受了損傷。從此以後，他的宗教情感異常豐富。只要看見大海潮起潮落，日頭起來日頭落下，等等，幾乎每一樣大自然的現象，都能引起他的宗教情感，相信自己看見了上帝奇妙的作爲，以至總是感動得熱淚盈眶。他們用各樣儀器檢查他的大腦，認爲某個區域有損傷，而這損傷即是引起宗教情感的原因。神經科學對神學也產生影響。有些神學—哲學家相信，靈魂是物質的，並從此角度來重新闡釋傳統的教義如靈魂不死，身體復活等。這就是近年來神學和哲學界頗爲矚目的關於人的靈魂的構成說（Constitution View）。參與其中的哲學家，不乏委身教會的信徒，如郭凱文（Kevin Corcoran）[6]等人。

　　神經科學對宗教的解釋，試圖建立在科學的可驗證的經驗基礎上。這種趨勢從者甚眾。他們要解釋的不僅宗教信仰，也以類似方式解釋如同性戀等現象。同性戀以往都認爲是後天自由意志的選擇，神經科學的解釋則認爲這是先天的腦部結構決定的，那些同性戀者的行爲源於他們的腦部結構非同一般，這不是他們的自由意志所能決定的。神經科學的解釋有些走得更遠，甚至宣稱犯罪也是基因和腦結構決定的。所以，犯罪不是犯人自己的問題，而是他命中註定不幸，他有這個腦子就身不由己地要作壞事。這在法律和倫理上都引起了爭議。一個由不得自己決定的犯人，判他刑罰是否冤枉了他？他是否無辜？更可怕的是，如果提取基因樣本就可以知道誰將成爲罪犯，難道不可以檢測新生兒甚至母腹中胎兒的基因，從而扼殺罪惡於嬰孩時期？這樣不就世上人人皆良民，不就可以建成和諧社會嗎？但是，再進一步想想，這和第三帝國的人種優劣理論有何區別？如果基因決定論是對的，爲何帝國元首就錯了？他難道不是基因決定論和神經科學的先知和先驅嗎？

　　然而，神經科學所涉及的許多內容，到底是科學還是僞科學，這本身大有爭議，神經科學的哲學當然更難有定論。這裏不討論這些龐大主題，只關注自然主義，作爲一種取代有神信念的世界觀，即前面所述的兩個基本要點，它是如何解釋宗教的，這種解釋又是否合理。自然主義在近現代對有神信念進行了全面的批判。簡而言之，自然主義認爲世界是科學知識所描述的那樣，宗教或其他怪力亂神所描述的都是虛假的錯誤的。而宗教信仰產生的原因，不外乎是愚昧、軟弱和精神的不健全。羅素等人相信，科學之光可以照亮黑暗，宗教最終要消亡。這種科學勝利的聲音如此強大，幾乎主宰了二十世紀的思想。它甚至改變了一些神學家的信仰，於是出現了一些不相信上帝的神學——哲學家。比如，出名的神學家 Bultman 有一段廣爲流傳的話："在這時代，一個人不可能一邊使用電燈和無線電，以及現代醫療和外科新發明，一

6　Kevin Corcoran, *Rethinking Human Nature*（Grand Rapids: Baker Academic, 2006）.

邊又相信新約中神靈和神跡的世界。"[7]這些神學—哲學家又要繼續保住飯碗，或出於顧忌自己的名聲地位，於是創造了一種沒有上帝的神學。準確地說，他們拋棄了亞伯拉罕的上帝，創造了自己的上帝。比如，這個上帝或者是個無所指的空名，或者是那個遙不可及的終極實在，又或者，是那個玄之又玄的道，但決不會是那個會玩水變酒魔法的木匠耶穌。這種神學或許就是某些人津津樂道的隱微術：它繼續使用教會傳統的話語向下面的愚夫愚婦宣講宗教，背後的意思卻完全相反，這相反的意思只有那些業經啓蒙的銳利心智方能領悟並報以心領神會的一笑。柏亭格對這些不信上帝的神學家作了有趣的描述，我抄錄幾句，奇文共享：

> 一個不信上帝的神學家，就像一個不清楚是否存在山嶺的登山家，或一個不知有水管的管道工：雖令人嘖嘖稱奇，但豈非咄咄怪事！[8]

> 這甚至不是把洗澡水和孩子一起倒掉的問題；不如說，這是保留洗澡水卻把孩子扔掉，而保留下的，說好了也不過是溫吞無趣，不冷不熱的剩水，說差了就是讓人噁心的髒水，人既不能用，畜生也要避開。另外，這種世俗主義的老調重彈，掩蓋在"重新構造"基督教的名義之下，慫恿了欺詐和僞善；它造出了一種私人密碼，使你說出的話，跟持有基督教信念的人並無二致，但意思卻完全不同。你用這把戲，表面上同意了後者的觀點，而實際上卻完全拒斥他們的信念。你因此可以屈尊俯就教堂裏的信眾（他們還未達到你的啓蒙水平），而不必付出無故驚擾別人的代價。事實上，這種前恭後倨說到最好也是迷惑和欺騙，只能增加誤解，欺詐和僞善。倒不如跟從羅素，艾耶爾，丹尼特，道金斯，甚至奧哈爾，坦言上帝不存在，直說基督教大謬而特謬，這難道不是誠實得多？[9]

自然主義和進化論結合，成爲一個可以和有神信念競爭的體系：它能回答我們是誰，從哪里來，要到哪里去。千百年來，有神信念（基督教）是主要的有系統地解答這些問題的學說。在基督教的圖景裏，上帝創造了世界和

---

7 Rudolf Bultman, *Kerygma and Myth*（New York: Harper and Row, 1961）, p.5.

8 Alvin Plantinga, Alvin, *Warranted Christian Belief*（Oxford University Press, 2000）, p.42. 中文譯本名爲《基督教信念的知識地位》，刑滔滔等譯，北京大學出版社，2004。

9 Ibid, p.46.

人類，但人類自己墮落了，上帝就開始了拯救的工作，並最終要藉基督的再臨完成他的計劃。由此人來到世上是有目的有價值的，是上帝在世上工作的代理人，去愛上帝和愛鄰人，並愛上帝所創造的世界，就是人的使命。

與此相對，自然主義提供的是另一種圖景。簡而言之，在一種偶然情況下，自然規律起作用，故事的火車頭啓動了，世界開始了（據說是個大爆炸），從此開始了億萬年的生命演化過程。經過若干億萬年的過程，又是出於偶然，帶著能量的若干原子和分子，在運動中誤打誤撞，從無機分子變成了有機分子。又經過若干億萬年，又是一番誤打誤撞，有機分子變成了簡單生命（據說是水裏的一個細菌）。又是不知多少年，這個細菌變成了植物。然後是動物。然後是從沒有骨頭到有骨頭，從沒心沒肺到有心有肺，從冷血到溫血，從海洋到空中，從空中到陸地。終於，有只四腳走路的猴子誕生了。不知哪一天，猴子發現走路用兩隻腳就夠了，其他兩隻腳就變成了手。他的尾巴也神乎其神地消失得無影無蹤。更加神奇不可思議的事情還很多很多，他如何學會說話，如何發現了火，甚至發明文字。不管如何不可思議，總之後來他變得羞羞答答，他穿起了衣服。

在這磕磕碰碰跌跌撞撞的進程中，適者生存的進化規律是其中在操縱的看不見的手。很多物種由於不適應自然演化的過程而滅絕了，比如那些充滿悲劇色彩的恐龍（我曾帶小孩去看恐龍化石，站在那巨物之下仰視，我想起王靜安所說的壯美）。某個猴子家族很幸運，居然打敗恐龍，並搖身一變，穿起了褲子，成爲人類，在這進化的大競技場勝出，成爲最高等的動物。其他猴子家族沒有這麼幸運，他們的身體不夠強壯，腦容量不夠大，沒能跟上進化的步伐，就至今依然是自己的近親某些南蠻粵人的盤中佳餚。進化的江湖沒有盡頭，生命奔忙在那無盡的馬拉松之路。一隻帶著蝌蚪尾巴的的生命如果游泳不夠快，就不能搶先到達河床底，那裏有個美麗的蛋在等待那個幸運的競技冠軍來擁抱她。一個人一個家族不進化會被同伴超過以至家族中落直至斷了香火；一個民族不進化會被其他民族滅掉。萬物芻狗，弱肉強食。誠然，物競天擇，適者生存乃頭等大事。

另一個重要的方面，在這幅白然主義的圖景中，沒有獨立的永恆的價值，比如上帝所賦予的使命。價值只是人類心智構造出來的。一個人認爲那樣事物對自己的生存進化有利，對此人而言，那樣事物就有價值。根據 Richard Dawkins 的說法，每個物種都帶著自私的基因，這基因所關心的只是自己的生存進化。當然，像人類這樣的社會動物，有很多事物是大家都承認的價值。但這些價值同樣不是獨立的永恆的，只是人們之間的共識和契約，而且這些價值歸根到底還是自私的基因在起作用。比如，很多公德之事我都不想遵守，只是意識到沒有這些公德，不僅給別人，也會給自己帶來很多麻煩。因此，儘管不樂意，我也不得不遵守公德。

這就是形而上自然主義的圖景：生命來自茫茫太空中的偶然事件，現在則依然處在生存競爭的進化之路上。不盡之路，不歸之路。生存下來純屬偶然，往後是否會滅絕尚爲未知。純粹物質能量的作用，沒有精神，沒有靈魂，也沒有造物主。一言以蔽之，沒有價值和意義，特別是沒有基督教所說的那種上帝所賦予的不變的價值。自然主義的圖景是合理的嗎？它能夠套用有神信念的"如果眞，則有保證"的模式來爲自己辯護嗎？

（二）自然主義的下降

前面已經介紹了自然主義是什麼，現在要來看看是否這樣：如果自然主義是眞的，則它是合理的，有辯護或有保證的。柏亭格的答案是否定的。在1991 年開始他對自然主義的征討。在 1993 年出版的"保證與恰當功能"（Warrant and Proper Function）一書中給出完整的針對自然主義的論證。在後來的著作中他又多次修正和回應各種批評。現在最多人討論的恐怕是他的廣爲人知的手稿"自然主義被打敗"。這個論證的主要論點是自然主義和進化論結合，將是自我挫敗的。這個論證被稱爲進化論的反自然主義論證（Evolutionary Argument Against Naturalism，簡稱 EAAN）。

圍繞柏亭格的論證，儘管近十幾年的討論涉及很多複雜的技術和演算，背後的思路卻很簡潔。這裏不打算詳細介紹技術和演算，只介紹其中的基本洞見。這裏有必要介紹一下挫敗因（defeater）這個概念。簡單說，S 原來有一個信念，但後來 S 有了一個新的信念，而這個新的信念使得 S 不能再相信原來的信念，這新的信念就是舊信念的一個挫敗因。比如，我開車經過一片如詩如畫的田園，看到兩邊有很多糧倉，我就相信這是個富庶之鄉。殊不知，後來我瞭解到，此地百姓食不果腹，父母官卻好名成癖，那些糧倉全爲裝點門面，裏面空空如也。我現在相信此地絕非樂土，一有機會，就要誓將去汝，適彼樂土。"這是個富庶之鄉"的信念被挫敗了。

　　柏亭格的目標就是要論證自然主義和進化論的結合是自我挫敗的。他的思路乃是這樣：自然主義和進化論結合起來，關注的只是適應環境和生存競爭，而不關心信念的眞假。這樣，就很有可能一個信念是假的，卻能幫助信念持有者適應環境並生存下來。這樣就有了，如果自然主義和進化論結合所描述的是眞的，則其中的信念很有可能是假的。既然信念爲假，就意味著產生這些信念的認知官能不可靠。而一旦認知官能不可靠，則一個人所有的信念都很可疑，包括“自然主義爲眞”這個信念也很可疑。這樣，自然主義和進化論的結合就有一個挫敗因，而這個挫敗因是終極的，無法被挫敗的。因此自然主義和進化論結合所描述的圖景是不合理，沒有辯護或沒有保證。顯然，自然主義和進化論就不能套用有神信念的“如果眞，則有保證”模式來爲自己辯護。

　　在自然主義和進化論前提下，其中認知官能很有可能不可靠，這種疑慮並非柏亭格提出的。達爾文自己就表達了這種疑慮：

　　　　這裏總有個可怕的疑慮，就是人心裏的信念，既然是從低等一些的動物發展而來，是否有價值，或是否眞的可靠。如果猴子的心靈裏有信念，人們可以相信這樣的一個心靈裏的信念嗎？[10]

　　這個達爾文的疑惑，並非獨有。現在自然主義者大都承認，生存進化和眞信念沒有聯繫。Patricia Churchland 有一段出名的話，表達了和達爾文同樣的疑慮。

　　　　講到底，一個神經系統能使有機體成功實現四樣 F：吃喝拉撒，躲避天敵，鬥毆打架和生養眾多（Feeding, Fleeting, Fighting and reproducing）。神經系統要打理的事就是讓身體各部分各就各位，使有機體生存進化。。。知覺運動的改進，能帶來進化的好處。稀奇誇張的表現樣式，只要能和有機體生命的規律相合，能促進有機體的生存進化，就是有好處的。至於何爲眞，無疑這是最不打緊的事。[11]

　　Patricia 和丈夫 Paul 都是哲學家。她成長在加拿大，大概是有些英國紳士的教化薰陶，所以上面的四個 F 的第四個，她沒有寫出來，而是用了 Reproducing 這個詞代替。那些未得英王風化的沒教養的人是用哪個帶有 F 的詞說那男歡

10　Alvin Plantinga, *Warrant and Proper Function* (Oxford University Press, 1993）, p.219.
11　Patricia Churchland, "Epistemology in the Age of Neuroscience." *Journal of Philosophy*, Vol. 84, Oct 1987.

女愛造小孩的事，蜜蜂知道，鳥兒知道，當然也人人知道，除非你目不識丁尚未進化。Patricia 他們一班紳士淑女，自然是不好意思說出口。是的，世界和生命的進程沒有什麼抽象崇高的目的和意義，只是為了這四樣 F，權且稱這為 4F 信仰。有一些先鋒人士，看來是這種 4F 信仰的信徒，他們喜歡這樣一首歌，"鳥兒作這事，蜜蜂作這事，讓我們也來乾脆利落作這事"（Birds do it, bees do it, let's just do it）。生命不僅沒有什麼意義，也無關信念真假。走到今日這田地，很可能是夢幻一場。既然如此，來吧，人類，都來作 4F 信徒，寬衣解帶，學那動物的樣式，胡天胡帝，至死方休。

這種疑慮的關鍵在於，由於自然主義和進化論只關心適應環境，就有可能人的認知官能只著眼於適應環境，而不管信念真假。也就是說，人的認知官能有可能是有問題的，比如總讓人產生幻覺或假的信念，但卻能適應環境。而一旦認知官能有問題，則它產生的所有信念都很有可能有問題。這種可能性有多高？柏亭格用了概率論來計算，結論是要麼概率很高，要麼不可測定，總之足可挫敗自然主義和進化論自身。

這個概率表達為（P（R/N&E），即在 N&E 條件下，認知官能可靠性的概率。其中 R 表示認知官能是可靠的，在相應的環境下產生大部分為真的信念。N 表示形而上學的自然主義，也常簡略為自然主義，即前面一節介紹的觀點。E 表示我們的認知官能是由進化論所聲稱的那樣一個遺傳變異和自然選擇的機制得來的。

柏亭格在反駁自然主義時，提出的是這樣一個問題：在自然主義否認有一個上帝的前提下，以遺傳變異和自然選擇為生命演化的機制，這樣演化來的認知官能是可靠的嗎？即 P（R/N&E）有多高？在這個結合裏，自然選擇不關心信念真假，只考慮行為是否適應環境，能適應環境就能生存發展，反之則要滅絕。柏亭格考察五種不同的信念和行為關係的可能性，並論證在每一種情況下，此概率都偏低或者不可測定。這五種可能性是窮竭的，沒有其他的可能。因此，總的說，自然主義和進化論的結合的圖景中，認知官能不可靠或至多是不可測定。這五種信念和行為的可能關係是：

（1）信念和行為沒有關係。

（2）信念不是行為的原因，相反，信念是行為的結果。

（3）信念對行為有因果的效驗，但並非內容的，即只是句法的，而非語義的。

（4）信念對行為有因果的效驗，這效驗不僅是句法的，也是語義的，但卻是非適應性的。

（5）信念對行為有因果的效驗，而且是適應性的。

這五種可能性，第一、二和四都很容易看出 P（R/N&E） 偏低或不可測定。第三種情況，如柏亭格所說，不過是些裝模作樣的行話，其實也很容易明白。所謂句法和語義，按照他的簡單例子，比如某個高人貴客朗誦一首詩，聲如洪鐘，如獅子吼，如海潮音，把玻璃震破了。玻璃破了，這和句法有關，讀句子的聲音大。但這首詩內容其實纏綿悱惻，這是語義，這種溫柔和玻璃破了當然無關。但是，信念真假恰好與內容相關，也只有內容才引起行為。林黛玉偷偷摸摸躲躲閃閃讀西廂記，讀到心旌搖動，兩頰緋紅，身子發軟，不是因為那句子的音量分貝，而是其中內容，用行話說，是那語義。但這第三種情況下，這內容和行為沒有關係，P（R/N&E）也就不會高。

第五種情況比較複雜。這是日常心理學的觀點，認為信念能夠引起並解釋行為。柏亭格認為在這種情況下，引起行為的不僅是信念，還有其他因素，如欲望。為簡便起見，姑且假定引起行為的只是信念－欲望組合。這樣，對於一個適應性的行為來說，有許多信念－欲望的組合都是可能的。其中很可能就是，在某個欲望下，那個信念是假的。柏亭格為此編了個有趣的故事[12]。大意是說，有個原始人保羅，他不想活了，渴望被吃掉。但同時他有個錯誤的信念，認為老虎出現就是個賽跑的信號，因此每次見到老虎他就狂跑一氣，結果是他的行為適應了環境，他就每次都得以虎口逃生，存活下來並生兒育女。行為是適應環境的，信念卻是假的，這說明認知官能不可靠。也即是 P（R/N&E）偏低或者無法測定。

綜合五種情況，P（R/N&E）要麼偏低，要麼是無法測定。也即是在在自然主義和進化論的前提下，人的認知官能是不可靠的。這就建立了一個前提，且稱之為概率論題。而一旦認知官能不可靠，則這官能所產生的所有信念都不可靠，即所有信念都有個無法回避的挫敗因。這是另一前提，且稱為挫敗論題。由此就當然推出自然主義信念自身也不可靠。這就是柏亭格所說的自然主義的自我挫敗。這個論證，可以概述如下：

（1）自然主義和進化論結合，所描述的自然演化而來的認知官能可靠性的概率，P（R/N&E），要麼偏低要麼無法測定。（概率論題）

12　Alvin Plantinga, *Warrant and Proper Function* (Oxford University Press, 1993), p.225.

（2）如果認知官能不可靠，即 P（R/N&E）偏低或不可測定，那麼所產生的信念也不可靠，即所有信念都有個挫敗因。（挫敗論題）

（3）所以，自然主義的信念自身也不可靠，也有個挫敗因。

這樣，自然主義和進化論的結合就走進了死胡同。但是柏亭格沒有停留在這裏。他進一步提出了一個頗讓人意外的出路，那就是有神信念和進化論的結合。他力證兩者的結合既不會和有神信念有矛盾，又可以在進化論框架下解釋生命演變的現象。

眾多的對 EAAN 的反駁，主要都是圍繞兩個前提，要麼質疑概率論題，要麼質疑挫敗論題。Ernest Sosa 就提出了對概率論題的質疑。他認為，人的認知官能如果不可靠，很可能是無法生存下來的。根據普特南（Hilary Putnam）和戴維森（Donald Davidson）他們的一種針對懷疑論的先驗論證，人能夠獲得有內容的信念，本身就要求有內住的眞（Built-in Truth），即這認知官能必須是可靠的[13]。很多人的質疑都在這個思路上，即，一個錯誤的信念總是產生適應性的行為，這有多大可能？具體到柏亭格的保羅和老虎的故事，他要先設定保羅的欲望是非適應的，然後再加一個假信念來引出行為。反駁的人認為，如果欲望是非適應的，行為適應環境就不太可能。象上面所講的故事，保羅不想活了，他被吃掉就很容易。只要他有一次信念是對的，明白了老虎是吃人的而不是賽跑信號，他馬上就會自投虎口。在欲望是適應的情況下，EAAN 是否也能說明假信念產生適應的行為？

這恐怕是對 EAAN 的一個誤解。其實在這個論證裏，欲望是否為適應的都無關要緊。這論證要的只是，在這種常識心理學解釋下，也很有可能行為是適應的，信念卻是假的。但引發行為的，並非只有信念，還有欲望，所以要考慮信念—欲望組合。在這裏，欲望不管是否為適應的，在一定的信念—欲望組合裏，都有可能引起適應的行為，而其中的信念是假的。拿保羅的例子來說，設定他有個錯誤信念，如老虎是賽跑信號。當他看見老虎時，他會如何？如果他有個非適應的欲望，比如想被吃掉，他還是可以跑掉，因為他要賽跑。如果他的欲望是適應的，比如他熱愛生活，他更可以跑掉，不僅為了賽跑，也許還由於對生活的熱愛而盡情歡跑。因此，給定的適應性行為，是很有可能其中信念是假的，不管其中欲望是什麼。柏亭格對此有清楚認識，並作了更玄遠的思考：

---

13 Deane-Peter Baker, ed., *Alvin Plantinga*（Cambridge University Press, 2007）, p.103.

很明顯，對於給定的行爲，有無數的信念—欲望系統都能同樣
滿足，而其中的信念大部分是假的。即使把欲望也設定下來，還是
有無數的信念系統可以產生給定的行爲：假設保羅不想被吃掉，但
是（a）他認爲避免被吃的最好辦法是向老虎迎面跑去；（b）同時他
又錯誤地相信，當他跑向老虎時，他其實是在遠離老虎。（1993，p226）

　　這個 X Plus 版本的保羅和老虎的故事，就設定了欲望是適應的，他不想
被吃掉。但他卻同時有兩個信念，一相信跑去親近老虎能避免被吃掉，反言
之，遠離老虎更可能被吃掉；二相信跑向老虎時即是遠離老虎，反言之，相
信遠離老虎就能親近老虎。這樣的信念—欲望組合，就可以出現適應的欲望
下，假的信念產生適應性行爲：看見老虎就狂跑一氣，離得遠遠。

　　對這樣曲折拐彎的玄遠之思有何可言？當然會有人說這是胡思亂想。事
實上，很多哲學思想實驗就是胡思亂想，比如柏拉圖的洞穴囚徒，這也許是
最多人討論的胡思亂想了。嚴肅一些的反駁可能如 Quine 那樣，認爲這是不可
接受的可能世界。但不接受可能世界的哲學信條，似乎只是一些哲學家的個
人偏好，至今沒有什麼強有力的論證，由此也不能有說服力。

　　對概率論題的質疑，是個普遍的自然主義直觀，即認爲認知官能若是
按適者生存的自然選擇而來的，其中的欲望就是建設性的，而信念也是眞
的。優勝劣汰，留下來的總是好的眞的。即適應性行爲與信念的眞有內在
聯繫。雖然，如 William Ramsey 那樣，他們承認信念的眞和適應性行爲並
不是可還原的關係[14]。從 EAAN 的角度看，首先，這論證並不是要否認這
種可能性，而是要力辯其中信念爲假也大有可能。這思路是一個很強的直
觀。如果不考慮保羅那樣遙遠的例子，日常生活中就容易出現這種情形。
比如，一個不知自己病情的病人，相信自己身體很好，儘管他已病入膏肓。
又這種疾病的醫治和精神狀況大有干係。但他繼續是個樂天派，由此他許
多行爲就是適應性的，並使病情得到緩解。這個病人的信念是錯的，但行
爲是適應性的。這樣的例子不難找。其次，EAAN 也並不是要否認眼前認
知官能是可靠的，而是質疑自然主義前提下，能否解釋這種可靠性。即，
如果承認眼前認知官能是可靠的，則自然主義和進化論結合所作的解釋就
是大有疑問的。

14　William Ramsey, "Naturalism Defended", in James Beilby, ed., *Naturalism Defeated?*
　（Cornell University Press, 2002）, p.18.

　　所以，即使對概率論題的反駁有其合理之處，也不足取消 EAAN 的結論。充其量，在這第五種情況下，認知官能是否可靠是不可測定的。結合其他四種情況，P（R/N &E） 還是偏低或者不可測定。也即是，如果自然主義和進化論的結合所描述的圖景是真的，其中的認知官能就大有可能不可靠或者可靠性不可測定。這已足以讓自然主義在有神信念面前敗陣，因為有神信念完全沒有這個問題。

　　另一些對 EAAN 的反駁針對的是挫敗論題，其中值得一提的是 Jerry Fodor 對此論證的回應。他宣告自己的科學主義信念，認為科學知識描述的世界大致是真的，比如地球很古老，蒸汽是水分子運動，等。但他沒有提到形而上學的基礎，沒有談到物質主義立場。他著重說明，柏亭格的論證是個謬誤。他說，適者生存的自然選擇確實不保證其中的認知官能是可靠的，但這並不能推出自然選擇而來的認知官能產生的信念大部分為假。"達爾文主義並不意味我們大部分信念是真的"不可以推出"所以很有可能我們大部分信念是假的"。他認為這正是柏亭格的錯誤。Fodor 也承認，反過來推理也是錯的。即不能從"達爾文主義並不意味我們大部分信念是假的"推出"所以很有可能我們大部分信念是真的"。他的結論是，"對於我們信念是否為真，進化論是中立的。"[15]對柏亭格的論證來說，這個回應沒有構成太大的壓力。因為，即使柏亭格有 Fodor 所說那樣的推理謬誤，並要放棄之，他還是可以堅持，在自然主義前提下，有很大可能其中認知官能不可靠，因為有大量的例子可以說明適應性行為下其中信念是假的。而這已經足夠他去構造反自然主義的論證。但柏亭格並不承認這種推理謬誤的指責，他說 Fodor 所講的那種推理，他自小學六年級起就沒有用過。

　　另一種對挫敗論題的質疑來自 William Alston，Ernest Sosa，Graham Oppy 等人，他們從挫敗因角度對 EAAN 提出批評。總的說，這種批評所質疑的是，P（R/N&E）的多少和自然主義信念之間有無關聯，如有關聯，這關聯有多大。也即是，P（R/N&E）偏低或不可測定，到底能否對自然主義構成一個挫敗因。Ernest Sosa 認為，自然主義一旦和進化論結盟，它的惟一選擇就是信任自己的認知官能，相信其為可靠，別無他途。如果否認這點，就是自我挫敗；如果把問題懸隔，不問認知官能可靠與否，則沒有理由持有自己的信念。因此，

15 Jerry Fodor, "Is Science Biologically Possible", in James Beilby, ed., *Naturalism Defeated?*（Cornell University Press, 2002）, p.40, p.42.

自然主義者對認知官能的確信立場是完全符合認知義務的，沒有任何過錯。[16]William Alston 等人也持此觀點，認為 P（R/N&E）偏低或不可測定，不能對自然主義構成一個挫敗因。自然主義者可以承認 P（R/N&E）偏低或不可測定，但還可以照樣相信進化機制得來的認知官能是可靠的，這既符合恰當功能的要求，也無悖認知義務。還有許多類似例子可以說明這點。最普通的例子是他心的問題。保羅由於讀了休謨而有一個信念，認為他心為真的概率偏低或者無法確定。按照挫敗因的定義，這將導致他再無法合理地相信其他人也有心靈，這就是他心信念的一個挫敗因。但是，保羅還是相信父母師友是活生生的心靈，而不是機器。顯然，休謨式信念沒有對他心信念構成一個挫敗因。保羅擁有兩個信念，儘管這兩者不諧調一致。許多日常生活的信念也是如此，如果相信了休謨的論證，都不值得相信。但是人們還是相信太陽從東升起，水往低處流，人往高處走，等等。而且，這種繼續相信原來信念的立場，正好是符合恰當功能的要求的。

柏亭格對這種批評作了詳細回應。他承認，這個批評指出了他以前的疏漏之處。他提出了訂正的方案。這個新方案的要點是區分了兩種挫敗因：一為純粹關乎真的挫敗因，二是休謨反思式的挫敗因。這裏有必要回顧一下挫敗因的概念。挫敗因，根據 WCB 中的定義，就是

> S 的信念 D 是信念 B 的挫敗因，當且僅當 1）S 的信念結構 N（即 S 的各種信念和經驗及其中明顯的關係）在 t 包括 B，但在 S 又相信了 D，而且，2）對任何人，a）他的認知官能是相應有恰當功能的，b）他的信念結構為 N 並包括了 B，c）他在時間 t 相信了 D，並且沒有其他獨立於或強過 D 的信念，這時，他不會再相信 B（或者相信的程度減低了）。[17]

簡單說，一個人如果有一個新的信念，使其無法再合理地相信原來的信念，這個新的信念就構成了一個對原來信念的挫敗因。這種挫敗因柏亭格稱為簡單的挫敗因（defeater simpliciter），它的要旨在於，當一個信念有了個挫敗因時，恰當功能的認知官能對當事人提出要求，不能再相信原來的信念。前面提到的偽造穀倉的例子，就是這種挫敗因。然而，象樂觀病人和休謨的

---

16 Ernest Sosa, "Natural Theology and Natural Atheology" in *Alvin Plantinga*, Edited by Deane-Peter Baker（Cambridge University Press, 2007）.

17 Alvin Plantinga, *WCB*, p.362.

懷疑論的例子，表明這個定義是有問題的。再回來樂觀病人的例子。病人 S 熱愛生活，樂天達觀，相信自己將長命百歲，姑且稱此信念爲 B。但他其實身患絕症，而且他知道病情，也知道醫學上的數據顯示，像他這樣的病例能夠存活的機會微乎其微。他相信這些醫學數據都是真的，也相信自己機會無多。他這個信念 D 使他不能合理地繼續相信 B。但 S 卻相信自己就是那微乎其微的異數，他堅信自己能安然度過此劫。在這個例子中，S 的認知官能是處在恰當功能的，卻沒有對 S 提出放棄信念的要求，即 S 有個 D 但卻沒有挫敗 B。柏亭格爲此訂正了這個挫敗因的定義：

> S 的信念 D 是信念 B 的純粹的知識挫敗因，當且僅當 1）S 的信念結構 N（即 S 的各種信念和經驗及其中明顯的關係）在 t 包括 B，但在 S 又相信了 D，而且，2）對任何人，a）他的認知官能是相應有恰當功能的，b）在他的信念結構中，支配並維持 B 的設計規劃是成功地指向真理的而非其他（即最大地實現真理，最小地產生錯誤），c）他的信念結構爲 N 並包括了 B，d）他在時間 t 相信了 D，並且沒有其他獨立於或強過 D 的信念，這時，他不會再相信 B（或者相信的程度減低了）。[18]

柏亭格後來又稱之爲純粹關乎真的挫敗因。這個更加冗長的定義，對比原來的定義，增加了一個條件，就是產生信念的設計規劃必須以真理爲目的。這個定義下，樂觀的病人就有了一個挫敗因，因爲他的樂觀信念產生的過程，不是指向真理，而是因爲盲目樂觀或自我安慰和其他目的。

出現這種挫敗因有兩種情況。如上面保羅和他心問題的例子。一種情況下，保羅只是讀休謨時懷疑有他心，但當他看見父母師友時，他完全把休謨拋諸腦後，相信他們都有活生生的心靈。這時他沒有意識到，自己對休謨的認同構成了對自己的他心信念的反駁。這時他的挫敗因柏亭格稱爲純粹關乎真的，即這時產生信念的過程不是指向真理的，而是爲了其他原因，比如盲目相信親友，或者爲了順從日常生活的慣性，等等。第二種情況下，保羅不僅拿起休謨時懷疑他心，他看見父母師友時也反思，這些生物看上去和自己差不多，但是沒有多少理由確信他們有心靈。雖然如此，他還是相信父母師友。他相信休謨，相信這些日常信念都不可靠，但是，他同時自我解嘲說，"除了相信他們，我還能怎樣呢？"他明知道這個信念不是可靠的，但他還

18　Alvin Plantinga, *WCB*, p.363.

是選擇繼續相信它。這就是柏亭格所說的休謨式反思的挫敗因。無論如何，柏亭格認為兩種情況下保羅都有個挫敗因。[19]

這個更為精確的挫敗因概念，用在 EAAN 中，也有兩種情況。若自然主義者雖然知道進化的機制不關心信念真假，但沒有把這點和認知官能是否可靠聯繫起來，而是出於其他原因堅持原來的信念，比如，佛洛伊德說的是出於願望滿足。自然主義者這時有個自己並不知覺的挫敗因，即純粹關乎真的挫敗因。而若自然主義者是知曉這點，他明白自然主義和進化論前提下，認知官能是否可靠很成問題，但還是堅持相信它是可靠的，那麼這就是個休謨式反思的挫敗因。無論如何，這個挫敗因是實在有的。柏亭格的結論是，經過這樣的訂正，EAAN 依然有效。也即是，P（R/N&E）偏低或者不可確定，與自然主義信念是否可靠有密切相關，會對其構成一個挫敗因。[20]這個精確版本的挫敗因概念及其在 EAAN 的應用，可以從理智美德的角度來理解。近年學界很多人都關注美德知識論（Virtue Epistemology），其主旨就是倡導一些理智美德（Intellectual Virtues），如追求真理、勇於認錯、信念自洽、不盲從等等。上面所言的自然主義者的挫敗因，其實也是指出他們的信念不符合理智美德，或不是以真為目的，或是信念不自洽。

綜上所述，對概率論題和挫敗論題的反駁都不成立。鑒於自然主義已有的地位，這個論證引起很大反響是不出奇的。各種相關的文獻已汗牛充棟。柏亭格回應了各種批評，並做出結論說，儘管 EAAN 給批得體無完膚，卻無傷大雅（bloody but unscathed）。他堅持 EAAN 依然是個成功的論證。這些批評不會對 EAAN 構成太大壓力，在我看來，其原因有二。第一，EAAN 的直觀是不容否認的，即在自然主義和進化論前提下，人的認知機制是否可靠是成疑問的。這一點是自然主義者都承認的，而且是達爾文自己首先提出質疑的。因此，從概率多少的角度來批評 EAAN 是不會有太大功效的。其實，EAAN 只要有這種可能就足夠了，概率多少無關要緊。因為，相比之下，有神信念完全沒有這個潛在的問題。第二，P（R/N&E）偏低或不可測定，對自然主義構成的挫敗因也是不容否認的。針對 Alston 等人的反駁，柏亭格澄清細化了挫敗因的概念，說明了不管當事人自覺或不自覺，這種挫敗因是有的。如果他不自覺，這挫敗因就是關乎真的，也即是說，他的信念的處境中，設計規劃

19　James Beilby, ed., *Naturalism Defeated?*（Cornell University Press, 2002），p.209-211.
20　Ibid, p.211.

不再是以眞理爲目的，儘管他不知道這點。如果他是自覺的，則表明他同時擁有兩個不相容的信念，這樣他的信念就是不融貫一致的，也即是不合理的。[21]

所以，EAAN 其實是一個比較優勢的論證，說明的只是有神信念相比於自然主義沒有潛在的問題，沒有可能自我挫敗。有神信念是融貫一致的，因而是比較有優勢的一種信念體系，是一種更好的選擇。此章後面將論述反自然主義的論證的本質，這一點將會詳細說明。

（三）一個一般化的論證

前面談到了自然主義和進化論的結盟將導致自然主義的自我挫敗。現在可以來看看一個更普遍一點的問題。如果暫時放下進化論，只考察承認或不承認有神信念，這對一個人信念體系的知識地位有何影響。也即是要問，承認有神信念意味著有一些什麼樣的預設，而這些預設將導致什麼結果。這裏提供一個更一般的論證，即反自然主義的論證，表明有神信念和其他否定有一個上帝的信念相比，有比較的優勢。本節還要討論宋明理學等信念爲何無法得到保證。最後，本節要思考反自然主義的論證的本質是什麼，並指出反有神信念傳統，雖然歷史悠久，其理性地位卻有必要重新評估。

就一般的常識來說，承認有有神信念，就意味著相信一個由上帝掌管的世界是有目的，有秩序，有價值，有理性的，正如眾多有神論者所相信的那樣。反之，不承認有神信念，就會相信一個沒有上帝的自然主義的世界，這世界本身是無目的的，無價值的，無理性的，正如羅素，薩特和佛洛伊德等人所相信的。有人會不同意這樣的上帝，也不同意這樣的無上帝的世界，他們會有自己版本的上帝，並有相應的自己版本的無上帝的世界。休謨曾設想上帝是個拙劣的工匠，有相當多的哲學家則認爲上帝等同於自然。然而，我相信這裏所講的上帝是符合常識的，即在討論中的一般的觀念，即是三大有神論宗教所認定的那個亞伯拉罕、以撒和雅各的上帝。現在的問題是，這樣的預設會有什麼後果？

承認或不承認有神信念，對一個人信念的影響是直接的。承認有一個上帝創造並掌管世界進程，就可以肯定上帝設計的人的認知官能是不可能有系統的產生錯誤的信念，因爲上帝是善的是眞的，他就不可能讓這樣的事發生。如前所述，在一個自然主義的世界，如果接受進化論，則認知官能只對適應

21　James Beilby, ed., *Naturalism Defeated*?（Cornell University Press, 2002）, p.211.

環境感興趣，而不管信念真假。這樣就很有可能，一個可以適應環境的信念其實是假的。即使自然主義不和進化論結盟，它的問題還是存在。因為它不用進化論，就要用其他的理論來解釋世界和生命演化的機制，不管它的機制是什麼，總之不會是如上帝那樣是有理性，有目的，和有愛心的一個機制。

　　這使人想起古老的目的論論證，雖事易時移，其基本洞見卻依然有生命力。如 William Paley 所說，人看見一個精巧的鐘錶，雖不見鐘錶匠，也決不會說這鐘錶是憑空自己生長出來的[22]。同樣，世界是如此精巧，令人歎為觀止，沒有一個智慧的設計者是不可能的。以前人們就留意到生命的種種奇妙，如蜜蜂，螞蟻，三文魚等所具有的不可思議的秉賦。而最新的天文物理的進展則使人們提出了微調假說（fine-tuning）。萬有引力等自然規律的參數精妙非常，以至於稍有變化，所有生命就頃刻間灰飛煙滅。和目的論論證一樣，微調假說也認為如此精妙的參數不可能無緣無故出現，只能是一位智慧的設計者微調好的，就如一位高超的調音師，把各個按鈕都微調到最佳位置，就出現了最美妙的音符。而稍有變化，那個最美妙的音符就消失了。

　　這一切種種生命的奇妙，可能是誤打誤撞造成的嗎？或者，用進化論的術語，是基因變異引起生命的奇妙變化。但是，單純進化的機制是沒有目的的。單靠進化的基因變異出現奇妙的生命，這是可能的嗎？拿鐘錶的例子來說，一堆零件出於偶然，在大自然的各種力量左推右擋下，碰巧湊成了一個精巧的鐘錶，這機率有多大？當然，懷疑論或不可測定論的信徒總可以說，你不能否認有這種可能。但是，當人要求承認生命有可能來自誤打誤撞，他就更要承認自己的認知稟賦很有可能不可靠，因為生命的來源有那麼多不可靠的因素。就如鐘錶的例子，如果要承認風吹雨打的自然力有可能把各種零件湊在一起，就更要承認這樣得來的一隻鐘錶可靠的機率也微乎其微。而一旦認知稟賦不可靠，一個人的所有信念都變得很可疑，包括否認有上帝的這樣一個信念，也很有可能出於認知稟賦出了問題。

　　自然主義的一個爭辯是，大自然的演化並不是沒有規律的，並不是混亂的誤打誤撞的，而是都遵循確定的物理的、化學的、生物的或其他的科學定律。為了說明這個問題，還是回到鐘錶的例子。一堆鐘錶零件放在一個角落，確實會遵循科學定律而變化，如會氧化，會生銹，會脫落，只要假以時日，總有一天會歸為塵土。但大自然的規律不會讓這堆零件變為一個鐘錶，遑論

22　Kelly James Clark, *Return to Reason*（Grand Rapids: Eerdmans, 1990），p.24.

更加精妙的生命現象。如同把一堆零件變為一個鐘錶要有個人，把原子粒子的爛泥變為奇妙的生命，背後總有一個設計者，一個智慧的位格。而這個智慧設計並不需要違反科學定律，鐘錶匠造鐘錶還是符合力學原理的。這設計就是在純粹自然的演化背後增加了一些東西，就是一個目的，一個指引，而這背後就是一個獨立於物的精神。熱力學第二定律所說的熵的概念，在一般的思想界引起了很大關注，其說明的就是，自然的演化最終的方向都是趨於寂滅。水總是向下流，能量總是趨向最後的向下的平衡，最終歸於寂滅。但根據基督教的教義，在物之外，還有獨立於物的精神，而這是不遵循物質的向下的方向的，反而會讓世界和生命指向一個向上的方向。所以，沒有目的的演化很難有說服力，還要面對一個悲觀的前景。而如有一個精神的智慧設計者，則能有可信的解釋力，也不必有一個寂滅的未來。

這種思路質疑在自然主義預設下，人自己的思想是否可靠。這個思路並不是柏亭格首創的，路易斯（C S Lewis）就曾提出了一個類似的論證，說明自然主義無法為理性提供一個好的說明[23]。總的來說，自然主義（精確一些說，是那些否認有上帝的教義）面臨這樣的難題：一旦不承認世界有一個智慧的設計者，不承認世界是被創造的，而創造者是有智慧，有理性的，就要承認世界和生命的來龍去脈有太多的不確定，有太多的非理性因素，有太多的偶然。這樣，承認或不承認世界有一位智慧的設計者，這就成為一個分水嶺，它使兩種不同信念的知識地位很快分出高低。對有神信念來說，很容易就可以論證自己的信念是合理的。

（1）有一位上帝，是有智慧，有能力，有愛心的，他創造並掌管世界的進程。

（2）上帝以自己的形象創造了人類，並賜給他們可靠的認知官能。

（3）我的有神信念來自可靠的認知官能。

（4）我的有神信念是可靠的。

上面的論證只是個大致的思路。如果要細化，要增加一些前提。一，上帝的善的屬性包括保證人的認知官能以真信念為目的。二，可靠的信念來源產生的信念也可靠。總的說，這個思路沒有問題，其中可以質疑的主要是一個前提，有一個上帝。自然主義者也許會反駁說，這並沒有證明有上帝。當

---

23 C. S. Lewis, *Miracles: A Preliminary Study*（New York: The Macmillan Company, 1947）.

然沒有。但有神論者並不是要證明有上帝。柏亭格說，要去證明有上帝，這
超出了哲學的能力。然而，有神論者雖沒能證明有上帝，卻講清楚了自己的
信念是融貫一致的。反觀自然主義，它能爲自己的信念辯護嗎？它的情形不
太樂觀，因爲它必須面對下面的一個論證：

  （1）沒有一位上帝，並且世界和人類的起源和進展出於許多不確定
    的，非理性的因素。

  （2）人的認知官能既然來自諸多不可靠的因素，也就很有可能是不
    可靠的。

  （3）若認知官能不可靠，則所有的信念都很可能不可靠。

  （4）包括自然主義等否認有上帝的信念，也是很可疑的。

  這個論證和上面的論證一樣，如要細化也可以增加一些前提。一，上帝
是個理性的位格，而若只有一個非位格的自然，就沒有一個以眞信念爲目的
的機制。二，信念若來自不可靠的源頭，這信念本身也不可靠。這個論證不
再涉及進化論，由此自然主義者可以以其他的機制解釋世界和生命演進。但
不管這機制是什麼，既然沒有一個智慧的位格指引，就只能是盲目的、非理
性的，從而是不可靠的。這兩個論證，有一個共同點，就是把信念是否可靠，
和信念來源是否可靠相連，而這點正是許多人提出異議的地方。本書認爲，
這樣的一個信念和信念來源相連的觀念，是符合常識的，也是合理的。

  總的說，這兩個論證都是有效的。一旦接受了自然主義等信念的前提，
否認有一個上帝，自己的信念就無法有保證。自然主義由此陷入自我挫敗的
境地。這裏並不是說證明了自然主義是錯的，而是表明了，和有神信念相比，
它要遠爲不可靠。可以看到，自然主義的前提對自己很不利，而有神信念則
沒有這個問題。上面的論證不僅針對自然主義。任何否認有一個上帝的信念
體系都要面臨同樣的問題，都有可能自我挫敗。鑒於自然主義最能代表各種
否認有上帝的信念體系，我還是把這個論證稱爲反自然主義的論證。

  這個論證所說明的是這樣一個要點，即有神信念比之自然主義，沒有不
自洽的問題，因而是更可取的一種選擇。這裏可以借用經濟學的一個術語，
比較優勢，來說明這種情況。這裏所說比較優勢，是指兩種不相容的信念體
系，都無法得到自明的證明。但相對而言，其中一種沒有另一種的那些不自
洽的問題，因而有比較的優勢。這並非嚴格意義上的經濟學所說的比較優勢，
因而我只能說是借用這個術語。

本書前面介紹過帕斯卡的賭局。這賭局和反自然主義論證有相似之處，在兩種論證之中，選擇相信有上帝的一方，無疑就都為自己預設了一個最高的保護者。帕斯卡賭局中，如果選擇相信上帝，且真有上帝，則可逃離地獄之火，得往天堂。若無上帝，則也無所損失。相反，若果選擇不相信上帝，但卻真有上帝，則要失去最寶貴的天堂福樂，且要面對地獄審判。若沒有上帝，則頂多也就是享受此生。在帕斯卡賭局裏，結論是，選擇相信上帝，可以得到的是無窮的收穫，可能失去微不足道。而若選擇相信沒有上帝，結果就相反，可以失去的代價巨大無比，而可能的所得則微不足道。這樣，相信有上帝就比相信沒有上帝有比較優勢，是一種更可取的選擇。[24]這是個價值的比較優勢。

在反自然主義論證中，有類似的比較優勢，只不過，這裏是個知識的比較優勢。在這論證裏，人若相信有上帝，且這是真的，那麼上帝就會保證人的認知官能是可靠的，而由此官能產生的各種信念，包括有神信念，也就是可靠的。相反，若相信沒有上帝，且這是真的，那麼認知官能是否可靠就沒有保證，而由此產生的所有信念就很可疑，包括自然主義信念本身就很不可靠。相反的情況也很容易看明白。對自然主義者，如果有上帝，則後果嚴重，不但不知道最重要的真理，還要面對地獄審判。對有神論者，如果沒有上帝，在知識上他們並沒有比自然主義者多損失什麼，因為自然主義者在此情況下無法確證自己信念。但是，這種困境對有神論者是一樣的，因為沒有上帝的話，有神論者也同樣無法確保自己的認知官能是可靠的，因此，產生的各種信念，包括有神信念，都沒有保證。因此，如果沒有上帝，有神論者和自然主義者就在一條船上，面對同樣的風浪和深淵。綜上所述，在知識上，若有上帝，有神論者就通贏，而自然主義者則輸光；而若無上帝，則兩者都一無所得。顯然，在知識上選擇有神信念比之選擇自然主義要有明顯的比較優勢。

整個來看這個有神信念和自然主義的較量，自然主義的落敗是否似乎有些無辜？因為這種劣勢僅僅是源於自己的前提不如對手強大，具體而言，就是沒有承認一個善的位格的上帝，這就帶來自己的信念來源有可能沒有保障，從而連帶自然主義自身也有潛在的自我挫敗。怎麼來看這種劣勢？這真是一種劣勢嗎？這是否猶如兩座建築，兩者的工藝比不出高下，材料卻有優劣的區別？這兩座建築該如何評價？當然，智力和藝術而言的評價，兩者沒

---

24 Blaise Pascal, *Pensees* （Washington Square Press, 1965）, No. 233.

有高下。沒錯，就兩座具體的物體而言，材料好的自然勝過材料差的。但就建築藝術評價而言，這不是可以指責誰的。

再上升一層來看，如果兩個建築師當時有機會選擇材料，這會如何？有一方明明知道材料有優劣之分，卻還是選了差的材料，以至於建築低了一個檔次。這個時候，人們評價這座劣等建築，其實是指責建築師用了劣等材料。如果建築師不知道材料優劣，那人們指責的就是他的無知。回頭再看有神信念和自然主義的較量，也要分清楚兩個層次。如不論前提，單就兩個信念體系而言，同樣不能說孰優孰劣。但如果就選擇哪個信念而言，明知道一個信念前提有問題，還是堅持己見，就有知識的缺陷了。如果不明白前提有問題而作選擇，那就是無知。

還有些激進的自然主義者，從另一方面來拒斥 EAAN。如 Quine 等人，他們就不接受可能世界和模態的實在意義，而將其界定為人的想像。而如柏亭格所舉的原始人保羅的例子，有些自然主義者就認為這遙遠的可能世界，其實即是想像。20 世紀五六十年代起，可能世界的引入，極大豐富了哲學的主題。完全拒斥可能世界，就要放棄許多重要的哲學討論。這樣的哲學立場，不能說是一定錯了，但能夠走多遠，就恐怕大有疑問。即便這是想像，也是合理的，因預設了沒有一個上帝，就有可能出現這種"想像"的離奇故事：原始人保羅相信老虎不吃人卻能虎口逃生。如果預設了一個上帝，則不會有這離奇的"想像"故事，保羅相信老虎吃人乃順理成章，因上帝不是騙人的惡魔，他設計的認知官能是可靠的。

（四）指向真信念的機制

思想到達這裏，接下來自然要追問，到底是什麼因素導致有神信念優於那些否定有一個上帝的信念。這裏的關鍵是有神信念預設的一個部分，即這個作為創造者的上帝，同時還以愛來維繫和掌管世界進程，特別是會看顧人類，因為人類乃是按照上帝的形象所造，乃是所有被造物中最尊貴的。當然，這個上帝既然如同父親，他的愛就包含了公正，也即是對愛他的兒女也以愛回報，而對悖逆的兒女則要棍棒管教。這就是有神信念所說的上帝全善的屬性。在反自然主義的論證中，有神論者的認知官能從全善的上帝那裏得到保證，從而使自己的信念體系是可靠的。自然主義等信念恰好缺乏這個保證的機制。正是這個全善的屬性使得不論是帕斯卡的賭局還是反自然主義的論證，其中的有神論者都佔據有利位置，輕易擊敗對手。在帕斯卡賭局中，上帝的信徒憑信心得到天堂，因這是全善上帝的應許；同樣，在反自然主義的論證中，有神論者的認知官能從全善的上帝那裏得到保證，從而使自己的信念體系是可靠的。

從上面可以看到，即使不考慮進化論，單從一個否認有神信念的本體立場，就可以論證其有潛在的自我挫敗。我稱之為一般化的反自然主義論證。這個論證要點有二。一，重要的一點就是，以眞爲目的涉及了價值判斷。只有一個理性的位格的存在才有可能對此關心。很難想像純粹物質的沒有目的的力量會對眞有興趣。由於自然主義否定有獨立於物質的精神實在，關於世界和生命的進程，它就不可能有一個機制是以眞信念爲目的，也無法說明自己的認知官能是可靠的，從而產生的信念也是可靠的。二，有神信念的預設下沒有自我挫敗，乃是因爲有神信念（當然包括基督教）體系裏，上帝是一位理性的最高位格，上帝的全善屬性自然能夠作出以眞爲目的的價值選擇，這就是使有神信念信念有保證的機制。

這個有神信念預設下信念的保證機制，大致如此：一，上帝的意志，這使世界和生命的進程有個目的，這目的就是上帝的設計。這個設計，用基督教傳統觀念來表述，就是上帝創造和拯救的計劃。二，上帝的能力，能夠成就他的計劃，這就決定，這世界如此這般是在上帝能力掌控範圍的，而不是毫無來由的原子粒子亂碰亂撞造成的。三，上帝還有至高的善的屬性，這善的屬性一個重要方面，就是以眞信念爲目的。他既不會讓人類生活在夢幻之中，如莊子、笛卡爾和休謨等人所設想的那樣。上帝也不會以假亂眞，如前面介紹的柏亭格所講的原始人保羅的故事。把這故事稍作修改，可以有如下的暢想。假設這個原始人保羅拼命親近異性，日夜揮汗如雨，結果是讓一幫後宮生養眾多，物競天擇，適者生存。他其實並非要生存進化，他看到這些活潑可愛的小保羅和小保琳娜（Paulina），毫無欣喜之情。事實上，他得了憂鬱症，想要尋死，而他又同時有個假的信念，認爲親近異性能結束生命。雖然每次金風玉露之後他都還如生猛海鮮，求死不成，他不改變信仰，愈挫愈勇，屢戰屢敗，屢敗屢戰。他的信念是假的，卻可以幫助他成功生存進化。一個至高的善的屬性，不會允許這樣的事情發生。如果沒有這樣一個屬性，這些事情則在所難免。這樣的故事也許有些離奇，現實中假信念也許沒有這麼誇張，但假信念能夠以多種形式出現。這離奇故事說明的是，自然主義缺乏一個保證眞信念的機制，能有如此尷尬的結果。

　　這個機制，可以簡化為兩點，一是上帝是個位格（Person）的觀念；二，上帝的至高屬性，即至高的能力智慧和至高的善。而自然主義或其他反有神信念的立場，要獲得一個同樣的機制，根本不可能。它們要面對三個問題。首先，它們既然沒有一個有能力和智慧的主體，那到底是什麼使得世界和生命呈現如此精妙的樣式？其次，它們不承認世界的進程有目的，那如何能解釋世界為何如此而非他樣？再次，它們沒有一個機制，使得世界和生命進程指向真信念，那它們如何避免假信念？

　　自然主義者等可以爭辯，也確實有人這樣來爭辯，認為世界本身如此奇妙，就說明了自然本身就具備這個能力，原子粒子亂碰亂撞也可以有如此美妙的結果；而世界本身這個樣子也說明了這就是自然的目的，不需要其他說明。這雖有些勉強，也不能說是錯。這也就是，自然主義者可以回答上面提出的三個提問中的前面兩個。但是，第三點，對於以真信念為目的的提問，它是無論如何也無法解答的。即，即使自然本身可以有目的也有能力使世界變成這個樣式，這一切並不一定是指向真信念。生命的美妙和適合生存進化，很有可能其中並沒有真信念，這就是柏亭格的原始人保羅的思想實驗所質疑的。

　　自然主義如何面對這個問題？很難想像它會堅持自然能夠以真信念為目的。相反，自然主義者都承認生存進化確實和真信念沒有必然聯繫，正如達爾文自己就對此提出了疑問。也即，他們承認柏亭格的思想實驗是合理的。世事無絕對。同樣，這並不意味沒有其他聲音。最近真有人從此角度來為自然主義辯護。他們如達爾文一樣是自然主義者，但他們拋棄前輩的疑慮，轉向一個相反的立場，認為自然演化和適應性行為和真信念是連結一起的。這些文獻都引用了一些神經科學的進展，特別是要說明適應性行為和真信念的緊密關係。這種辯護有無力量？他們看來是沒有看清 EAAN 的本質。EAAN 不是針對進化論本身，也不是斷言適應性行為與真信念沒有關係，而是說，在自然主義預設下，進化論所言，如適應性行為，就沒有一個以真信念為方向的機制，因為它缺乏一個如上帝的善的屬性這樣的機制。柏亭格說有神信念與進化論結合反而是可行的，但他沒有點明這和至高的善的屬性的關係。即在有神信念預設下，進化論所言的適應性行為，可以看做是上帝設計的一部分，由於有一個至高的善的位格為保障，上帝不會是笛卡爾的惡魔，故意欺騙人，或讓人陷入夢境，生命進化就指向真信念，當然適應性行為就能夠與眞信念連結在一起。Fodor 所言是對的，進化論是中立的，自然演化和適應性行爲也是中立的，和信念眞假沒有必然聯繫。但它如果與自然主義結合，就大有可能其中結果是假信念，而與有神信念結合，就可以保證其中結果爲眞信念。所以，從神經科學找證據來說明適應性行爲與眞信念的聯繫，無法構成對反自然主義論證的反駁。即使這些證據說明了適應性行爲和眞信念的聯繫，它還是要回答使這種聯繫成爲可能的機制是什麼？是一個智慧的位格，還是那分子原子的亂碰亂撞？

設想眞有自然主義者堅持，自然能夠把眞信念也作爲目的，也就是，自然主義把上面的三個提問都給出肯定答復，這會有什麼結果？下面就順著三個提問的順序來看看。第一，自然既然有能力智慧，能使世界和生命如此這般，可以說這相當於具備上帝的能力智慧的屬性。其次，這自然能夠設定目的，這相當於說自然是有意志的，如同上帝那樣，是個位格（Person）。第三，再進一步，設定自然不僅能使生命指向生存進化，還指向眞信念，那麼這就相當於一個善的屬性。毫無疑問，這樣的一個自然，明顯就是一個位格的上帝。

前面已經提到如達爾文、Jerry Fodor、Patricia Churchland 等自然主義者，都承認自然主義預設下的生存進化和眞信念沒有關係。有神信念和自然主義的較量，關鍵就在這裏，而自然主義者如果要在較量中扭轉不利局面，就要從這裏著手。上面看到，如果他們要否認這點，並反過來說自然演化也是以眞爲目的，結果是也預設了一個位格的上帝。

所以，上一節的討論的各種對 EAAN 的反駁，和這裏討論的神經科學對適應性行爲與眞信念的解釋，都無法令人滿意。看來自然主義確實處境艱難。它能否找到其他的出路？能否既堅持自然主義立場，又不至於陷入自我挫敗？這恐怕就是近年哲學和神學界都很多討論的物質有神論（Material Theism）。物質有神論有幾種稍有不同的闡述，但基本立場是一致的[25]。這裏介紹構成觀（CV，Constitution View），從中可以看出這種努力的概觀。首先，自然主義的基本立場是不承認有獨立於物質之外的存在，比如靈魂、思想等都可以還原爲物質的原子粒子的遠動。按照 CV 的理解，一個靈魂，就是如人這樣的一個位格。而靈魂是由物質構成的，並不是笛卡爾身心二元論所說的

---

25 Joel Green, Stuart Palmer, *In Searching of the Soul: Four Views of the Mind-Body Problem*（InterVarsity Press, 2005）.

兩者相互獨立。但 CV 進一步認爲，上帝、天使、鬼魔等位格也是一個物質的靈魂，雖然他們沒有人這樣的一個身體。CV 的代表人物之一是郭凱文（Kevin Corcoran）。一次我們交談時，他談到，人的死亡就好像是蛇的蛻皮，蛇蛻皮時留下一個物質的軀殼，而新的生命離開了，這新的生命也是物質的。靈魂離開肉體也是如此。離開的靈魂不是虛無的，也是物質所構成，儘管人們看不見。據說有很多瀕死經驗的證據，表明人死去的一剎那，重量會減少若干克，人們由此說靈魂的重量是若干克。這也許不是嚴格的學術，但撇開成見，如果這是眞的，那就是一個支持物質靈魂的直接證據。這樣，CV 就既是一種物質主義，也是一種有神論。當然，這種把靈魂定位爲物質，和一般理解的基督教的身心二元論大有出入。郭凱文指出，身心二元論有理論的困難，很難自圓其說。更重要的是，他認爲基督教原初的經典和教義都沒有直接證據支持身心二元論。他的書專門有一章是對《聖經》文本的訓詁考據，論證身心的物質一元論是符合《聖經》教導的[26]。

　　CV 的困難，在於如何說明人的同一性。所謂人的同一性，就是嬰孩到老年，體內的原子粒子早就不同了，人們還說這是同一個人。Corcoran 強調，物質與一個位格的關係，是構成但並不等同（constitute but not identical）[27]。他反復用了一張美鈔或一尊雕像的例子。一尊青銅雕像確實由青銅物質構成，座上的青銅物質沒有了，那雕像也沒有了。比如，這些青銅被送進高爐去溶化，雕像自然也沒有了。但是，這些青銅物質並不等同於雕像。比如，這青銅被變成一堆碎粒，你有的物質和那以前的雕像是一樣的，但這堆碎粒並不等於雕像。按照 CV 的理解，身體和一個人的位格（Human Person）的關係也是這樣。人的位格確爲身體所構成，沒有了身體就沒有了這個位格。但如果光有和這身體一樣的一堆原子粒子，這並不成爲一個人。但構成身體的元素不是恆定的，而是不斷變動的。只要生命還在，身體就始終處在一個新陳代謝的過程中。一個人小時候的身體和成年後的身體，構成元素完全不同了，但人們還認這是同一個人。這當然是由於這個人的靈魂。是這個不變的靈魂讓人們認出這是同一個人。

　　問題在於，如果靈魂也是物質構成，這靈魂如何不變？如果反過來，承認這靈魂也在變，也有新陳代謝，那如何說這是同一個人？這正是 CV 要面對

---

26 Kevin Corcoran, *Rethinking Human Nature: A Christian Materialist Alternative to the Soul*（Grand Rapids: Baker Academic, 2006）, pp.135-147.

27 Ibid, p.17, pp.65-67.

的難題。也正是由於這點，我認爲傳統的二元論是更可取的一個方案。CV 的一個可能出路是回到萊布尼茨的單子論，把靈魂界定爲一個單子，這單子是不變的，並且進一步，把這靈魂單子界定爲物質的。還要再進一步，說明人的其他物質的部位都在新陳代謝時，這物質的靈魂如何保持不變。很明顯，這是更爲玄虛（Speculative）的一個方案，遠不如二元論比較符合直觀和常識。

基督教的二元論把靈魂理解爲獨立於物質以外的實在，"上帝是個靈"，而人則是上帝的形象所造，也是有靈魂的位格，而這靈魂即上帝所造所賜下。按照創世紀的記載，上帝對泥土所造的亞當吹氣，他就成了有靈的活人。這樣的二元論理解，一個人的位格，除了有物質的身體，還有個非物質的靈魂，沒有了物質的身體，他還是個位格，雖然他不再是人的位格（Human Person）。而上帝、天使等就是純粹的靈魂的位格（Person）。以《聖經》敘事，這靈魂即是上帝的形象。

但到底何爲物質？何爲非物質的靈魂（non-material soul）？在微觀的科學實驗領域，就出現了觀測者自身的因素，造成觀測不準確。這是海森堡測不准定律的一個基本結論。沒有人注視的微粒子，和有人注視的微粒子，他們的表現是不同的。即人的意識，通過注視會對微觀世界產生作用，從而改變觀測結果。對於中國的讀書人，這使人想起王陽明的話，"你不看時，岩間花樹自開自落；你若看時，岩間花樹一時明白過來"。難道意識或精神也是某種物質？物質和精神的界限在哪里，這樣的追問難有結果。一個不容否認的事實是，精神也是一種實在。從傳統二元論的角度說，這是一種獨立的實在，不是可還原爲物質或附屬於物質的。非物質的靈魂，並不是虛無，而是一種實在（Reality），也是一種眞實的存有（Substance）。這個其實是柏拉圖的形式與質料的二元論。按照這個理解，事物背後也有個形式，就如人背後有個靈魂。就拿 Corcoran 所舉的青銅雕像例子，這青銅雕像背後也有一種實在，這就是這雕像的形象。這個形象是非物質的。這雕像被溶化掉後，人們還可以根據這個形象再造一個雕像。用柏拉圖的術語，這個形象就是雕像的形式。其他的事物也可以用這種柏拉圖二元論來解釋。就上面所說的美鈔的例子，你領了工資，但不小心弄碎了一張，你把這碎了的美鈔，你拿到你的老闆或銀行去，他們還願意用一張新的美鈔換回這些碎片，是因爲這美鈔背後有個實在，這實在是一個價值，這價值就是你的汗水和工作付出，這個價值就是你的工作結果的形式，不會隨一張美鈔碎了而消失。所以，二元論的形而上學可以承認有兩種實在，物質和非物質的精神。這個圖景比物質一元論更爲容易得到說明。

　　雖然還有困難和需要完善細化，構成觀的有神論不失爲一種相當有說服力的方案。它是個基本自洽的體系，再沒有自然主義那樣的潛在自我挫敗。把靈魂，無論是上帝還是人，定位爲物質的，如果這樣的一種立場還可以稱之爲自然主義，它就可以擺脫自我挫敗的處境。至於自然主義者是否願意接受上帝，這是人們難以操心的了。

（五）宋明理學能否有保證

　　所以，上帝全善的屬性決定了有神信念和自然主義等否定有一個上帝的信念孰優孰劣。這一點可以在下面的案例中得到更清楚的闡明。前面第六章曾提到 David Tien 試圖用柏亭格的基督教信念辯護模式，來論證宋明理學是有保證的。Tien 認爲 "如果有一位上帝，則基督教信念是有保證的" 的模式是可以爲宋明理學所用的。相對於基督教的有一個上帝的形而上學預設，Tien 認爲宋明理學的形而上學預設是 "天人合一"。所以，他認爲宋明理學的辯護模式將是 "如果天人合一是眞的，則宋明理學是有保證的"。Tien 也認爲，正如是否有一個上帝，柏亭格已承認超出哲學的能力去解決，而天人合一的形而上學預設是否爲眞也是如此。兩者的眞都取決於 de facto（事實的）的證據。如果沒有辦法證明那個才是形而上學的最終實在，則兩個論證都是可行的。[28]

　　但這裏 Tien 忽略了一點，正如此章前面論述的，自然主義等否認有一個上帝的信念體系無法套用基督教信念的辯護模式，關鍵在於有一個上帝的預設包含了上帝全善的屬性，這個屬性則確保認知官能是可靠的。自然主義等恰好缺乏這樣一個保障的機制，無法在自然主義預設下保證自然選擇的進化機制能得到可靠的認知官能。宋明理學的處境和自然主義相同。姑且不論 Tien 所說的天人合一是否準確反映了宋明理學的形而上學預設，也不論宋明理學的預設的最終實在是什麼，它必須面對這個問題，回答在宋明理學的形而上學預設下，認知官能是通過什麼機制得來的，這個機制能否確保認知官能是

28　David Tien, "Warranted Neo-Confucian Belief: Religious pluralism and the affections in the epistemologies of Wang Yangming（1472-1529）and Alvin Plantinga", *International Journal for Philosophy of Religion* 55: 31-55, 2004.

可靠的。如果宋明理學無法提供一個類似於有神信念那樣的上帝的全善屬性來作爲保障的機制，它的命運就和自然主義一樣，既無法套用基督教信念的辯護模式，還面臨可能的自我挫敗。

那麼，自然主義等信念眞的沒有出路嗎？一旦不承認有一個上帝，眞的就必然在有神信念面前落敗嗎？現在可以來看看自然主義等有什麼可能的出路。首先，他們不能否定或修改有神信念的預設，這是別人的預設，你可以不接受，但卻無權否定或修改。那麼，剩下的選擇只能是否定或修改自己的預設了。否定自己的預設，當然就是揮刀自宮，拱手相讓，任由有神信念唱獨角戲。所以，自然主義等的惟一選擇是修改自己的預設。如何修改？很明顯，要修改到自己的信念體系中也有一個機制，可以確保其中的認知官能是可靠的，由此產生的信念也是可靠。只有這樣，才可以和有神信念相抗衡。

自然主義和宋明理學等的信念體系如要修改預設，大致有兩個步子。首先，自然主義等可能會否定前面的反自然主義論證的第一個前提，不承認有上帝的同時，也不承認一個沒有上帝的世界就是沒有目的沒有理性的。其次，自然主義等要把自己的形而上學預設的最終實在，比如自然，描述爲是有理性和有目的的。事實上，有些信仰也許就是把自然描述得既擁有理性又有目的甚至有感情。

而宋明理學則可能會訴諸上古的詩經，說其中的"天"或"上帝"，就是自己的本體論預設。《尚書》和《詩經》等最古老的典籍不乏對"天"和"上帝"的描述。比如，在《大雅·烝民》對"天"的描述有：

> 天生烝民，有物有則。
>
> 民之秉彝，好是懿德。

在《大雅·皇矣》對"上帝"的描述則有：

> 皇矣上帝，臨下有赫。
>
> 監臨四方，求民之莫。

在《詩經》裏，"天"和"上帝"是可以交替使用的，都是指稱一位最高的存在。大致而言，殷商及西周之世人們稱這最高存在爲"上帝"，晚周以後則多稱之爲"天"。司馬遷《史記》中的"封禪書"記載了上古時期對上帝的祭拜，後來鄭玄的注解明確指出，"上帝者，天之別名也"[29]。宋明理學或許會這樣來理解"天"或"上帝"："天生烝民，有物有則"表明這是

29　司馬遷：《史記》，中華書局，1972，第 1358 頁。

一位創造者創造了世界和人類，並設立各種自然規律。"監臨四方，求民之
謨"則表明這位最高的位格看顧並保守他自己的被造物。這樣就可以把
"天"或"上帝"解釋爲是有理性有感情有能力的。而根據《大雅》裏的禱
文，這個"天"或"上帝"甚至可以是一個聆聽並回應人類的位格。

經過這樣的修改預設，自然主義或宋明理學就有了認知的保證機制。它
們的本體論預設的最高實在，自然或天，既然是有理性也有目的，甚至有感
情並會聆聽和回應人類，當然就可以保證其中的認知官能是可靠的，而由此
產生的信念也是有保證的。但是，這樣一來，這樣界定的自然或天難道不就
是有神信念所相信的上帝嗎？這樣的自然主義或宋明理學豈不就是一種有神
信念？很難看到這樣的信念體系和有神信念還有什麼區別，只不過自然主義
者或王陽明等人不願意承認或者不知道上帝的名字罷了。如果自然主義或宋
明理學通過修改預設把自己變成一種有神信念，當然就可以用基督教信念的
辯護模式，來論證自己的信念"如果眞，就有保證"。

前面所述，明確了反自然主義論證關鍵在於上帝全善的屬性。這個屬性
確保有神信念能夠融貫一致，而自然主義和宋明理學等信念正因爲缺少這個
屬性而面對可能的自我挫敗。而這些否定有一個上帝的信念如果企望有神信
念一樣的知識地位，惟一的辦法是修改自己的預設，而這樣就實際上把自己
變成一種有神信念了。現在可以來總結反自然主義論證的本質。這大致可以
歸結爲以下幾點：

  （1）有神信念預設了上帝的全善屬性，因此有一個機制來確保人的
    認知官能是可靠的，從而使得自己的信念是有保證的。

  （2）自然主義等信念由於否認一個最高的理性的位格存在，就缺乏
    一個以眞爲目的的機制，從而無法保證自己的認知官能是可靠
    的，並因此面臨可能的自我挫敗。

  （3）反自然主義論證説明的是，有神信念不可能有自我挫敗，而自
    然主義等信念則有這個可能。有神信念是自洽協調的，而自然
    主義則有不自洽的地方。

  （4）一套不自洽的信念體系不一定就是不眞的，即這個論證不能證
    明自然主義等信念是錯的。但是知識上一個自洽協調的信念體
    系，無疑優於一個不自洽協調的體系，也即有神信念相對於自
    然主義有比較的優勢。

　　前面已經看到，懷疑論和自然主義無法推翻有神信念的辯護。而據前面的討論，還可以有一個更一般的論證，表明只要否認有上帝這個前提，一個人的信念的知識地位就沒有保證。這裏有一個更一般的問題，即懷疑論和自然主義，或更明確一些，那些否認有一個上帝的信念，理性上到底有何地位？柏亭格構造的 EAAN，以及前面提出的反自然主義論證，都是基於很普通的直觀，難以反駁。自然主義受到的挑戰不止這兩個論證。Michael Rea 從形而上學角度論證自然主義由於無法解決模態性質的難題，必須放棄物質客體實在論和物質主義，也即是，自然主義無法否認有獨立於物質的精神實在，這也就推翻了自然主義自身[30]。Charles Taliaferro 等人則提出了一個簡潔的"理性論證"，論證自然主義若要堅持所有結果事件都是源於非心靈的事件，則要陷入自我矛盾[31]。這些論證都基於直觀，構造結實，各種細節的批評當然會有，但恐怕很難看到會被完全推翻。無法推翻這些論證，自然主義就無法擁有理性地位。這個結果相當戲劇化，因為啓蒙運動以來，知識人群體就是以理性為旗號，提倡否定有神信念的觀點。這些知識人從不懷疑自己信念的理性地位。但現在看來，他們恐怕要認眞考慮這個問題。

（六）從修辭論辨看反自然主義論證

　　第五章論述了 FM 代表的啓蒙批判其實就是一個自然主義的體系。這節要討論，A/C 模型之外，事實上只還有兩種選擇，就是自然主義和懷疑論，而這兩種體系，如反自然主義論證所表明的，都有潛在的自我挫敗。因此，即使 Wunder 所理解的 FM 是對的，它也沒有辦法在知識上有保證。但是，這個結論是有條件的，就是要承認有些訴諸人的論證是合理的和符合常識的。

　　WCB 提出 A/C 模型，說明這模型很可能為眞，或者說，沒有什麼充足理由說明這非假不可。在這模型裏，基督教信念是有保證的。這就是"如果基督教信念為眞，則其有保證"的論題。當然，WCB 也論證了如其為假，就沒有保證。這裏有一個重要的問題，就是基督教信念為假的情況有多少種？因為人們可以提出反駁說，在基督教信念以外，盡可另建模型，其中基督教信念無保證。柏亭格說過，論證基督教信念為眞超出了哲學的能力。那麼，如

30　Michael Rea, *World Without Design* （Oxford University Press, 2002）, P.78.

31　Stewart Goetz & Charles Taliaferro, *Naturalism* （Grand Rapids, Michigan: Eerdmans, 2008）, p.119.

果有其他的模型，其中基督教信念爲假，並且無保證，那麼，這些模型就會對基督教信念構成挑戰。這就是所謂多元處境的困局：面對多種的選擇，每一種看來都有同樣好的理由，這時選擇其中一種是否是一種武斷？是否知識上不可靠？現在就來具體考察除基督教信念的模型外，還有一些什麼樣的模型。也要考察這些模型是否與基督教信念有同樣好的理由，從而使選擇其中一種就是武斷和知識上不可靠的。

這思路有啓發。現在就沿著這思路，來具體看看除了 A/C 模型，還能有些什麼樣的模型。所謂 A/C 模型，其實就是有神信念預設，其中有一位上帝，創造並掌管世界進程，而且這被造的人心中有種神聖感知，在合適的環境中就產生了對上帝的信仰。如果不接受這預設，還能有什麼選擇呢？要麼認爲這裏無法知道答案，只能懸隔。要麼就認爲世界和生命來自非理性力量掌管的偶然自然演化。這兩者，就是柏亭格所考察了的懷疑論和自然主義。除此之外，還有什麼選擇呢？當然，這是個大致的分類。在懷疑論和自然主義陣營裏會有不同的版本，其中有些會不承認這兩個標籤。肯定也會有人不承認 A/C 模型之外只有這兩種選擇，他們會認爲自己的立場不屬於任何一種。但太陽底下無新事，不管什麼樣的體系，它們要回答用什麼機制來使自己信念有保證。不管它們有什麼變化，在對待有無上帝的問題上，除了有神信念，它們的立場要麼是懸隔，要麼是否定。當然，人們可用不同的方式來表達這兩種立場。這裏需要補足一點，自然主義是個很複雜的龐大的思想群，很難有一個達成共識的界定。此章所討論的自然主義，主要是一般的理解，就是如 FM 那樣的體系，這體系不承認有獨立的精神實在，並且以一種非位格和非理性的力量爲機制來解釋世界的起源和進程。

這兩種立場知識上地位如何？它們可以獲得辯護嗎？首先，不用太擔心懷疑論。懷疑論不僅對有神信念，可以說對任何信念都不構成威脅。它固然不爲其他立場背書，但也不持否定態度。它甚至也不能說自己是對是錯。要緊的是懷疑論當然要懷疑自己的認知官能是否可靠，而認知官能如果不可靠，則所有信念都成問題。WCB 據此認爲懷疑論是自我挫敗的[32]。這個斷言也許有些過於簡單，但確實面對懷疑論沒必要杞人憂天。這樣，和有神信念競爭的其實只有自然主義。自然主義知識上有辯護嗎？前面介紹了，WCB 論證了兩個論題，一是 "基督教信念如爲眞，則有保證"，二是 "基督教信念

32　Alvin Plantinga, *WCB*, pp.226-227.

如為假，則其無保證"。由於自然主義是與有神信念相反的立場，自然主義可以採取和有神信念同樣的策略，論證"如果自然主義為真，則其有保證"。這樣，就變成了兩種不同的本體立場的比較，兩者都可以從自己的本體立場出發，論證自己的信念在知識上有保證。這就真正陷入了多元現象的困境：各說各理，個個有理。若沒有額外的理由說明自己比對方更合理，或者指出對方的缺陷，就不管哪一方的自我辯護都是徒勞的。最多，他們可以在自己的群體裏宣稱自己的信念。但是，如果他們是深思熟慮的信仰持有者，明瞭與自己相反的信念中的人們有與自己一樣好的理由，那他們就面臨一個信念的挫敗因。他們可以繼續無視對方理由，堅持自己信念，但這時這些有成熟信仰的人已經背離知識原則了，他們的選擇就是武斷的，他們的信念就是非理性的。

所以，在基督教信念的辯護中，最終涉及的是兩種相反的本體立場，有神信念和自然主義的比較。這兩者比較會有什麼結果呢？首先，能夠分出兩者孰真孰假嗎？如果能夠，當然就立判孰優孰劣。但是，誠如柏亭格坦承，論證有無上帝超出了哲學的能力。退而求其次，能否知道哪種立場才是知識上有辯護或有保證？這也是無法解答的問題，因為兩者都可以論證自己的立場如果真，就有保證。那麼，再求其次，能否知道兩者知識地位上有差別，並由此分出優劣？這最終引出了反自然主義的論證，直接挑戰自然主義的本體立場。柏亭格自 1991 年以來，為此論證作了許多努力，就是因為看到，對信仰的辯護最終要站在臺上直面對手。不管對信仰的辯護如何成功，如果沒有辦法打敗與有神信念相反的立場，就要陷入多元困境，這困境本身就足以構成信仰的一個挫敗因。

所以，A/C 模型之外，只有懷疑論和自然主義兩種選擇，而這兩者都無法在知識上與有神信念競爭。柏亭格斷言自然主義是自我挫敗的，我認為也許過於樂觀。自然主義的預設下，確實會有自我挫敗，但這是潛在的而非必然的。反自然主義論證並沒有證明懷疑論和自然主義是錯的，而僅僅是指出它們有可能的自我挫敗。但即使是這樣保守一些的結論，有神信念和自然主義還是分出了知識上的優劣。相比之下，有神信念完全沒有這種問題，是自洽融貫的一個體系。我把這稱之為一個比較的優勢。這就如法官斷案，面前有兩個人，A 可以說明自己是清白的，B 卻有犯罪的嫌疑。法官當然就可以當庭宣告 A 無罪。至於 B，則要等進一步的證據，如果永遠沒有證據，就永遠都是嫌疑犯。自然主義就如這不幸的嫌疑犯，因爲它的自我挫敗是永遠潛在的，除非自然主義者可以證明有神信念是假的。但這是不可能的事業。

　　反自然主義的論證的另一個結果，就是對一個本體立場的知識義務提出了挑戰。柏亭格說自然主義被打敗，也許有些誇張。但從這前面所討論的來看，有神信念確實在知識上優於自然主義。回到本節前面提到的多元處境的困局，可以看到，對基督教信念來說，並沒有武斷或知識上不可靠的問題，反而說明，在擁有比較優勢情況下，選擇基督教信念是合理的。與此相對，懷疑論和自然主義在一個比自己有比較優勢的立場面前，如果依然堅持己見，則不僅是要面對武斷或知識上不可靠的問題，甚至有陷入非理性的嫌疑。

　　現在還有最後一個問題。上面討論了自然主義等有潛在的自我挫敗，並且在知識上相對於有神信念有比較的劣勢。現在的問題是，這樣的思路本身合理嗎？有人提出質疑，認爲從自然主義體系的不確定性，推出其中的認知官能並其產生的信念不可靠，從修辭論辯的角度看，這思路是一種訴諸人（ad hominem）或者根源的（genetic fallacy）謬誤。下面就從修辭論辯的理論來考察這個思路。

　　先簡單來看一下修辭論辯爲何物。修辭論辯（Rhetoric and Argumentation）淵源久遠，在古希臘城邦和羅馬帝國的廣場、法庭和元老院裏大放異彩。從這裏引出西方傳統一個重要方面，即注重講道理而不是單比大只拳頭。按照尼采的說法，完成這種競技場到講臺，身體武功到修辭論辯的逆轉，其中主角是蘇格拉底。不過，根據尼采，這不是因爲蘇格拉底有多偉大，恰好相反，這是由於蘇氏醜陋無比手不能縛雞，是個競技場的失敗者，在那裏他衣服都不敢脫怕人笑話。但蘇氏找到了復仇的辦法，他把希臘翻了個底朝天，從此人們不崇拜武功而崇拜言辭，不看肌肉而聽口舌。蘇氏取代奧運會冠軍，成了雅典的聚焦，美女變童無數，美少年都圍著他屁股轉，以至於日後以毒害青少年而獲罪。蘇氏口舌之功的崛起，這是弱者對強者的復仇。尼采所論是否爲眞姑且不論，修辭論辯從此一直爲西人所重此爲不假，至今他們的集會論辯，其便言令才君子之風，還如當年雅典廣場。邏輯學即源於修辭論辯。現在所言的邏輯學已經非常專業化，一般又稱形式邏輯，而修辭論辯現在就又稱爲非形式邏輯（Informal Logic），因其主要是關注日常交往的語言。修辭論辯的一個重要方面，就是要找出論辯中的謬誤。

　　人們質疑反自然主義論證有可能是個訴諸人或根源的謬誤。從修辭論辯的理論來看，ad hominem 可以看做是 genetic fallacy 的一種，兩者又可以歸在一類，叫做不相干的謬誤（irrelevant fallacies）。但是 ad hominem 本身是否為謬誤，是否前提和結論不相干，這有爭議。同樣，常見把 ad hominem 譯為人身攻擊的謬誤，這也是有欠考慮的。事實上，argumentum ad hominem 原意僅為訴諸人的論證（argument toward the person），並無褒貶，甚至包含了相反的用法，比如通過讚美某人來支持他的某個論點，也可以看做是一種 ad hominem。有些典型 ad hominem 確實是謬誤，比如根據中國的傳統說法，無商不奸，戲子無情。僅憑某人從商，就斷定他奸詐；或單憑某人演戲，就斷定她風月楊花，這些無疑是謬誤。程蝶衣是戲子，卻要從一而終，拔劍自刎。Douglas Walton 認為訴諸人的論證有多種，有一些例證確實是謬誤，但訴諸人的論證本身不能說是謬誤[33]。有些情況下可以說是非常合理的論證。比如，一個犯案累累的大騙子，他如果要舉證控訴別人，人們要對他的證詞大為存疑。這是訴諸人的論證，但恐怕普遍都認為是合理的符合常識的。

　　Genetic fallacy 也大致是這種情況。同樣，依據根源的不確定來斷定某事物的不確定，也不能簡單認為都是謬誤。權且把這種論證稱為根源推斷。有些情況下，根源推斷確實是謬誤，比如，指環和耳環源於古代的奴隸，用來作標記或拴住他們以防逃跑。如果為這原因就反對戴指環耳環，恐怕就是謬誤。但是，有些情況下根源推斷同樣是可以合理的，比如，人們常常信任某個廠家的產品，因為這家一直有好信譽。但卻不信任另一個廠家的產品，因為它信譽不好。現在有兩家同樣的產品，看上去質量性能都一樣，但人們就願意選信譽好的那家。顯然，這個思路是合理的。

　　回來看反自然主義論證，這個論證的要點是說，在自然主義等體系的預設下，認知官能的來源有諸多不確定的因素，因此這認知官能並其產生的信念都很成問題。C. Anthony Anderson 認為這很可能是個根源謬誤[34]。懷士寮則說這認知官能源於不可靠的自然演化，和這官能產生的信念是否可

33　Douglas Walton, *Informal Logic: A Pragmatic Approach*（Cambridge University Press, 2008）, pp.191-193.

34　C. Anthony Anderson, "Lewis' Anti-naturalism Argument", http://www.philosophy. ucsb.edu/faculty/anderson/lewisanti.html, downloaded Mar 29, 2010.

靠,兩者是不相干的[35]。他事實上也是說這個論證是謬誤。但這真是謬誤嗎?
這裏有兩個層次。首先,單是考慮自然主義預設下的體系本身,認知官能
可能不可靠,確實不能說明所產生的信念是假的,雖然這信念很可疑,並
且有潛在的自我挫敗。單憑這點攻擊自然主義,確實有可能是個根源謬誤,
因為,盲目的鐘錶匠有可能誤打誤撞也能鼓搗出一個鐘錶。但是,反自然
主義論證是把自然主義的體系和有神信念的體系放在一起比較。有神信念
的體系是完全自洽融貫的,沒有自然主義的體系那樣潛在的自我挫敗。這
個時候,選擇相信有神信念體系恐怕是合理的,正如人們選擇信譽比較好
的廠家是合理的。

現在可以得到結論。首先訴諸人的論證和根源論證並不能籠統地稱為謬
誤。其次,即使反自然主義論證確實屬於這兩種論證,在一種比較優勢的情
況下,這也可以作為一個合理的論證。如果承認有些根源論證是合理的,那
麼就有理由在信念的多元困境中選擇有比較優勢的有神信念,並在知識上拒
斥自然主義等啟蒙批判。當然,這取決於是否承認有些訴諸人的論證和根源
論證是合理的和符合常識的。這個結論也許有些出人意外。因為,啟蒙以來
的知識界普遍認為有神信念是不合理性的。如上面所討論的,結論看來是相
反。自然主義等啟蒙之子的信念不僅可能是武斷和不可靠的,還有非理性的
嫌疑。啟蒙之子們對此可以回答嗎?可拭目以待。

(七)何謂科學的世界觀

19世紀末和20世紀大部分時間,自然主義以各種形式出現,既有國家意
識形態,也有知識人的理智選擇。雖形式各異,都基本上和一種科學的觀念
聯繫在一起。自然主義被廣為接受,是因為人們認為這種思想是一種符合科
學的世界觀,而非僅僅是思想家玄虛的構造。自然主義在學術界的一種正統
地位,近幾十年受到了挑戰。這節要思考這樣一個問題,何謂科學的世界觀?
首先回顧一下歷史上不同思想家追求一種"科學的"世界觀各種努力;其次
回顧近年基督教哲學如何論證自身和科學的和諧關係;三,簡述智慧設計論
和 EAAN 的關係。四,回顧科學與宗教衝突觀念的來源,並從理念和制度兩
個角度論證宗教和科學並不衝突。最後得出結論,如果科學的世界觀是指理

---

35 Wykstra 有一次和我共進午餐時談到這個觀點。他說從 1991 年 Plantinga 第一次構
造 EAAN,他就不同意這個論證。

念和科學一致，並能支持科學，那麼猶太—基督教預設了一個創造的位格的形而上學，可以稱之為科學的世界觀。

科學的概念來源在中世紀。拉丁文 Scientia 原本意思是知識，其中最主要是對上帝的理解。所以，神學是 scientia 最重要的部分。中世紀時哲學與科學為一家的情況，到啓蒙運動以後就逐漸分離。培根的經驗實證科學就不再需要神學的預設。一方面，科學與宗教對立的觀念，科學無誤可靠，而宗教則很可疑，這樣的觀念逐漸興起。另一方面，哲學—神學家又開始要以科學的嚴格要求來處理哲學和神學主題。斯賓諾莎和笛卡爾就試圖把哲學變成數學系統，雖然他們的公理現在看來非常武斷經不起推敲。在這個思路上，萊布尼茲則提出了普遍邏輯語言的構想，設想所有思想都可以用如同數學般精確無誤的語言來表達推演，從而解決眾說紛紜的哲學—神學爭論。這個思路影響很大，後來的數理邏輯就承接這個構想。這種要把哲學變為科學的目標，到了康德就更加明確。康德把自己的哲學與哥白尼革命相提並論，就是認為他的理性批判是科學的，他稱之為"科學的形而上學"。從那以後，哲學要成為一種科學就是許多人的目標，如孔德的實證主義，黑格爾的邏輯學，到 20 世紀的維也納學派，都以科學的學說自居。甚至有些國家有了科學的某某主義或主體思想，成為要人人必讀考試過關的官方哲學。當然，這些學說到底是不是科學的，現在恐怕沒有人敢打保票了。

近幾十年基督教哲學的復興，也使人們重新思考猶太—基督教傳統和科學的關係。分析方法和基督教哲學的結合，尤其是改革宗知識論，產生的影響是明顯的。這大致可以概括為三。一是護衛，二是進取，三是拓展。護衛是指，基督教哲學的復興為信仰提供有力的辯護，使得啓蒙運動以來對信仰的指責，如非理性，不合理，沒有辯護等指責再難成立。進取是指，對信仰的辯護，同時對和有神信念相反的立場提出了知識辯護的要求，尤其是反自然主義論證，對啓蒙以來的知識界的普遍的自然主義觀念提出了挑戰，要求他們為自己的立場辯護，不然那非理性的罪名就要反過來落在自然主義自己頭上。拓展是指基督教哲學的復興，引出了很多相關的哲學主題，如必然性的本質，知識的辯護，心智哲學的物理主義和一元論，等等，這些都和基督教哲學的一些主題有緊密聯繫，而這些討論的進展也和基督教哲學的進展密切同步。

從大處來說，過去幾十年柏亭格等人的工作，可視作論證信仰是合乎理性的。最近幾年，他們努力的方向更進一步，要論證有神信念是"科學的世界觀"。他 2005 年的吉福德講座就名爲《科學與宗教：衝突還是和諧》（Science and Religion：Conflict or Concord）。後來他受邀請寫了斯坦福哲學百科的 "Science and Religion" 條目，內容就來自這次講座。這是他第二次得到這個講座，他的第一次吉福德講座是在 1987-1988，那次他完成了保證知識論。2009 年他在 APA（北美哲學協會）的芝加哥會議上和丹尼特（Daniel Dennett）有一個面對面的辯論，主要是圍繞科學與宗教，特別是 EAAN（反自然主義論證）。丹尼特是知名哲學家，尤其在心智哲學領域多有建樹。但公衆對他的瞭解更多在於他對上帝的不斷攻擊。這次重量級較量引起很大關注。順便說一句，兩人都身材高大。網絡上有很多傳播這次辯論的資料，更有許多的評論。辯論中柏亭格顯得輕鬆自如，清楚闡述了 EAAN 的主要思路。他的要點是，自然主義有自我挫敗，無法解釋有秩序的世界，特別是無法說明自然演化如何到達如此精妙的結果。丹尼特的現場表現不佳。他來了一通炮火猛轟，如基督徒叫嚷末日要來臨，就如占星術，是非理性的不值得尊敬。他甚至搬出了歷史的道德指控，如教會蒙昧和大屠殺等。他結束時更如尼采那樣，要殺死上帝。丹尼特沒有專注於論證本身，面對這麼多專業哲學家，這種 ad hominem（人身攻擊式）的發言不僅有欠公允，也顯然有失風度。柏亭格回應時說，Dennett 沒有回答我的論證。這是典型的柏亭格風格，心無旁騖，緊跟論證。Dennett 著急起來，插話說，我有提到第一前提啊。柏亭格說，是的，你提到了第一前提，我很感激。這一下引起了哄堂大笑，給這次辯論添加了些喜劇色彩。2010 年以這次辯論爲基礎，兩人聯合出版了一本書，Science and Religion：Are They Compatible？這本書中 Dennett 補充了辯論中的缺陷，把他的反駁清楚表述。他的要點是把上帝類比爲一個想像的超人，認爲這是沒有根據的。不過，這兩個分歧如此之大的學者，能夠面對面辯論，並一起出書，這本身是一種君子之風。柏亭格最近剛出的新書，Where the Conflict Really Lies：Science, Religion and Naturalism，是過去幾年工作的一個總結。在最近的一次採訪中，柏亭格明確表示，有神信念才是"科學的世界觀"[36]。

　　基督教哲學興起的同時，智慧設計論近年引起很大的公衆關注。人們容易把它反凡自然主義論證並列。這裏需要一點澄清工作。誠然，兩者有一個相同的結果，都是能爲有神信念辯護，儘管智慧設計論強調並不預設一個位

---

36 Jennifer Schuessler, "Philosopher Sticks Up For God", *The New York Times*, December 14, 2011, New York edition, p.C1.

格神。兩者也有重要的不同之處。智慧設計論從科學證據的角度出發，認為進化論的科學主義不能解釋生命演化現象，同時大量的證據表明，預設宇宙和生命演化的背後有智慧設計，是一個更好的解釋。反自然主義論證著眼的是哲學上的知識辯護，從形而上的預設出發，來評價兩種不同信念的知識優劣，並論證自然主義的信念無法得到辯護。

以往人們以為進化論蘊含了自然主義。現在很多人不再這樣看了。不僅是反自然主義論證指出這點，波蘭尼（Michael Polanyi）、內格爾（Thomas Nagel）等人也看到了這點。波蘭尼本人是出色科學家，在哲學上也很有影響，他指出人是不能還原為純生物的原子分子和粒子的，人作為一個位格（Person），還有獨立的精神的一面[37]。Nagel 本身是無神論者。但和很多人一樣，Nagel 看到了進化論和自然主義結合的局限。Nagel 在 2008 年發表了一篇很受關注的文章，為智慧設計論辯護[38]。和拉茲齊（Del Ratzsch）一樣，他認為智慧設計是符合科學的合法性標準的，有必要作為一種科學理論在學校講授。在北美智慧設計論是否能和進化論一樣在公立學校講授，已經引起很大爭議。Nagel 這篇文章無疑為這激烈爭論再火上澆油。Nagel 並不是第一次表述這個觀點，更早以前他就明確提出了理性不能解釋為純粹的進化結果。

　　　　我的結論是，進化論對理性的解釋，註定是不完全的。即使人們要相信這解釋，也要相信作為結果的理性，是獨立有效的。

　　　　這裏不是要否認我們理性的能力有適者生存的價值（雖然，只有上帝知道，為何許多物種沒有這種能力也活得好好的）。不管如何，這能力無疑使我們獨霸這個星球並把大部分競爭者和天敵掃除乾淨，包括許多無辜的旁觀者。理性，就此而論，可能是被自然選擇的機制所拓展了，但並沒有將其窮盡。[39]

Nagel 以上所論，簡言之，就是指人的理性本身，不是無目的之生存進化所能解釋的。這和反自然主義論證相同。

主張智慧設計論的，不管是信徒還是如 Nagel 這樣的非信徒，都認為沒必要認定設計者就是猶太—基督教的一個位格的上帝。對於信徒而言，很大程度是現實的考慮，因為政教分離既是現實，也是普遍觀念，而要在公立學校

37　Michael Polanyi, "Life's Irreducible Structure", *Science*, 21 June 1968.

38　Thomas Nagel, "Public education and intelligent design", *Philosophy & Public Affairs,* 2008, 36（2），187-205.

39　Thomas Nagel, *The Last Word*（Oxford University Press, 1997），p.137.

講授智慧設計論，就不能涉及宗教。另外，在公立學校教育認定一個創造的位格，也在多元社會中帶來負面影響。至於 Nagel 這樣的非信徒不承認一個位格的設計者，考慮的當然是自己作爲無神論者的信念。

但這種回避隱含了難題。如果要追根問底，這智慧設計者若非上帝，那麼他可能是誰？除上帝外，還有什麼可能？難道是外星人？如果是諸如外星智慧這樣的設計者，那麼接下來就又回到老問題，即這外星智慧又是怎麼來的？是無目的之自然演化還是理性設計的一個結果？按照反自然主義論證，預設了世界和生命背後有個設計，而這設計是有智慧，有能力，有善良的意志，等等，這才是一個更好的解釋。但這樣的一個設計者，難道還不是一個位格？難道和猶太—基督教的上帝有何區別？所以，最終的問題是無法回避的。追隨論證，就必然要到達一個結論，就是一個位格的至高者。信徒和非信徒回避最終的問題，誠然有各自的理由。但不管什麼理由，如果要追問到底，就大有可能殊路同歸。

這背後有一個很大的爭議，即公立學校是否要講授智慧設計論，這在北美尤其爲人關注。很久以來，進化論都被作爲科學在學校講授，並爲此預設了白然主義的世界觀。現在很多人質疑的是，這兩者的結合到底是不是科學的？另一方面，成爲科學的準則又是什麼？Del Ratzsch 等人追問這問題，提出智慧設計才是符合科學準則的[40]。既然如此，這就應該進入學校課堂。現代社會在普通教育中排除信仰，就是認爲這不是科學。如果信仰並非與科學衝突，而是與科學一致，是科學基礎，甚至，本身就是科學。那麼在普通教育中講授信仰教義，就是合情合理的。

如何爲自然主義辯護？有人也許認爲提供更多科學證據，論證進化論是正確的，論證人是猴子變來的。這本身不對這場爭論產生影響，即使進化論是對的，也不會對自然主義有幫助。EAAN 所揭示的恰好是進化論和自然主義的結合有自我挫敗，而與有神信念卻能無縫結合。

這種追根到底的思考，要分開兩個層次，一是科學的，二是哲學的。自然主義者也許說，進化論和科學已經是常識，不必要相信有神信念。這就是停留在科學層次說話。不問終極問題，當然這就不是哲學了。如果要追問根底，就要承認問題無法回避。若要堅持停留在科學層面說話，那自然主義豈不也是哲學？是否也要放棄不談？

---

40 Del Ratzsch, *Nature, Design and Science*（Albany: SUNY Press, 2001）.

　　歷史上對有神信念的質疑，恰在於認爲上帝的觀念和進化論等科學不符。進化論和上帝創造的基督教敘事是否衝突？這涉及《聖經》解釋的一個大題目。這裏對兩個關鍵問題作些介紹。首先，舊約創世紀所載上帝創造的故事，是否和進化論的敘事矛盾？創世紀記載萬物和人由上帝親自創造，進化論則說生命歷史是從簡單到複雜的一個演化過程。其次，按照創世紀記載，可以計算出創世到如今只有六千多年，而普遍接受的進化論則認爲地球形成已有幾十億年。如果按照字面的解經，當然兩者有矛盾。但在解經歷史上，很早就開始不按字面解經了。至少從奧古斯丁開始，很多人就認爲創世紀所記載的六天，不能按照現在所說的一天二十四小時來計算。現在很多有神論者就是如此理解，認爲世界和生命的進程是上帝掌控的一個漫長演化。這樣的理解，兩者就沒有矛盾。

　　儘管已經大爲削弱，科學和宗教是敵對的和不相容的關係，這種觀點現在還很大程度上是知識界的一種定見俗諦（political correct）。這裏要考察一下這觀念的來龍去脈。要說明的是，澄清歷史並不能爲科學和宗教的關係提供一個直接的支持論據，但有助於理解兩者關係。

　　科學與宗教的對立，很多人對此首先提到是哥白尼、布魯諾和伽利略。其實在伽利略的時代，教會和科學家的關係並非現代人觀念中所想像的那樣緊張。伽利略本人就是宗座的座上賓。現在人們一說伽利略，就提到因爲他的科學的日心說被迫害，被監禁，等等。比如一本很普通的教科書，一般就是這樣談到伽利略事件。如 Ratzsch 指出，這樣的幾句話每句都是錯誤[41]。當時教會和伽利略的爭議，不是日心說，是神學，他也沒被監禁，而是待遇優厚。等等。而布魯諾被判火刑，除了神學分歧，更多因爲當時宗教上的不寬容是普遍現象，不僅天主教對新教異端動用火刑，新教也對他們認定的異端動用火刑，出名的例子就是塞維圖斯被燒死在加爾文的新教模範城市日內瓦。在達爾文和馬克思的時代，科學和宗教對立的觀念也還沒有廣爲接受。到 19 世紀末期，德雷普（John Draper）、懷特（Andrew White）等人的著作[42]，把伽利略事件塑造成一個科學和宗教衝突的標誌。這個科學和宗教衝突的觀

41　2008 年夏天在 Calvin College 的一個 Seminar 他談到此點。

42　Andrew D. White, *A History of the Warfare of Science and Theology*（New York: Appleton, 1896）.

　　John W. Draper, *History of the Conflict Between Religion Science*（New York: Appleton, 1874）.

點被稱之爲德雷普-懷特論題（Draper-White thesis）。從此以後，兩者衝突的觀念才大規模傳播在知識人中。直至一些有官方意識形態的國家，把科學與宗教對立作爲意識形態的一部分，要求人人去學習和接受。中世紀的黑暗，到科學啓蒙，到被壓迫，到最終光明戰勝黑暗，科學戰勝蒙昧，這樣的一個歷史圖景，才告製作完成。

　　知識人接受科學與宗教對立的觀念，並不分東方西方，也不分國家類型。不同的是，在有些國家這是意識形態，強制教化給你，在其他國家則是知識人自己主動接受。這觀念雖長期爲主流，但一直有異議。早期的科學活動，幾乎都在修院或神學院進行，當時的科學家，幾乎都同時是神學家，或者是神職人員。宗教改革後，西方現代科學與工業化同步迅速發展。韋伯的《新教倫理與資本主義精神》提出了新教，尤其是加爾文主義所強調的預定的天職等觀念，對西方的興起有重要作用。人們後來把這個觀點稱爲韋伯的新教—資本主義論題。韋伯雖沒有詳細論述新教與科學的關係，從他的論題人們很容易就得到基督教—科學論題，即現代科學興起與新教，廣義說，與基督教傳統密不可分。默頓（Robert Merton）正是從此角度，作了詳細考察。他考證了早期的皇家學會，清教徒占了很大比例，他們的總人口卻不多[43]。海卡斯（Reijer Hooykaas）長期從事這項研究，論證基督教的觀念和現代科學密不可分[44]。而新近的這方面研究則是猶太—基督教的解經傳統和科學進展的關係[45]。

　　這裏要作些細緻一點的說明。不管是韋伯、Merton 還是 Hooykaas，他們強調的都是新教精神，並把這種精神和天主教對立起來。他們的結論是，西方的現代化和現代科學是新教精神，確切說是加爾文主義，所催生的。他們其實也隱含了另一個結論，即天主教和科學是衝突的。Merton 等人其實還是或多或少接受科學與宗教衝突的論題，只是他們認爲的宗教就是天主教，和新教無關。我則認爲，基督教是個整體，不是可以割裂的。韋伯和 Merton 等人的考察固然合理，工業革命以降，現代化和現代科學都是新

43　Robert Merton, *Sciences, Technology and Society in 17th Century England*（Harper & Row, 1970）.

44　Reijer Hooykaas, *Religion and the Rise of Modern Science*（Grand Rapids: Eerdmans, 1972）, p.xiii, p.161.

45　Peter Harrison, *The Bible, Protestantism, and the Rise of Natural Science*（Cambridge University Press, 1998）.

教爲主導，其中加爾文主義確實起到了重大影響。但這不是圖景的全部。同時也應該看到，伽利略、笛卡爾、帕斯卡、萊布尼茨等人都是天主教背景。所以，基督教的傳統作爲整體，不能簡單分割。當然，Merton 等人所看到的，天主教和新教的差異所致在不同時期的與科學的關係的差異，也是不容否認的，但這不能從此引出宗教（天主教）和科學衝突的論題。應該指出的是，經歷了百年歷程，科學與宗教衝突的觀念已被證明站不住腳。在一般知識人和大眾文化中，這觀念還是主流，但嚴肅的學者，已少有人這樣簡單來看問題了。

下面從觀念和制度的角度來簡述宗教與科學的關係。陳寅恪論史，不外觀念與制度兩端。以此眼光來看基督教和科學的關係，也能夠得到很好啓發。首先要提到一個討論了百多年的大主題，即中國歷史上沒有科學的傳統。鴉片戰爭後的中西交流，兩邊都有人敏銳認識到，中國古代文明不遜色於西方，爲何到了現代卻落後了？這就是中國落後的困惑。到了新文化運動期間的科玄之爭，知識人幾乎一致認識到了這個問題，從此也開始了中國文化背景下如何進行現代化的宏大主題，有重提中體西用，有全盤西化，到自力更生的閉關鎖國，到後來的改革開放，都可視爲這宏大主題的變奏。隨著雙方瞭解的增加，人們發覺，相對於西方，中國其實一直有很先進的技術水平，在宋明就更達到了高峰。對中國落後的困惑，轉爲一個具體的問題，現代科學爲何出現在西方，而非中國。這就是李約瑟問題。很多求解的人都不約而同提到西方科學的進展中，一個至關重要因素就是基督教信仰。陳方正的專著《繼承與反叛》[46]，被認爲是對李約瑟問題最完整詳實的回應。他的著作也特別指出了宗教和西方科學的緊密關係。

這種緊密關係可以從觀念和制度兩個方面來考察。猶太—基督教傳統和現代科學密切聯繫，已成爲共識。具體是哪些觀念和科學探索有聯繫，則不容易說清楚。衛京信（Loren Wilkinson）是一位很有意思的學者，他關注一些"天人之際"的問題，對人與自然的關係有很深的思考，也是實踐者。他和妻子 Mary-Ruth 合著一本書，專門教人如何過一種簡樸環保的日常生活。他曾和我談過現代科學的起源和基督教世界觀的關係。根據《聖經》，世界和人類的起源是上帝的創造，這世界是按照一個智慧的設計來建造的，因此是實實在在的，是理性可達的，是可以理解其中奧秘規律的。這樣的一種對世界和

---

46 陳方正：《繼承與叛逆：現代科學爲何出現於西方》，北京：三聯書店，2009。

人的理解，才會有科學探索的衝動，因爲理解這被造的大自然，就是理解上帝的意志，是非常神聖高貴的天職。這可以解釋，萊布尼茨和牛頓等人苦思世間萬有的奧秘，微積分和萬有引力等理論當時也沒有任何實用價值，純粹爲了理解上帝創造的奧秘。不僅他們自己看重這工作，教會和公眾也看重，給與極高的榮譽。

反過來，如一些東方宗教那樣，如果把這宇宙看做是一種虛幻的無或空，就不會有對理解自然的驅動力，也不會把科學探索看做神聖天職。按照這樣的理解，這種東方的世界觀下，是不可能出現微積分和萬有引力的。當然，技術發現也有出於一些智力好奇、實用方便甚至是邪情私欲。李約瑟浩繁卷帙的《中國科技史》，記錄了許多道教的技術發現，尤其是一些化學規律。這些技術發現都沒有成爲有理論的科學，都只是停留在工匠經驗的水平。李約瑟他們皓首窮經所發現的榮耀的過去，背後的更爲可悲可笑是，這些技術經驗一大部分都是道士高人爲長生不老而煉丹采補時發現的[47]。其中最寶貴的就是處女的尿液和月經。道士高人掌握了把這些寶貝用金器銀器盛來又熬又煉又蒸又煮八八六十四或九九八十一回諸如此類的奧秘。他們這樣日復一日年復一年的反反復複的專心致志的勤奮勞作鍥而不捨，產生了許多化學反應，他們也由此積累了豐富經驗。自從秦始皇以來，許多哲學王都雅好此道，這可以部分解釋爲何哲學王要後宮三千，那是因爲她們身上有寶貝。無疑，這些和科學的神聖探索毫無聯繫。

中國傳統思想觀念缺乏科學探索的動力，在五四科玄之爭時期，馮友蘭就有明確提出。當時他遠在哥倫比亞大學讀博士，但對國內轟轟烈烈的德先生賽先生很關注，用英文發表了一篇論文，題目就是"中國爲何沒有科學"，論題就是中國傳統思想中沒有科學的價值地位，從而不可能產生科學。

> 無疑，地理、氣候和經濟條件是形成歷史的重要因素，但我們要記住這些是使歷史成爲可能的條件，而不能造就歷史。這些因素是一個戲劇不可或缺的舞臺，而非原因。造就歷史現實的原因，是生活和追求幸福的願望。但何爲幸福？人們對此眾說紛紜。正因如此，就有了眾多不同的哲學體系，不同的價值標準，並由此產生不

---

47 李約瑟，"中世紀對性激素的認識"，《李約瑟文集》，遼寧科學技術出版社，1986，第 1045-1054 頁。

同的歷史。此文要嘗試得出一個結論，就是中國之所以沒有科學，
即因其自身的價值標準本來就不需要科學。[48]

從制度層面上看，科學探索尤其要求有獨立地位，不受權力和意識形態的
約束。這就是西方的大學傳統，而現代科學和大學無法分開。大學本身源於教
會，早期大學全部都原本是神學院。從一開始，大學的特徵就有，一，國際性，
來自五湖四海，不同國家種族，甚至不同信仰背景。大家共同的交流準則就是
理性，注重推理辨析。二，獨立自治，不受世俗權力權威影響。三，自由探索。
究天人之際，通古今之變。只要是智力上有疑問之處，就可以去探索，不用過
問是否能經世致用。和大學本身一樣，這三個特徵也都來自教會。

何謂科學的世界觀？這裏無意要設立一個標準體系。有一些要點，還是
可以清楚看到的。首先，要成為科學的世界觀，一個思想體系不能自我矛盾，
或者有自我挫敗。其次，和公認的科學知識要契合。其三，這種哲學預設下
所建構的社會經濟形態和意識形態，要能夠為科學探索提供驅動力和支持。
這些雖不能完全講清楚一種世界觀或哲學和科學的關係，但這幾點應該是最
重要最本質的。從這些標準來看自然主義與科學的關係，它明顯不合格。EAAN
已經指出它的不自洽之處。而如果進化論是科學，它和自然主義也無法結盟。
反過來看有神信念，不僅是自洽的，和科學知識也沒有衝突，甚至還能和進
化論結合。而若從社會文化環境來看，只有猶太－基督教傳統才產生了現代
科學，其他傳統和文明都沒能如此。

現在可以下結論，科學和猶太－基督教並不衝突。上面所論可以歸結為
三個要點。一，自然主義有自我挫敗，無法合理解釋世界和生命的進程。二，
有神信念不僅和科學沒有衝突，兩者還有和諧的關係。進化論如果是真的，
就可以和一個上帝的觀念結合，把自然演化過程理解為上帝有目的地指引的
一個過程。三，歷史也表明，基督教的世界觀和科學的進展緊密聯繫。即便
是從教會建制來說，沒有修院就不會有大學，沒有神學就不會有早期的科學
探索，就不會有現代科學。從另一個角度說，有神信念是由科學自然而然引
出的一個哲學結論，是由科學引出的一個世界觀。上帝不僅和科學沒有矛盾，
上帝還是科學的最終結論，也是一個必要預設。

---

48 Fung, Yu-Lan, "Why China Has No Science--An Interpretation of the History and
Consequences of Chinese Philosophy", *International Journal of Ethics*（The University
of Chicago Press, Apr 1922）Vol.32, No.3, pp.237-263.

第九章　多元論的貧困

　　前面論述在多元困境中，有神信念比對立的立場有比較優勢，因此是合理的選擇。關於多元問題，還有其他方面，比如，一種知識的獨一立場能否得到辯護？是否與衝突的悲劇有必然聯繫？基督教信念的辯護有一個自然的結果，就是信仰獨一論[1]。猶太－基督教的經典本身具有獨一的特點，十誡的第一誡就明確"除我以外，別無他神"。而歷史上猶太－基督教傳統有許多不寬容的悲劇。許多人認為這些悲劇和獨一論有密切聯繫。這就有了對信仰獨一論的實踐／道德的批評。這是曠日持久的獨一論／多元論之爭的焦點內容。這裏要處理兩個問題，第一，猶太－基督教的信仰獨一論能否得到辯護？第二個問題是，各種不相容的信念能否共處？該如何共處？本書對第一問題的答案是，不相容信念是知識上無可避免的，信仰獨一論也是合理的。第二問題的答案在於對寬容的理解。我介紹幾種不同的對寬容的理解，其中作為尊重的寬容是最可接受的。寬容和兩個原則緊密相連，就是以他人為平等和洛克的基於同意。在這"基於同意"的寬容原則下考察獨一論和多元論，則可把兩者視為一個原則下的兩個不同側面。多元論看到了信念的多樣性，而獨一論則看到自己要堅持的內容。但兩者都可以有一個共同原則，即除非別人同意，不可把自己信念加給別人。由此出發來看第二個問題，即面對衝突悲劇的憂慮，其實問題本身不在各種不相容的信念，而在於其中的信念持有者背離了寬容的原則。此章處理第一個問題，下一章將討論第二個問題。本章分為四節。第一節簡述多元／

---

1 Exclusivism 一詞，一般譯為"排他論"，現根據何光滬教授的建議譯為"獨一論"，並致謝意。

獨一論之爭的來歷和過程。第二節介紹柏亭格的獨一論辯護，並精確定義獨一論。第三節具體討論對有神信念獨一論的道德和知識指責，結果是兩種指責都不成立。第四節介紹信念分歧的知識分析，說明信念分歧和信念獨一的立場是不可避免的。

（一）爭論的簡述

多元論出現的背景是日益加速的全球化進程。今日的飛機十幾小時內把人從西半球送到東半球，經濟一體化使人的周圍充滿來自世界各地的產物，有食物衣服也有偶像工藝品，有電器也有來自大洋一偶的巫師蠱惑起舞的音像。不同的人種不同的生活，不同的敬拜不同的神靈。互聯網絡把知識和信息變得瞬間可得，同時也帶來新的問題。信息工具落後的時代，困難的是知識的獲得，現在的困難是信息太多以致抉擇無從下手。信仰方面，信息爆發時代的人們在眾多差異之前也手足無措。不同的信仰，不同的價值，不同的傳統和生活方式都展現在人們面前。特別是看到各種完全不同的信仰表達，各自都是嚴肅認真，若有其事，要判斷哪一種為真是艱難的事，最省事的事情就是宣稱他們都是真。後現代全球化的今日，宗教多元現象異彩紛呈。但這現象不是今日才有。在中國南方的鄉下，從來就不難發現三五步的距離之間，不同的偶像和廟宇並排而列，甚至同一個廟宇內就同時供奉了不同的各種偶像。舊約時代的以色列人就被周圍形形色色的不同宗教所包圍。新約時代的保羅，在雅典就看到了諸神廟宇林立。《羅馬帝國衰亡史》中，吉本寫下這樣的話，"羅馬帝國境內的種種偶像崇拜，在世人看來都是同樣的真，在哲學家看來則都是同樣的假，而在政府官長看來則都是同樣有用。"[2] 看來羅馬時代的哲學家都是強硬的排他論者。後現代的今日，有相當多的神學—哲學家則對種種宗教有了不同的態度，他們認為這些宗教都為真，不過都是部分的真。誰把握了全部的真？當然是這些神學—哲學家了。這就是近幾十年主流的宗教多元論。學界 20 世紀八十年代開始關注宗教多元現象。可以作為一個風向標的是 Faith and Philosophy，International Journal For Philosophy of Religion 等專業刊物，開始出現大量這些問題的討論。參與其中的有希克，阿爾斯頓，柏亭格，拉納（Karl Rahner）等等。雖然觀點各異，基本上是多元論

---

2 Edward Gibbon, The History of The Decline and Fall of the Roman Empire, Volume 1, Chaper II, Part I.

和獨一論兩種觀點之爭[3]。

　　有關多元論的討論，中心人物是希克。值得一提的是希克曾自述自己的背景，是在英國伯明翰，他說自己成長時期，周圍就有各種不同宗教傳統的人群，有印度教徒，有穆斯林，也有一些東方的宗教。這使他很早就開始思考這些不相容的信念，到底如何解釋。他的多元論開始登場是在 1976 年的一個關於神秘主義的會議，他提交的論文"作爲認知的神秘經驗"（Mystic Experiences As Cognition），就從宗教神秘經驗多樣性的角度提出了多元論[4]。1980 他出版了一本書，書名就明確了他的觀點，《上帝有多個名字》（God Has Many Names）這本書認爲猶太－基督教以外的其他宗教的神靈，其實是不同文化傳統所指稱的同一個終極實在。比如印度教的濕婆等，就是上帝的另一個名字[5]。1989 年他出版了多年思考的集大成之作，《宗教解釋》。此書甫一出版，就立得大名。它系統闡述了多元論的觀點，並爲其建立哲學的基礎，就是借用康德的本體與現象的二分觀念。簡而言之，希克設定康德的本體就是宗教上的終極實在（The Ultimate Real，有時他用大寫的實在，The Real），而其他不同的宗教現象，不同文化背景下的信仰，都是指向這個實在。雖然各自都有觸摸到終極實在的部分眞理，但整體上而言，沒有哪一種宗教完整把握了完整圖景[6]。這就是希克所鍾愛的盲人摸象寓言。每個盲人都摸到了大象，都摸到了部分，但沒有一個盲人把握了完整的大象。

　　希克的多元論無外乎宣稱樣樣都對個個有理。這對傳統的教會提出了挑戰。猶太－基督教本質上是獨一論的，但在全球化時代，宣稱其他信仰爲錯誤，這恐怕是冒天下之大不韙。基督教陣營裏的天主教會，一直都自居正統，很早就有"教會之外無拯救"的教義。而且，這裏的教會只指天主教，其他教派都不算。按照這教義，只要不是天主教徒，不管信與不信，都不得拯救，都在地獄爲他們預備了地方。但在現代社會，這樣的宣稱顯得過頭了。天主

3　華語學界對多元/獨一之爭多有關注。Hick 的著作在八十年代開始就被譯介到中國。九十年代基本上是多元論聲音一邊倒。1999 年《維眞學刊》刊出一系列文章，討論柏亭格的獨一論辯護，從此以後多元論雖還是聲勢浩大，但不再獨尊。然而，清楚指出多元論的困難並爲獨一論作有力辯護，這樣的文章尚未曾見。

4　John Hick, "Mystic Experience as Cognition" in *Mystics and scholars,* ed. H. Coward and T. Penelhum（Waterloo, Ontario: Wilfrid Laurier University Press, 1977）.

5　John Hick, God Has Many Names（Philadelphia: Westminster, 1982）.

6　John Hick, *An Interpretation of Religion*（New Haven: Yale University Press, 1989）, pp.241-242, p.351.

教很早就在思考改革。這最終有了 20 世紀六十年代的梵蒂岡二次大公會議。
這長達數年的會議，背後的神學思想主導者，就是拉納，他被稱爲梵二會議
神學的設計師（Architect）。梵二會議的決議檔，形成厚厚的一本大書。總的
精神就是適應現代社會的變遷，比如，彌撒原來一律都用拉丁文，後來在不
少地方就改爲用當地語言；原來一直不准避孕，現在只有某些避孕方式是可
以的，比如婦女排卵安全期。哲學家安斯侃（Elizabeth Anscombe）爲天主教
的生育觀念辯護，努力甚多，並身體力行，生了七個孩子。"教會之外無拯
救"的教義沒有取消，但這聲音明顯弱化，決議文件把新教徒和猶太教徒稱
作"其他宗派的弟兄"。在此背景下，Karl Rahner 提出了"匿名基督徒"的
概念。這個概念所指，就是那些如孔子和甘地等世上各地的道德楷模。梵二
會議有一個重要概念，叫普遍的恩典。即這些非基督徒的聖人，其實也在上
帝的恩典之中，所以他們多有成就。只是他們還沒有認識完全的眞理，所以
還不是基督徒，他們是"匿名基督徒"[7]。但他們一定有機會，這就是另一個
教義，這些好人死後都會去到一個地方叫靈薄獄（Limbo），在那裏可以聽聞
福音得到拯救，成爲完全的基督徒。這個理論後來被名之爲包容論
（Inclusivism）。

　　阿爾斯頓在多元/獨一之爭裏也很活躍，並廣爲關注。他的討論和其他人
對他的回應，在文獻中占了相當大比例。他主要從宗教經驗和信念辯護的角
度來回應多元現象的挑戰。他的觀點在《認知上帝》（Perceiving God）一書有
完整表述。他的思路大致這樣，首先，他提出了 Doxastic Practice 這個概念[8]。
這概念用詞有些怪，其實是指 Belief Formation Experience，就是信念形成經
驗。相應地，基督教信念的形成，也有一些基督徒的經驗，這就是基督徒神
秘實踐（CMP，Christian Mystic Practice）的概念。阿爾斯頓又用了 Practice
這個詞，這有些誤導人，中文翻譯也很麻煩。他所指其實是那些人們能在其
中感知到上帝的經驗。比如在某些情況下人們明確感到一個上帝，他創造萬

---

7 Karl Rahner, "Christian and Other Religions", in *Philosophy of Religion: Selected Readings*, Michael Peterson, William Hasker, Bruce Reichenbach and David Basinger （eds.）（Oxford University Press, 2001）.

8 Doxa 這詞大有來頭，這裏且作些咬文嚼字的功夫。Doxa 的詞源在希臘原文裏其實
　就是看（dokein），後引申爲 Opinion，或者 Belief。人人都有自己的 Doxa，那麼如
　何才是有道理的 Doxa？這就引出了柏拉圖的知識定義，JTB（Justified True Belief），
　即知識是有辯護的 Doxa。Dokein 這個詞不僅是 seem，還有 seem good 的意思，到
　了基督徒的手中，就變成 Glory（榮耀），禮儀教會就常見這個 Doxology（三一頌）。

有，有能力智慧，同時又滿有愛心，人們感到這個上帝就在身邊，他們心裏由此很溫暖，很滿足，也很感激。所以這個概念翻譯爲基督徒信仰經驗會比較恰當。很多信徒都有這些很確定的經驗，這些經驗和上帝有關，因此信徒相信上帝，有內在理由的支持，不是武斷無根據的，因此是知識上有辯護的。而且，這信徒的經驗不是單獨的個案，是有廣泛的基礎的，而且也是歷史久遠的。重要的是，也從沒有什麼確定無疑的證據表明這經驗是假的。所以，作爲整體的基督教信念，也是知識上合理的。

其次，阿爾斯頓承認多元現象確實提出難題，削弱了 CMP 的合理性。第三，但基督徒在 CMP 基礎上，還是有理由堅持自己立場。他提出了不同天氣預報方法的類比。天氣預報的方法，除了氣象臺，還有許多。有些看雲彩天色，有些看草上之風，還有些看螞蟻搬家。據說很多人都能從烏龜背上的痕跡變化，看出未來天氣變化。這林林總總的天氣預報，有些可以是準確的。但這些理由都不能使人對氣象臺的信念有動搖。阿爾斯頓得出他的結論：

> 我這裏的主要論題，就是基督徒信仰經驗是合理參與的，因爲這是有社會基礎的信念形成經驗，也無證據表明這是不可靠的，也沒被表明不能合理地接受。[9]

可以看到，這個結論是比較弱的，可以稱之爲對基督教信念的否定的辯護，即並沒有什麼確定證據證明基督徒信仰經驗是假的，比如都是洞穴囚徒的夢幻等。而且，這種經驗是有廣泛的社會歷史基礎的。阿爾斯頓的這個論點當然有根據，基督教已有兩千多年歷史，現在則有二十億左右的信眾，這自然是有社會歷史基礎。然而，一個信念沒有被證明爲假，不等於此信念爲真。而且，社會歷史基礎也不見得是個解決問題的理由。基督徒有 CMP，其他的信仰中的人同樣可以有自己的宗教經驗來支持自己的信仰，比如印度教徒的信仰經驗（HMP，Hinduism Mystical Practices）。印度教徒雖沒有基督徒那樣人多勢眾，也爲數不少，據說接近十億。如果二十億的基督徒經驗不容否認，難道十億印度教徒的經驗就可以否認？可見，阿爾斯頓的否定的辯護也不成功。

在此多元/獨一之爭中，主要爲上面介紹觀點，除此之外，其餘聲音甚微。多元論的呼聲最高，幾同官方理論。由於一些學者有意無意的誤導，多元論和寬容的價值判斷等同，而獨一論則和不寬容等同，這雖有極大的誤解，卻

---

9 William Alston, *Perceiving God*（Cornell University Press, 1992）, p.194.

成爲教條。在這種思潮下，古典的猶太－基督教獨一論的立場受到挑戰。許多保守的信徒隱隱覺得這裏有些問題，但又不知如何辯護，弄不好還會被人咒罵爲基要派，甚至恐怖分子。直到 1995 年，柏亭格發表了"爲宗教獨一論辯護"一文，局面立時改觀。首先的效果是，人們看到了獨一論不是不可辯護的，其次，對獨一論的道德指責基本上結束，以後的討論主要圍繞多元/獨一立場的知識辯護。這篇文章也使多元/獨一之爭更爲激烈。2000 年出現了一本文集，收錄了各方的文章，是這些爭論的一個回顧[10]。在那以後多元/獨一之爭，重點轉入了信念分歧的知識分析，Richard Feldman 多有貢獻。

這曠日持久的多元獨一之爭，各方都無法解決多元難題。阿爾斯頓論述基督徒的堅持立場是知識上合理的，當然這是對自己的內部理由而言。但他也承認其他競爭的信仰同樣可以這樣作。Hick 明確的多元立場更加無法面對質疑，很明顯，如獨一論那樣，明確否定多元論，多元論難道也承認他們合理？難道有圓的方？樣樣有理，個個都對，這樣的立場說起來很容易，要給出理由卻很難。Rahner 的包容論是一廂情願，不僅沒有好的論證，不能使人信服，還招致傲慢自大的批評。天主教是純正的基督徒，其他信仰的人則是尚未成長完全的基督徒，這確實有些傲慢。很多批評正是對此不滿，有人戲稱，Rahner 和他的同黨恐怕是"匿名的印度教徒"，如此等等。

柏亭格對獨一論的辯護，其基本立論被廣爲接受，但他的論證沒有越出阿爾斯頓的工作。他和阿爾斯頓一樣，論證基督教信念知識上有辯護。柏亭格和阿爾斯頓的不同之處是，阿爾斯頓著重從內在宗教經驗方面來爲信仰辯護，而柏亭格在知識論上的辯護則詳盡的在各種知識辯護的方案都有論述，論證不管接受哪種知識辯護方案，基督教信念都可以有辯護。另外，他提出了柏油洋娃娃的類比，反駁了對獨一論的道德指責。但這種反駁，充其量只是說明，這種道德指責若成立，則大家都無法逃脫，基督教信念不應該因此而比別人多受責備。但這問題還是有，這缺陷人人都無法逃脫，並不說明這不是缺陷，而是更說明這缺陷的可怕。就如一種傳染病，人人無法避免，不能說明這不是病，而是說明這病的可怕。

多元現象難題的要點是，如果每個立場都一樣有支持自己的理由，那就每人都有理由宣稱自己有理。但另一方面，這又不可避免是非理性的武斷的，

---

10 K. Meeker, and P. Quinn,（eds.）, The Philosophical Challenge of Religious Diversity（New York: Oxford University Press, 2000）.

因爲別的和你對立的立場也和你一樣有自己的理由，你如此宣稱就知識上沒有辯護。但眞理不可能是圓的方。一定是有對有錯。所以，只要是無法駁倒對方，或找出理由說明對方立場的劣勢，多元現象的挑戰就始終還在。柏亭格對有神信念獨一論的辯護只差一步。面對獨一論的道德指責，他作了辯護，並從幾個知識方案論證了獨一立場可以得到辯護。但是，很重要的一點，多元/獨一之爭中，也會出現大南瓜的反駁，即其他立場也會依樣畫葫蘆，爲自己辯護。因此，要爲獨一論作成功辯護，有必要駁倒多元論。獨一論的辯護必須結合反自然主義論證，指出多元立場不免落入自然主義或懷疑論的本體預設。本章即是要從此角度來將此工作推進一步。首先來仔細考察一下到底何謂獨一論。

（二）獨一論是什麼

　　獨一論的精確界定，有必要和多元論一起來考察。因爲，許多的爭論恰恰是由於概念不清晰引起的。此節首先從一般直觀來討論多元/獨一論之爭，並分析常見的錯誤。其次，要借助柏亭格的工作，對獨一論作清楚的界定。

　　首先要留意到，有種默認把多元論與寬容和尊重差異等同起來。這其實是對世界多樣性的確認。作此理解本身沒有問題，權且稱之爲局部多元論。這實際上是對人類自身認識能力局限的確認，是健康有益的態度。作爲對應的獨一論是什麼呢？大致的直觀是，在多種選擇面前，依然堅持一種觀點，並認爲其他觀點都錯，這才是獨一論。反之，如果一個人本來沒有多種選擇，他雖然只相信某種信念，卻不能說是獨一論者。但是很多的討論裏，常常把獨一論和不寬容不尊重別人等同起來。多種選擇面前堅持一種，並不等於不寬容或不尊重差異，從一個獨一論者，到不寬容他人並帶來衝突，這中間還有很長的距離。

　　首先他僅僅是個獨一論者，但同時他完全尊重別人不同的信念，儘管他相信他們都錯了。其次，他不僅是個獨一論者，他還相信不寬容是合理的，並認爲既然只有自己的信念是對的，就有必要強制大家接受。然而，他這種不寬容信念僅僅是私人的，並沒有公開表達。再次，這個獨一論者不僅相信不寬容，還公開表達不寬容。最後，這個獨一論者不僅相信不寬容，公開表達不寬容信念，還實行不寬容，並帶來衝突。

　　相應地，在第一種情況，一個無害的獨一論者，是無可指責的，事實上也是大家都接受的。第二種情況，大概只能說，有人心懷一些不好的意念，但沒有不好的行為，這在道德上很難指責，畢竟，"人心比萬物都詭詐，壞到極處，誰能識透呢？"（《耶利米書》17：9），如果真要指責，就全人類無一漏網之魚。第三種情況，這屬於言論自由，人有表達自己思想的自由，儘管大家認為這思想錯誤，該受譴責。第四種情況，這個人不僅道德上該受譴責，還必須承擔法律責任。在這裏可以看到，從一個獨一論者到一個帶來衝突的人，還有很遠的距離。僅為獨一論者，這本身無可非議。在討論中也不可以作一個大跳躍，把獨一論者等同於不寬容的相信者，更不可把獨一論者等同於不寬容的實踐者。而在很多的討論中，這個跳躍往往有意無意地出現，獨一論者不僅僅是獨一論者，還等同於不寬容的提倡者和實踐者。

有自己信念的同時，要尊重差異，不可把自己信念強加於人。作如上清楚界定的多元論和獨一論，所說內容不過如此簡單兩句話。這是常識而非高深理論，也並無好壞善惡之分。多元論和獨一論其實是這個兩句話常識的兩個不同角度的觀察。多元論看到了人類的複雜多樣，獨一論看到自己所要堅持的內容，但兩者都可以同意不把自己觀點強加於人。在此兩者不是不相容的關係，而是一個常識的兩個組成部分。

遺憾的是，在很多的討論裏，這個常識被有意無意地攪渾，多元論和獨一論都被巧妙地挪移一步。這挪移之巧妙使得討論中的人們常被迷惑。多元論變為不僅要承認世界的多樣性，還要要承認各有其理、各有千秋。這就是第二種多元論，且稱之為完全多元論。這種多元論不僅是要確認複雜多樣的世界，而且不允許只確認一種正確而其他都錯。它要求人們承認樣樣都正確，至少是可能正確。與此相對，一個人若不承認樣樣都對個個有理，就是獨一論者，就是不寬容不尊重差異，甚至索性將其與狂熱分子或恐怖主義並列。這種理論將多元論和獨一論對立起來，作為兩種不能相容的價值取向。

由此，如果有人膽敢宣告自己信念，並認為凡與之不符的皆錯，他或她就不僅是獨一論者，還是心胸狹窄，愚昧無知的代名。相反，多元論被昇華為美好偶像，是美德愛心的代名。多元論成為時尚，人爭趨之，因其上有光環曰心胸寬廣，愛心無遠弗屆。這就不奇怪很多人熱衷於一些詞彙，如現代後現代、軸心後軸心等，又如多元、解構、反本質、三教四教或五教合一，等等。這也許是化功大法，功力高強，故能化之。也有可能，之所以能化之，是因為他或她的天空，只是井底的那個被造物所見的那麼大。

狂熱分子確實是獨一論者，但獨一論者不一定是狂熱分子。相反，一個完全多元論者其實已經是個獨一論者，因爲完全多元論者在排除獨一論！這種多元論的腔調其實是自掌嘴巴（self-defeated）。而柏亭格早指出，這種多元論者是在玩柏油洋娃娃，玩的時候自己註定會被粘上。孔子雲，名不正則言不順。子爲政，奚爲先？必也正名乎！信哉斯言。我並不主張一定要把多元論作如上理解，但在討論中先把自己用的概念說清楚，則可以避免許多麻煩廢話，減少紙張的浪費，有利保護環境。我也不反感完全多元論，因他或她既然要承認各種信念都對或可能對，那就要承認有神論是對的或至少是可能對。我只是擔心，多元論者能否劃出一個圓的方。多元論的龐大塵囂顯得很大很豐富，仔細看看其實很貧困。

多元論的旗號被濫用，還會導致不良後果。正如周偉馳指出，這會被一些人拿來掛羊頭賣狗肉[11]，比如暴君暴行也可以說自己該在世上有一席之地。即，如果多元論者的論斷是可行的，那麼一個暴君大可要求大家對其寬容。事實上，世上一些地方的哲學王就是以此來爲自己的暴政辯護的，要求國際社會不得干預他們的家國大事。說白了，這就是一個暴虐家長宣告，管教孩子的方式多種多樣，樣樣都對，個個有理，不管他如何暴打自己孩子，都是符合多元原則，鄰居警察都不得干預他的家事，即便左鄰右舍被他家孩子的哀哭鬧得寢食不安，也不得干預，不然就是粗暴干涉家事，就是破壞多元原則。我不知道多元論者是否願意作這些暴君的乖乖仔去承受栗鑿竹棒。

上面從直觀上大致圍述了何謂多元論和獨一論，並澄清了一些誤解。這裏要進一步以柏亭格的工作來精確定義獨一論。柏亭格提出一個條件 C，只有滿足條件 C，一個人才可稱爲信仰的獨一論者。我嘗試將條件 C 作清楚一些的闡釋。一個人稱爲獨一論者，要滿足以下幾個條件：第一，獨一論者面對的是多種選擇，而不是單一的。柏亭格以他的祖母爲例，這老太太從小到老都生活在基督徒群體中，基督信仰是她惟一的選擇，雖然她聽說過舊約中記載的形形色色的偶像崇拜，這並沒有爲她提供多種選擇，由此也不能說她是獨一論者。第二，獨一論者有理由堅持自己的信念，但同時也清楚，那些和自己不相容信念中的人，也有他們自己的理由堅持自己的信念。第三，他認爲與自己不相容的信念是錯的，但他堅持自己信念的理由，並不是完全確定無疑的，如數學證明那樣無誤的。這個條件，其實是說獨一論者無法說服別

---

11 周偉馳：＂宗教命題的眞理問題＂，《哲學門》，2002 年第一期，北京大學出版社。

人。柏亭格舉了歌德爾的例子。當歌德爾證明了不完全性定理時，很多人都不相信，但歌德爾自己是有完全確定無疑的理由相信自己立場的。而且，如果別人願意並有能力理解，他是可以把自己的證明演算出來給他們看的，這就成為確定無疑的理由，別人不能不相信。也就是說，他是可以說服別人的。這種情況下，歌德爾就不能說是個獨一論者[12]。這個第三條件，初看起來有些異樣，但卻是很必要的。這三個條件，簡潔一些說，就是一個人在多種選擇面前只選擇一種，並認為其他與此不相容的信念皆錯，雖然他沒有辦法說服別人，這時這人就是個獨一論者。

這個界定是合適的嗎？有質疑認為這個界定太窄。也許有些人認為，只要是只認自己對而別人錯，就是獨一論者。現在看看這三個界定是否必要。首先，如上所述，第一個條件看來可以過關，不然那鄉村老太太就是獨一論者了。所謂獨一論，另一個意思就是排他。在一個本來沒有多種選擇情況下，自然說不上排他。第二條件，說的是當事人要知道對方也有理由，雖然自己不認同這理由。看來也有必要。如果一個人不相信或者根本就不知道別人有理由相信他們自己的信念，他認為那些不同信念的人們是假冒偽善的，或者是非理性的，或者索性是瘋子。這時是不能說這人是獨一論者。從另一方面說，他確實有獨一的立場，但並不是這裏要討論的那種在知識和道德上有缺陷的獨一立場。回到大南瓜山谷，或者柏拉圖的洞穴，那南瓜教徒和那洞中囚徒，從小被洗腦，相信了南瓜教義或洞穴教義，相信南瓜王普治萬邦，或者相信一切皆幻，唯洞中日月方為真實。有一天他們有機會出來，見到各種各樣的不相容信念，但他們還是相信自己原來的教義，不僅如此，他們還相信那些不相容信念中的人們，比如，那些陽光下相信藍天綠樹的人們，是錯的，甚至是瘋子。當然，這些南瓜教徒和洞中囚徒的信念是錯的，也是獨一的，但你卻不能在知識和道德上指責他們。他們誠然有理由信自己所信。你這藍天綠樹下的人可以憐憫這南瓜教徒或洞中囚徒，卻不能指責他們。這裏有一個難題，上面所講的南瓜教徒的例子，其實就是"不知者不怪"的原則。

這裏問題所在就是蘇格拉底討論過的無知。無知的情況下所作的無心之失，儘管後果令人遺憾，但難以指責當事人。當然，若涉及法律，當事人也許要負擔責任，但卻不是這裏討論的知識和道德上的缺陷。上面提到的洞穴

---

12 Alvin Plantinga, "A Defense for Religious Exclusivism", in *The Analytic Theist*, James F. Sennett,（ed）（Grand Rapids, Michigan: Eerdmans, 1998）.

教義和南瓜山谷，也許是遙遠的思想實驗。在現實之中，不難發現這樣的例子。在我們先輩火熱的革命年代，這些革命青年打倒自己的師長父母，那種殘暴，登峰造極。他們這樣作，就是處在一種洞穴狀態。因為他們從小被教導橫掃一切害人蟲，對待階級敵人如秋風掃落葉般殘酷無情。他們當然不認為對方有理由，而且，重要的是，他們這樣作時，不僅心安理得，還覺得偉大光榮，肩負歷史使命。回到這裏討論信念的知識和道德上的缺陷，很難指責他們。要理解這點很不容易，正如人們往往不能理解耶穌在十字架上為釘他的人禱告，"父阿，赦免他們，他們所作的，他們不曉得。"

是的，不知者不怪，無知者無罪。人們可以為無知所致的悲劇痛心和遺憾，也可以追究民事法律的責任，但對當事人卻無法作道德的指責。但是，這個原則的界限在哪裏？假如南瓜教徒相信惟有南瓜教徒是高級進化或者高貴的種族，其他凡非我族類都是王風未澤的夷狄，都該滅絕。當然，他們有充分理由信他們所信，並且不知道這是錯的。這可以不知者不怪嗎？這裏轉到寬容的主題，即在此情況下要引入平等和基於同意的原則。此章將論述，一個信念不管如何不可理喻，只要不涉及他人，都是合理的，但如與他人有關，就要有這兩個原則。

現在來看第三個條件。這看來也是必要的。像哥德爾那樣有一個確定無誤的證明，當然是要認為只有自己對，而別人錯了。那些不同意他的人如果願意，可以去讀這證明。如果要他承認人人都對個個有理，那才是咄咄怪事。因此，歌德爾儘管是獨一的立場，卻沒有知識和道德上的問題。

現在可以看清楚，事實上，真正知識和道德上有缺陷的獨一立場只有一種，就是在清楚自己信念有問題時，由於品格的缺陷，一個人固執己見，這才是真正有缺陷的獨一論。這些信念的問題可以是多樣的，比如，清楚知道了這信念本來就是假的，或者，雖然這信念不一定為假，但很明顯比之相反的信念要不可靠得多。這時，若是出於傲慢，或者虛榮，或者恐懼，或者私利，或者固執，等等，總之是出自個人的軟弱而堅持己見，這就是那種知識上和道德上有缺陷的獨一論者。

上面所論，一個方面給出了獨一論的精確定義；另一方面也界定了獨一論的兩個不同層次，即無可指責的，源於無知的獨一論，和有知識和道德問題的獨一論。

（三）知識和道德的指責

　　界定了獨一論後，現在討論有神信念的獨一立場辯護。對有神信念獨一論的批評來自兩個方面，一是知識上的批評，二是道德的批評。回應也相應從兩個方面著手。

　　從知識上看，就有神信念的內在理由而言，是有辯護的，即這信念不是武斷的和沒有理由的。柏亭格的文章已經論證，無論是合理性，辯護還是保證的知識角度，有神信念的獨一立場都可以成立，都有理由堅持自己的信念。柏亭格把各種知識辯護的可能都逐一考察，結果是信仰的獨一論都不會有知識的問題。這裏不詳細一一介紹，只看看最傳統的知識定義，知識是有辯護的真信念。這種古典的理解下，辯護大致有兩種情況，一是知識義務的理解，即信念義務論。對於一個基督徒來說，他相信創造天地的上帝，並相信上帝道成肉身，這樣的一個信念集合是否有悖知識義務？這很難看出有問題，我的信念是思考過的，不是隨隨便便的。

　　二是從外在方面來看，即與其他不相容信念比較來看，有神信念有更重要的理由堅持獨一立場，這就是本書第八章所述，相對於其他不相容的信仰，如自然主義，有神信念有知識上的比較優勢。在這多元/獨一之爭中，有一點是很重要的，因為就內在理由而言，其他的信仰也有可能有理由有辯護，比如也有很強的內在真實的宗教經驗。而信仰的真，比如上帝是否存在，沒有一個確定無誤的答案。只有放在一起作比較，即雙方都無法有確定無疑的理由說服對方放棄立場，在此背景下才有多元/獨一之爭。這樣看，就會明白，對信仰獨一立場的指責，既然不能證明其為假，就只能是在知識上對其指責，比如，這是武斷的，沒有辯護的，非理性的等等。這也就是說，多元論者的思路其實是說，如果接受獨一論的預設，就會知識上無法自我辯護，即，獨一論預設下的知識系統是有問題的。相應地，有神信念獨一論辯護其實就是在有神信念預設下，論證自己立場是融貫一致的。這在本書前面所述的反自然主義論證中，已經有詳述。

　　根據反自然主義論證，結果不局限於此。這思路可以翻過來並更進一步，即，人們也可以同樣方式質疑多元論者的知識地位：多元論預設下的知識系統是可辯護或有保證的嗎？前面已經論述，除了有神信念的本體立場，只還有兩種選擇，要麼是懸隔問題的懷疑論，要麼是自然主義。因此，多元論的本體預設是玄之又玄的終極實在，這實際上是不可知論立場，當然，它也許有可能認爲自己是自然主義的立場。根據反自然主義論證，兩種立場都有潛在的自我挫敗。當然，多元論者如 Hick 也許還是自認是有神論者，那麼他當然可以採用有神信念獨一論的立場並得到辯護。但是，他既然是多元論者，他這個立場就是自己反對自己，他的立場就是個圓的方。總之，多元論者的知識劣勢是無可避免的。這樣，正如反自然主義論證表明了有神信念比之自然主義有優勢，有神信念獨一論也比多元論有優勢，從而對獨一論的知識指責不成立。相反，多元論就陷入了知識的劣勢，多元論者如果明知如此，還是堅持己見，就是知識上的不負責任。知識的指責，方向已經倒轉。所以，對有神信念獨一論的知識指責不成立。

現在來討論對有神信念獨一論的道德指控。這些指控形式多樣，比如理智的傲慢，自我中心，自以爲是，等等。John Cobb 甚至用了基督徒帝國主義的提法（Christian imperialism）[13]。總之，你要說樣樣都對個個有理，你要是只認自己所信爲眞，你就不是個好人。對於這些道德的指控，柏亭格對此有很好的回應。柏亭格重點說明，單單因爲一個人堅持與其他人不相容的信念，單單因爲一個人不能接受其他信念，是不可以提出道德指控的。他針對多元論者對有神信念獨一論的指責，提出一個柏油洋娃娃的比喻，認爲如果這指責成立，則幾乎人人都無法逃脫，包括多元論者自己，因爲多元論者排斥獨一論。柏亭格說，這種道德指控就如手持柏油洋娃娃去打別人，打人者註定要自己被粘上。

多元論者指責有神信念獨一論的傲慢，主要是針對猶太─基督教。這確實事出有因。以色列無疑自認耶和華的長子，亞伯拉罕的子孫。既是長子，有些傲慢是免不了的。這種上帝選民的觀念傳遞到基督教信仰中。當然，這選民身份不是來自血統，乃是信仰，這就是因信稱義。保羅書信花了大量篇幅論證血統和割禮都不能使人成爲眞正上帝兒女，只有信心才使人成爲眞以色列人。（《羅馬書》2：28-29）基督徒無疑認爲認信基督就認識了最重要的眞理，就是道成肉身的基督。而福音書就記載了，"你們必曉得眞理，眞理必使你們得以自由"（《約翰福音》8：23）。所以，信徒們不僅認爲自己認識了眞理，他們還相信自己必將勝過罪惡而得以自由；而且，他們還相信教會作爲整體，最終要戰勝世上掌權的撒旦，實現上帝公義的天國。所以，成爲上

---

13 John Cobb, "The Meaning of Pluralism for Christian Self-Understanding" in Leroy S. Rouner, ed. , *Religious Pluralism*（University of Notre Dame Press, 1984）.

帝的子民就意味著眞理、自由和勝利。當然，那些不信者不僅一無所得，還有悲慘和審判等待他們。多元論批評這種信念不僅是理智傲慢，還是自以爲是的優越感甚至是帝國主義。

我認爲，這種指責若可成立，則涉及的不僅是有神信念，也不僅某個宗教，可以說每個人信念體系中都有這種無法逃脫的病毒，包括多元論者自己。這個道理其實並不複雜，很容易就看清楚。多元論者通常是些精英人物，反傳統是他們的基本立場。他們所指責的獨一論，其實是針對基督世界，將其看做一個擴張的宗教，是傲慢自大的帝國主義。看看那些和基督教相反的人們，他們的信念如何？有沒有這種理智的傲慢？前蘇聯無疑是最大的反基督教的國家，現在就來看看他們有無傲慢的道德問題。值得留意的是這個國家源於一批猶太精英，他們起來向自己民族的上帝宣戰。在這些精英的熱情感化之下，俄羅斯全國不信上帝，他們把信上帝的人稱爲鴉片煙鬼。還有，他們也說那些信上帝的人是童年時悲慘不幸，無父無母，長大了就相信聖父聖母。這些人及其門徒們都相信宗教徒是愚昧無知的可憐蟲。相反，心智健全，聰明智慧，業經啓蒙的俄羅斯人及其門徒當然是眞理在握了，不僅如此，他們還要以此眞理來解放全人類，結果就使得世界上有了戰爭和殺戮。這是不是一個擴張的宗教？這些猶太精英及其門徒，相信自己把握眞理，是否理智傲慢？是否是自以爲是的優越感？

不僅這些猶太精英及其門徒，多元論者自己又如何？他們就可以逃脫傲慢的指責嗎？他們難道不是認爲自己眞理在握其他人都是盲人摸象？難道不是認爲自己胸懷廣大，宗教徒則狹隘無知？再轉頭來看看中國傳統，這又如何？人們大都相信，吾堂堂華夏的傳統溫柔敦厚，熱愛和平。這也許是眞的。但是，另一方面，中國不是一直以自己爲世界中心嗎？不是一直把凡非我族類的一律貶爲夷狄蠻奴胡虜番？二十四史哪一卷把他們稱作"人"？吾華夏難道不是得聖人教化的光明淨土，其他族類都萬古如長夜？我曾長期生活的廣州，至今還把其他長毛族類稱爲番鬼，深膚族類則稱爲黑鬼，更卑賤的族類，很不幸，這些往往是住在不見天日的城中村的炎黃子孫，他們不配享受陽光雨露，常被稱爲打靶鬼。這種態度，難道還不夠傲慢嗎？這溫柔敦厚的堂堂華夏，難道還不是赤裸裸的自以爲是的優越感和帝國主義？

我堂堂華夏的傲慢不僅古已有之，且從未斷絕。幾十年前，我們先祖父輩都相信海峽對岸和大洋對岸的人們都在水深火熱之中，自己是紅旗下成長最幸福的人，之所以幸福，是因爲自己眞理在握；而對方之所以不幸，是因他們所信純爲鴉片和謬誤。今天這信念也許有變化，但並沒有消失。2008 年，美國經濟危機，中國政府手持大量美國債務，大陸新聞機構大量報道渲染此事，很快有一位從美國回來的學者遭遇了一個有趣的信念。這位學者，從美國回中國，到湘西旅遊，碰到一個當地鄉下人。這中國鄉下人當然是看新聞的，他見了這位美國來的學者，不禁滿眼同情，問寒問暖，吃不吃得飽，夠不夠錢花。末了，這鄉下人說，沒錢了盡管來跟我們借，我們中國不缺錢。當然，和我們的父輩一樣，這位鄉下人認爲中國如此偉大，是因爲中國正確又光榮；而美國如此悲慘，是因其爲錯誤所包圍。這位學者哭笑不得之餘，不禁感慨萬千。面對這個幸福的鄉下人，有何可說？按照多元論者的思路，這位鄉下人難道不是理智傲慢嗎？難道不是自以爲是的優越感和帝國主義嗎？

不信者無疑認爲自己頭腦清醒，那麼，那些在信與不信之間無法決斷的人呢？他們如何？他們能逃脫傲慢的指責嗎？無疑，他們之所以在信與不信之間不作選擇，是因爲認爲兩者都沒有好的理由，所以懸隔答案是最好的選擇，是知識上最恰當的立場，也是信念倫理上負責任的。Richard Feldman，Alvin Goldman 等人從信念分歧（Epistemic disagreement）角度對此有論述，本章接下來一節就要討論這個觀點。我認爲，從知識角度來看，如果當事人沒有足夠證據要倒向哪一邊，這個懸隔答案的辯護是沒有問題的。然而，從多元論者信念倫理的角度來看，恐怕事情不會停留在這裏，這些懸隔答案的立場恐怕也無法逃脫道德的指責。下面一個例子可以對此很好說明。

曾有一位學者的講座，其中他坦陳自己也在尋找信仰，而且不掩飾自己對信仰中的人的羨慕，認爲信仰中的人很好，而沒有信仰是很痛苦的。但是，他話鋒一轉，作了個比喻。這裏權且按照他講的思路，把故事大致重述一下。設想有一群人，一同出發去尋找信仰歸宿，一同走在路上。他們經過千山和萬水，終於看到一個嶺上多白雲的地方，有一座小廟，這群人中有人認爲這就是自己歸宿，就住了進去。剩下的人繼續上路。後來，他們在平原之處又看見一座高大殿堂，金碧輝煌，又有一些人以此爲歸宿，住了進去。如此這般，一批又一批的人都找到了歸宿。到最後，只剩下這位學者孤獨一人在路上，繼續他信仰的天路歷程。盡管他爲此痛苦，並羨慕那些信仰中的人，這學者在講座中毫不含糊地堅持，那些小廟或殿堂都不是眞理，眞理還在遙遠的遠方，有待他去追尋。他懸隔判斷，哪一樣都不信。

　　這位學者的真誠也許不容置疑。那麼來看看他能否通過多元論者的質疑。這位自認可憐的學者，這位天涯孤旅，可以逃脫傲慢指責嗎？他有無理智的問題？按照多元論者的思路，恐怕非也。這學者難道不是認為別人的歸宿都錯了嗎？他難道不會認為這些是廉價的恩典嗎？他難道不會認為自己是惟一高貴的騎士獨自走在真理的路上？他難道不是那位堅決不向流俗低頭的惟一寶貴異數？這天涯孤旅難道不是悲壯詩意又偉大？其他江湖小廟難道不是相形見拙渺小卑微不值一提？那尚為遙遠的整全真理難道不是只有這騎士才配得的榮耀？按照多元論者的思路，這不是理智的傲慢是什麼？

　　上面討論了各種不同立場，無一倖免傲慢的指責。所以，多元論者的理智傲慢指責，不僅針對有神論者，那些不信者，半信半疑無法決斷的人，以及多元論者自身，都無法逃脫。總之，信或不信，或半信半疑，或樣樣都信，不管你站在哪個立場，傲慢的細菌都會感染上你。當然，多元論者自己恐怕是最傲慢的，因為他認為只有自己才眼目明亮得窺全豹而其他人都是盲人摸象。

　　上面的討論表明，對獨一論道德上的指控若可成立，則是普遍的，因信念分歧是知識上無法避免的。獨一論的概念澄清以後，可以看到，一個人只要堅持自己的信念，就只能是獨一論者，因為他至少要排除那些否定自己的信念。相信地球是圓的，必然要排除地球是平的信念。相信自己的父親，當然排除其他人是自己父親。無神論者要排除有神論，完全多元論者要排除獨一論，一個人相信混沌的道就肯定要排除那些否認混沌的道的信念。相信樣樣都對個個有理，至少要排除真理只有一個。至於懷疑論和不可知論者，他至少要排除真理是可知的。

（四）獨一論與信念分歧

　　柏亭格的信仰獨一論辯護，學界普遍認為其基本思路是無疑正確的。多元論不再享有那種尊崇的地位。然而，很多自然主義哲學家，在承認多元論的缺陷時，並不接受有神信念的獨一論。近年就有人從信念分歧的角度來討論多元／獨一論之爭。他們的主要論題是，關乎宗教信仰，沒有一個立場是令人信服的，而恰當的立場就是懸隔判斷，這就是他們提倡的溫和懷疑論。費德曼（Richard Feldman）是近年這個立場的代表，參與其中的還有戈曼 Alvin Goldman 等人。費德曼在 2003 年寫了 "Plantinga on Exclusivism"，2005 年他

寫了 "Reasonable Religious Disagreement"，2008 年他編輯出版了一本書 Disagreement，基本上都是圍繞信念分歧的知識分析。這節主要考察費德曼的兩篇論文。

在 2003 的文章費德曼論及柏亭格的獨一論是有知識缺陷的，其主要錯誤是，在同等條件下，對不同信念沒有同等對待。他認為，柏亭格的獨一論知道其他不同信念有與自己一樣好的理由來為其辯護，而且無法有其他理由來削弱（Discount）[14]別人的證據，這個時候堅持獨一立場就是武斷的不合理的，而多元論才是合理的。柏亭格對獨一論的辯護，承認這樣一個前提，即其他與自己不相容的信念，其中的信念持有者也有和自己一樣好的理由來支持他們的信念。在此背景下，費德曼提出一個 B 原則：

> 如果（I）S 有好的理由，即 "內部標記" 來相信 P，但是，（II）S 也知道其他的人與 P 不相容的信念，而這些人也有好的 "內部標記" 的理由來相信他們所信的，而且，（III）S 沒有其他的理由來削弱其他人的理由。這時，S 的信念 P 得不到辯護。[15]

在此原則的預設下，費德曼認為如果要為獨一論辯護，柏亭格的選擇有三樣。第一，他不接受（II）並認為其他人的理由不如自己的理由。第二，他不接受（III）並認為有一些外部的知識差別使得其他人的信念打折。第三，他不接受 B 原則。這三個選項，柏亭格無論選哪一個都會有問題。

柏亭格的回應則是另一個途徑。他提出這是不可避免的狀況。多元論這樣來反駁獨一論，就有，如果多元論者 S 接受 B 原則，並且 B 為真，那麼就沒有理由反對獨一論對 B 的拒斥，因為按照 B 原則的（II）和（III），S 沒有辦法打折獨一論的理由。而如果 B 是假的，那麼多元論者的前提就是假的，當然就無法反駁獨一論。對於這種反駁，費德曼的回應是，當多元論者反對獨一論者對 B 的拒斥，多元論者已經相信獨一論者沒有好多的理由，所以就會打折獨一論者的理由。但是，獨一論者同樣可以說，當他們拒斥多元論時，他們已經認為多元論理由不足，雖然多元論者自己認為自己理由充足。

費德曼的錯誤在於，對於不相容信念而言，只有局外人才會認為兩者的支持理由對等，都同樣的充分。而對於信念中的人，他們不會認為對方的理

---

14 Discount 可譯為消弱或消解，我傾向於 "打折" 的譯法。

15 Richard Feldman, "Plantinga on Exclusivism", *Faith and Philosophy*, Vol 20, Issue 1, Jan 2003, pp.85-90.

由與自己的一樣好，而是總有理由打折對方的理由。雖然，這些理由不一定會清楚表達，比如，在社會交往中，爲了寬容和友善，一方會公開承認對方有理由，但這只是說，就對方的立場來說，對方是有理由的。這並不是說自己也認爲對方有理由，其實心底無疑認爲自己才是對的。所以，這裏要區分社交的友善言辭與內心的真信念。柏亭格其實就是這樣的立場，只不過他的表達沒有那麼清楚。他是承認 B 原則的（II）和（III），但他也說過，"信念中的人並不認爲對方信念和自己在知識上同等"[16]。費德曼承認這是可能的，但他繼續質疑，認爲具體到獨一論者，他們未必真有理由拒斥多元論。他認爲，單單宣稱多元論者有知識的盲點是不夠的，還要具體給出真正的理由。

這觸及了關鍵。如果沒有明確的理由駁倒對方，多元困境始終都還在。在反自然主義論證還沒有那麼清晰的幾年前，費德曼的質疑是有道理的。但現在的情形而言，找出多元論的盲點並不難。多元論要選擇自己的本體預設，而這在有神信念以外，只有兩種選擇，要麼是懸隔答案的懷疑論，要麼是自然主義。反自然主義論證表明，這兩種選擇都無法在知識上與有神信念競爭。反自然主義論證指出的否認有上帝的立場的無可避免的自我挫敗，無疑是有效的理由，足以支持有神信念獨一論者拒斥多元論。

2005 年費德曼的結論不再是多元論，而是他稱之爲溫和的懷疑論。他關注的依舊是有神信念獨一論和無神論的爭執。這次他換了一個場景，關注討論班上的彼此承認合理信念分歧的現象。宗教哲學討論班上，這些討論班的參與者，面對不相容的信念，堅持自己信念同時，承認別人信念同樣合理。大家都是謙謙君子，都同意不同意（Agree to disagree）。他們對宗教信仰各執一詞，都認爲他人與自己不同的信仰是合理的，都提倡一種寬容尊重的精神。但是費德曼提出問題，在大家各自的理由都充分分享討論，這時可以說大家的理由背景都是一樣的，這時卻作出彼此不同的判斷，這樣的分歧是否合理？如果我認爲自己的信仰是合理的，我又同時認爲與我不相容的信仰也是合理的，這樣的一種認爲有合理分歧的立場本身是否合理？這是否自相矛盾？

費德曼論證的要點：在證據充分分享情況下，只有一種信念是合理的，其他的就是不合理的。如果無法斷定哪一個合理，就當懸隔判斷。費德曼在此文提出兩個概念，信念地位同等（epistemic peers），惟一論題（uniqueness thesis）。前者是對討論班場景的一個知識預設，認爲在討論班上眾人充分討論

---

16 Ibid.

並分享各自理由，因此，對於某個信念大家的知識背景是同等的。第二個概念，對於某個信念，在一定證據集合之下，只有一個結論是最合理的。在此兩個概念下，費德曼提出觀點，認爲同等知識背景之下，一定有一個最佳答案。不可能有合理的信念分歧。若有分歧，肯定有一方是不合理的。對於一些很困難的問題，比如有無上帝，大家公認沒有確定無誤的答案。並且，不管大家如何充分討論並分享證據，分歧總存在，有人信有人不信。費德曼認爲在此類情況中，最恰當的知識立場是溫和的懷疑論，懸隔判斷不作結論。費德曼自己是無神論者，但承認，在此爭論中，自然主義沒有優勢，無法有優勝的理由排斥有神信念，因此也只能是懸隔判斷。他承認，這對他的自滿的無神論（complacent atheism）是個挑戰[17]。

費德曼的立場很明確，要麼一定有一個立場是合理的，而其他的分歧則爲不合理，這時就要堅持合理的立場。要麼無法得出判斷，這時就要採取溫和的懷疑論，懸隔判斷。費德曼的這種立場，是和克利福（William Clifford）的知識倫理學一致，認爲信念要有證據，不然就不僅是知識缺陷，還是不道德。Alvin Goldman 也支持懸隔判斷。懸隔判斷只有在兩者的證據對等下才合理。當然這也就不適用於有神信念與自然主義之爭，因爲自然主義已被表明有自我挫敗，知識上就處於劣勢。

費德曼考察了幾種可能的支持有合理分歧的理由。一是認爲，證據一樣結論不同是常見的現象。二認爲，作出不同結論是源於各自有不同的背景和出發點。第三種理由認爲，出現支持合理分歧的立場，是因爲並非所有證據都能充分分享，而那些沒有分享的證據就是各自有了不同的選擇。第四，這信念分歧是有的，但其中的當事人卻沒有意識到。費德曼逐一考察，認爲沒有一個理由是成立的。

費德曼的斷言看來不太可靠。直觀上說，那四個理由都有可能成立。特別是，有些證據是不能充分分享的，這點很重要，即信念分歧不可避免。費德曼設想的也許是理想狀態，比如，他可能認爲一群人一起，都知曉現代的科學常識，在此大家都充分分享的情況下，合理的選擇應該是科學主義，而相信有神信念則是不合理的。他得出結論，在大家知識背景一致和證據充分

17 Richard Feldman, "Reasonable Religious Disagreements." In *Philosophers Without Gods: Meditations on Atheism and the Secular Life*, edited by Louise Antony（Oxford University Press, 2007）, pp.194-214.

分享的情況下，只能有一種結論是合理的，其他有分歧的信念只能是不合理的。這有類柏亭格對信念獨一論的辯護，認為知識的獨一立場是無可避免的。

但費德曼不限於此，他進一步提出一個結論，認為討論班上那些學生的彼此承認信念的合理分歧，這是知識上站不住腳的。費德曼堅持知識上條件同等情況下信念的合理分歧不可能的結論，看來是正確的。當事人認為自己信念為真，當然要認為與己不相容的信念為假。但是，他由此進一步的結論，認為討論班中參與者彼此承認合理的信念分歧是錯的，這則恐怕不準確。首先，要區分知識立場和道德立場。兩者有重合但並不等同。比如，有些信念的分歧下當事人在知識和道德上都是一致的，比如，殺人放火的事，當事人是知識和道德上都認為是錯的。但有些信念，當事人可能知識上認為錯，卻不會認為這信念道德上都有問題。討論班上的情形就如此。參與者彼此宗教信仰不同，知識上認為對方是錯的，但他們不會認為對方道德上都有錯。所以，當他們彼此表達同情的理解，認為對方與己有分歧的信念是合理的，他們是在道德的角度來看此事。即，這時承認合理的信念分歧是一種道德上的彼此寬容，而非知識上的真假判斷。他們並不認為對方的信念知識上為真，但認為對此寬容是理所當然。費德曼顯然將此二者混為一談了。

其二，費德曼沒有看到，分享證據不等於接受證據。信念分歧不可能，在演繹和可檢驗條件下的經驗知識，這是可行的。費德曼設想的大概是這樣的。如大家一起參與一個計算，如果每一步大家都認同，就只能出來一個結果而不會有第二個。對於非演繹的經驗知識也可以如此，雖然沒有這麼絕對。如一個實驗，大家都參與始終，各個步驟都認同，結果大家也會一致。不僅是數學－邏輯和科學知識，在社會領域也可以大致如此。比如，一個暴政劣跡斑斑，昭然若揭，不僅有屠城滅絕，餓殍遍地，赤地千里，還防民之口，密探密佈。所有這些有目共睹，對此人們就應該有大致相同的知識態度，認為這是錯的。如果巧舌如簧為此辯護，也確實真有其人，比如就至今有人為希特勒和斯大林辯護，然而，這不僅是知識的問題，還是道德墮落。

但是，人的信念體系並非如費德曼所設想的理想情景。實際上有許多信念並非確定有對錯的界限。有沒有上帝，無法結算也無法實驗操作來驗證，但對此問題人人都有選擇，有人信有人不信，有人半信半疑。又比如天氣，同在一個太陽底下人間四月天，史湘雲相信這是良辰美景奈何天，賞心樂事誰家院，天氣實在美妙。林黛玉相信這是凄凄慘慘戚戚，淚眼問花花不語，亂紅飛過秋千去，非常眉憐骨累（melancholy），傷得蠻多（sentimental），怎一個愁字了得。湘雲黛玉，兩者信念地北天南，卻無法說出誰對誰錯，各自都自信滿滿，不覺得自己有何差錯。這些例子可說明費德曼認爲沒有合理的信念分歧的觀點是錯的。原因在於，信念形成是很複雜的事，並非僅僅基於證據。費德曼自己看到了這點，並且承認實在無能爲力將此闡述清楚。

　　這的確困難，但並非不可言說。解決問題的關鍵正在此。這裏嘗試把此闡述清楚。要點有二，一是如前所述，要區分兩種信念，第一種是演繹或經驗可驗證的信念，第二種是既非自明也不可驗證的個人信念。其二，信念形成除了證據還有其他因素。費德曼所述四點因素直觀上就都成立。我嘗試從另一角度來考察此點。我把形成信念分歧的因素分爲兩類，一是當事人的內在差異，如內在稟賦、性情、智力等方面的差異。這些差異可導致相同的證據之下，得出不同的結論，就如史湘雲和林黛玉對天氣的信念差別。第二類是外在的因素，同樣影響信念形成，但這些因素不是可以充分分享成爲眾人一致的證據。比如，有神論者常訴諸啓示，這些啓示各不相同但都使他們產生信仰。然而，這些啓示是難以成爲眾人一致的證據的，即便當事人願意分享這些啓示的經歷，其他人恐怕不一定會認同這可以成爲支持信仰的證據。有人在壯麗奇妙的大自然面前，有一種奇異的溫暖充滿心裏，他確信有一位創造天地的主宰上帝。當他把這經歷與人分享，其他人也許都會認同這是真切的經歷，但不見得會認同這是上帝的啓示。當然，從另一角度說，這種因素不僅是外在的，也是內在的，因爲作出不同判讀有內在原因。不信的人會以其他理論來解釋這種內心的溫暖。比如，認爲這是心理投射，這是神經官能的一種錯位，等。

　　這表明費德曼的一個預設是錯的，這個預設就是認爲證據充分分享下就會大家都接受這證據，就不可能有合理的信念分歧。如前說述，這個論點對於演繹無誤的和經驗可驗證的信念是成立的，但並非對所有信念都有效。柏拉圖的洞穴思想試驗是豐富寶藏，蘊含深刻洞見。這裏也再次借用這個實驗來說明爲何費德曼的預設是錯的。設想洞穴囚徒一日走出來，站在日光之下。我向他介紹這周圍花草樹木，告訴他這才是真實世界。但是，這洞穴囚徒拒絕承認這個世界，他堅持，這都是幻覺，只有他在洞穴中所見才是真實。不管我有什麼證據如何解釋，他都堅持己見。日光之下成長的我，當然認爲他錯了。由於我明白他成長於洞穴之中，明白他無法改變自己所信，我認爲他的洞穴信念對他來說是合理的，儘管知道我自己才是對的。從此例子可知，證據充分分享並不意味大家都會接受，在此情況下信念分歧是合理的。再回到費德曼討論班的情景，很明顯這裏眾人討論的宗教信仰不是自明的也非可驗證的信念，而是一種個人信念。在此情況下出現信念分歧是很正常合理的，產生這些分歧既有內在的因素，也有外在的因素。至於溫和的懷疑論，費德曼其實針對有神信念，他認為既然有神論者沒有什麼理由駁倒別人，懷疑論就是恰當的。這回到了反自然主義論證，如本書所述，對於有無上帝這個問題，懸隔判斷的懷疑論同樣有知識上的劣勢。

所以，費德曼的前後兩篇論文的論證都有問題，2003 年論文並沒有成功為多元論辯護；2005 年的論文所論兩個論點，合理信念分歧不可能和溫和懷疑論都有問題。如上所述，和他的觀點相反，合理的信念分歧是可行的，至於關於上帝存在的溫和懷疑論，由於反自然主義論證難以被推翻，這種懷疑論也難以企穩。

關於本章一開始提出的兩個問題，第一個問題是有神信念獨一論是否得到辯護？這裏得到了幾個結論：

（1）獨一論立場是普遍的且是知識上無法避免的必然，但並不是所有獨一立場都能夠得到辯護。

（2）一個知識立場的辯護必須作到，在自己的本體預設下的知識體系是融貫一致的。

（3）有神信念獨一論可以論證自己本體預設下的知識體系是融貫一致的，多元論/懷疑論卻對此無能為力。因此，有神信念獨一論知識和道德上都可以得到辯護。

第十章　走出哲學王的洞穴

　　上一章討論了有神信念的獨一立場是否合理，現在轉到這個問題，既然信念分歧是不可避免的，那麼不同信念中的人，該如何共處？從前面的討論看，獨一論是無可避免的困局。人只要有自己的信念，就不免同時有一種獨一論的立場。上一章的討論也明確了，單就信念的獨一立場而言，在道德和知識上都無可指責。但信念常常不僅是信念，信念還會引出行為，而不相容信念就不免引出行為的衝突。既然信念的獨一立場無可指責，難道那些衝突都無人負責？在多元/獨一之爭中，各方關注的都是相同的難題，即，不相容信念，尤其是不同的宗教信仰，帶來許多現實的衝突悲劇。多元論者不明白不相容信念的本質，並指責獨一論者在知識上沒有辯護，道德上有缺陷。但正如柏亭格所述，多元論者這種立場乃使自己真正陷入知識和道德上的雙重困境。在另一方面，柏亭格的辯護雖使獨一論在知識和道德上都能企穩，卻無法闡述清楚衝突悲劇的根源，也沒有指出走出這種困境的出路。而這正好是多元/獨一之爭的焦點。如果沒有衝突的悲劇，就不會有多元/獨一之爭。當然，柏亭格的這種立場有他自己的理由，因為他的護教策略就是否定的，他並不是要給出肯定的解決方案。他要辯護的就是，這些衝突的悲劇不能歸咎於獨一論者，或者說，有神信念獨一論者不必為這些衝突悲劇比別人承受更多的指責。總而言之，獨一立場是無法避免的。

　　從前面的論述可以清楚，不相容信念本身不應該受到指責。但衝突的悲劇總是要有人負責的。所以，精確些的問題是，不相容信念中的人們在什麼情況下就是錯的？此章要回答這個問題。答案是寬容。我提出一個寬容的精確界定，並提出寬容的兩個原則，以他人為平等和基於同意。此章分為六節。

第一節討論在信念分歧無可避免的知識困境中，什麼樣的原則來處理分歧和衝突是合理的。此章提出寬容的兩個原則，即以他人為平等和基於同意，並討論一些對寬容的誤解。第二節從兩個角度為人的尊嚴辯護，即由於唯我論的不可接受以及人的無知，個人的尊嚴就須確認，就無人有權為他人設計生活。第三節分析在什麼情況下寬容的原則失效。人們有可能拋棄寬容原則，這固然有道德的原因，明知故犯，但更重要的原因是無知。第四節討論無知的根源何在？答案是一個封閉的柏拉圖洞穴。第五節討論為何哲學王的洞穴不能辯護？哲學王要設計美好生活，由於道德和知識的雙重缺陷，這註定失敗。而最堅固的困局就是哲學王也會陷入無知。由於無知的可怕，知識就重要。這裏提出一個條件，即開放的知識形成環境，沒有這個條件，就有非理性的信念分歧，即那些不知何謂寬容，不知自己錯的信念，隨之而來的結果就是衝突的悲劇。並強調，社會或團體結構中的上層，比如家庭中的父母，一個群體的政權，有不可推卸的責任促成和維護一個開放的知識形成環境。最後一節回顧本書。

（一）寬容及其誤解

上一章論證了信念分歧不可避免。常識而言，人有分歧乃日常生活的一部分，人們對此耳熟能詳，也明白凡事都要訴諸強力，都要比拳頭大小，是不可能解決問題的，衝突於己於人都不利，故此要彼此相讓，彼此尊重。這就是常識理解的寬容概念。但是另一方面，寬容又不容易理解。在什麼情況下該相讓呢？什麼時候又不該相讓？寬容有一些什麼樣的具體原則？什麼時候寬容變成縱容？什麼情況下就是不寬容？精確定義寬容，並找出寬容的原則，正是這裏要處理的問題。

首先要對寬容作些歷史背景的回顧。蘇格拉底有追隨論證的格言，強調凡事講道理擺事實，不能以強權加諸於人。倫理的黃金規則存在於不同的文明之中，孔子的“己所不欲，勿施於人”，和新約中耶穌的話，“你若願別人怎樣待你，你也當怎樣待別人”，都可視為寬容的一種表達。寬容成為一個廣為關注的思想主題，是在宗教改革之後。宗教改革使得原本一體的西方世界四分五裂，並由此引起了廣泛的政治社會衝突，而這些衝突都和宗教信念分歧分不開。有關寬容的討論基本上是處理宗教衝突的問題。改革之父如路德和加爾文等人的著述都有涉及寬容，主要是從基督教的立場來闡發，如上帝的愛的命令，“愛你的仇敵”。斯賓諾莎的《神學政治論》和洛克的《論寬容》也是討論國家權力和宗教信仰關係的問題。直到十八世紀美國獨立之父對君權的批判和 19 世紀密爾《論自由》的出版，才標誌著寬容的討論進入更廣泛的政治社會領域。20 世紀有極權主義的興起，無論是在東方還是西方，都造成大規模悲劇。海耶克和波普爾等人，他們從經濟學和哲學角度對極權的批判，可視為對寬容的辯護。最近幾十年興起了有關多元論的討論。和寬容的討論一樣，多元論的討論開始也是集中關注宗教信仰，最近則又延伸至更廣的政治哲學和社會理論。也許是源於對極權的恐懼，後來對多元的堅持有變成新教條的嫌疑，以至於可被極權本身所濫用。這是上一章所詳述的了。

　　不相容信念和多元/獨一之爭有密切聯繫。寬容是理解多元/獨一之爭的關鍵，而不相容信念則是寬容的知識論基礎。這三者關係要闡述清楚不容易。首先要知道不相容信念是分級的。第一是無關他人的私人信念，這種信念和他人的信念僅僅是知識上的不相容，並無其他衝突。第二級的信念不僅是私人和他人信念僅有知識的衝突，還有道德信念的衝突。這時不相容信念也不再是私人的，而是進入公共領域了。第三，不相容信念不僅是知識上和道德上的衝突，還有法律上的問題，即其中的信念帶來法律的後果。其中當事人如果對那衝突的信念視而不見，不僅是知識和道德問題，還涉及法律責任，比如是縱容犯罪和包庇罪行。

　　清楚了不相容信念的三個分級，就可以精確定義寬容：首先，寬容中的當事人認為那些與自己信念不相容的信念是錯的。所以寬容針對的是當事人自己所不贊同的人和事。寬容的觀念在清末民初隨西學的傳播而來到中國，胡適把 Toleration 譯為“容忍”，現在看是恰當的，這更為明確表達了當事人的態度。其次，當事人也認為，雖然那些信念是錯的，但不會有礙他人或者有害社會。在這兩個條件下，要對不相容信念寬容。作此定義的寬容界限是明確的。當那些不相容的信念不再是僅關乎己，而是有礙他人，甚至道德上不可接受，對此寬容就是錯的，即，對不道德的信念及其行為的寬容是不道德的。再次，若那不相容的信念不僅是道德有問題，還有法律問題，這時，對此寬容也是有法律問題的。如一個人明知自己朋友相信搶劫銀行發財致富乃理所當然，不僅如此，這朋友還在計劃搶劫行動。此人對朋友的信念和行為都不以為然，卻聽之任之，就不再是寬容，乃是包庇縱容。

　　從寬容的角度看，那些衝突悲劇並非僅僅是不相容信念的問題。單單是信念不相容，如果無關他人，無論在當事人看來這些信念是如何荒謬絕倫，寬容也是當取的態度。這點恰是多元論者所倡。但在衝突中各方涉及的不僅是因爲相信對方是錯的，還認爲應該消除或改變對方信念，即使採用強力手段也在所不惜。歷史上的宗教戰爭就常由此而起。宗教改革時期，聖餐中的麵包和酒，在神職人員祝福後，是否成爲了基督的身體和血，這大有爭議。三位一體教義也如此，三個位格是一個神還是三位？這些在當年不僅是私人信念，而是會引發大規模的衝突悲劇。從現在的寬容觀念看，無疑這些是無礙他人的私人信念，你可以相信以酒爲血大錯特錯了，但卻無權干預別人的私人信念。

　　這裏要講清楚信念和行爲的關係。在和當事人不相容的信念中，若那信念僅是關乎自己，即使引起行爲也與他人無關，寬容就是必須的。比如，有些修行者相信自己的肉體是虛幻下賤的，由此他們對待自己的肉體苛刻又特別。日曬雨淋，鞭打刀劃，在某些部位作某些標記，或放浪形骸，或置身汙物。他們相信如此才可到達靈性高峰。另一當事人相信另一種傳統，認爲身體是聖靈的殿，是神聖尊貴，不可褻瀆的。他由此相信那些修行者錯了，但同時相信該對他們寬容。第二種情況，信念不再是只關乎己，與他人也有關係。比如那些修行者相信，不僅自己的身體，別人的身體也是虛幻下賤的臭皮囊，但他們也認爲每人只對自己負責，不應過問別人如何對待自己身體。無疑，另一當事人也該對這不相容信念寬容。第三種情況，比之第二種情況又進一步，即這些修行者不僅相信自己的而且別人的身體也是虛幻下賤，還相信別人也該如自己那樣來對待身體。另一當事人，面對這些修行者，知道他們的信念，也知道他們如有機會就會強力向別人推行他們的身體政策，雖然他們現在還沒有行動。這種情況下，這當事人不可以寬容這些不相容信念。第四種情況，就是當事人面對的不僅是不相容的信念，還有其引起的行爲。如果這些行爲是妨礙別人的，則不應該寬容對待。比如，那些修行者得到了權力，強力推行他們的身體政策，比如，都要身上作某種記號，或都要剃某種頭型，等等。這可不是傳說神話。"留頭不留髮，留髮不留頭"的國策在漠漠中土曾執行三百年之久，而這國策的結束到如今還不到一百年。幾十年前在一個偉大領袖之下，則是全國不分男女無論老少清一色的綠軍裝加領袖像章。

　　這裏要留意到，雖然此章使用不相容信念的概念，上面所述其實常會涉及當事人的整個信念體系。這點可以在修行者的例子現出來。在此例中，修行者如果單單有一個信念，相信自己和他人的身體都是虛幻下賤的，這本身不會出問題。但如果修行者們還有另一個信念，相信可以把這些身體信念強加於人，兩個信念加起來就會有衝突悲劇。所以，此處討論的對不相容信念的寬容，是指在整個信念體系中，這些和當事人不相容的信念，有無可能和另一些信念組合，從而不僅涉及他人，還會妨礙甚至侵犯他人。如果有這樣的組合，這些信念就是不可寬容的。當然，單個信念就有妨礙他人的問題，這樣的例子也是有的，比如，有人相信搶劫是合理的，這時，對這單個的信念就不可以寬容。現在可以嘗試來更精確界定寬容：

　　　　S 面對與自己不相容的信念 P，且 P 無關他人，或 P 雖涉及他

　　人，但不會引起妨礙他人的行為，這時 S 當對 P 寬容。

　　這個界定可以有一個更簡潔的表達，就是洛克的"基於同意"原則[1]。這個界定講什麼是不可以的行為，"基於同意"原則回答的是什麼條件下是可以的行為，也即是，基於同意的行為不會妨礙到他人，因此是允許的。雖然，洛克提出"基於同意"的原則，是主要針對公共權力如何才是合法的問題，也即是權力和民眾的關係該如何。他認為權力的合法性來自民眾的同意。在他的時代，他特別意指當時英國的徵稅權該由誰定的問題。但我認為洛克的原則不僅適用於國家與民眾的關係，在不同群體之間、群體與個體以及個體與個體之間的關係，都可適用這基於同意的原則。

　　這個基於同意的寬容概念，背後有個預設，就是以他人為平等，不先入為主以他人或他人的信念為低人一等，這也就是人的尊嚴的觀念。人無需其他條件，僅憑其為人，就當得到尊重。當然，這並不意味著要持一種後現代的毫無分別的相對主義。因為若一個人有自己的信念，無疑會認為與自己不相容的信念是錯的，從某種意義說，這已經不是以他人為平等了。一個業經啟蒙的現代人，無疑會認為有神論者是愚昧無知，未經啟蒙，或進化尚未完成等等，這些就某種意義上已經不以他們為平等了。反過來，一個有神論者必定會認為那些無神信念是錯的，甚至認為其中的人們是未得救恩的可憐蟲。但同時，在另一個層面上，他又確信，那些無神論者都和自己一樣，乃為上帝形象所造，都是尊貴的，在此基礎上大家是平等的。所以，完全無差

1　John Locke, Two Treatises of Government, 2.122.

別的以他人爲平等是不可能的。以他人爲平等是在另一個層面上而言才成立。這裏不一定都要如有神論者那樣以人爲上帝形象，從而以他人爲平等。新儒家的信徒可以把孔子的話作爲標準，認爲四海之內皆兄弟，都要平等相待。康德的信徒可以相信決不可以人爲手段，而當以人爲目的。也許，自然主義者可以說，大家都是原子粒子都是來自猴子，所以都平等。總之，要在某個層面上以他人爲平等。但悲劇就在於，以他人爲平等只能是某個層面的，並無法消除信念的衝突。信念的衝突是人類無法逃脫的困境。這種某個層面下以他人爲平等也不能保證沒有實踐的衝突。然而，不管如何有種種困難，以他人爲平等，或者人的尊嚴的原則，依舊是不可否認的。

若有人不承認這個預設，就會不同意寬容的原則。比如，有人相信人有高貴卑賤之分，某些種族是優越的，另一些種族則是尚未進化到文明，因此他們有價值大小之分。當然，有些哲學王也認爲自己的生命比之芸芸蟻民要貴重許多。這些人都不承認他人平等，當然就會在條件成熟時，把自己的放之四海而皆準的信條強加給別人，甚至認爲那些劣等的蟻民不配在地上分享陽光雨露，要把他們從地上剪除。當然，這不是寬容了。

上面提到的違反基於同意和人的尊嚴的寬容原則的例證，都是一方爲自己的利益，而損害另一方的利益。但是違反寬容原則還有可能是一方爲了對方的利益，而把自己的信念加給對方。這就是尼采等超人的例證，他們認爲人類處境悲慘，要使他們脫離苦海，就爲他們設計美好生活，並加給他們。這當然是與人爲善，中國傳統的表達就是己欲立而立人，己欲達而達人。這種哲學王的設計無分中西，自古就有。哲學王的眞誠往往是不容置疑的，他們都希望幫助人類實現美好生活。康德說人是目的，哲學王則認爲人人生活在他所設計的宏偉藍圖裏，才是完整實現人的目的。這樣的哲學王所帶來的人類災難已經屢見不鮮了，其中佼佼者有希特勒和斯大林。認爲這現代雙雄乃天生惡魔，這恐怕有所不公。有理由相信他們是眞誠地要拯救或解放人類。與元首過從甚密的建築師斯比爾就回憶說，元首的眼淚讓他深有感觸。曾見過一張元首與德國孩童的合影，長輩慈祥和藹，孩童天眞爛漫，彼此親密和美，實在看不出有一絲一毫的虛僞。元首誠然有一個宏願，要爲德國爲人類創造美好生活。但這裏如果涉及不相容信念，寬容的原則依舊有效。道理很簡單，德國人固然熱愛元首，其他人卻不一定。哲學王設計的美好生活，對他人也許是地獄，而他們認爲別人水深火熱，人家卻可能甘之如飴。海耶克說，通往奴役之路，由美好願望築成。與人爲善，首先要別人同意。而對他人的尊重，就是事先要知曉的善。

　　基於同意，尊重別人。這是深奧理論嗎？這不見得，也許說這是常識比較恰當。但回顧歷史，不能不驚異哲學王要幫助別人設計美好生活的衝動從無斷絕，而且也不乏車前馬後的大眾。基於同意的常識不會令人驚異，那麼容易就忘記常識才令人驚異，那種綿綿不絕的哲學王千秋事業更令人驚異。太陽底下無新事，一代過去，一代又來。那巴別塔起了一個，倒了一個，再起一個，再倒一個。看哪，這王！看哪，這些建造的人！也許，這裏惟一深奧的問題是，爲何人類總要建造巴別塔？那地上的忙忙碌碌，什麼時候才停止？這是大大的問題，這是大大的奧秘。

　　這樣看，寬容有兩個原則，其一人的尊嚴，又或以他人爲平等，其二，基於同意。清楚了這兩個原則，有助於澄清對寬容概念的幾個誤解。第一種誤解是把寬容看做是強勢一方向弱勢一方的恩惠，即我本來有能力把你從眼皮下根除，但我大發善心，允許你留下來。這種把寬容理解爲從上往下的仁慈，曾是相當普遍的觀念。在當時的背景下，其實寬容多指宗教寬容，特別是指對宗教改革後的各種與正統教派不符的教派的寬容。英國王室復辟後，聖公會成爲國教，結果不僅天主教，其他如長老會、浸信會等都日子不好過。洛克的《論寬容》就是爲聖公會以外的教派辯護，主要是指清教徒。洛克本人就是清教徒家世。而法國的孟德斯鳩、盧梭等人提倡的寬容，是在天主教主導的法國，爲加爾文教派等“異端”謀求好一些的待遇。他們的這種奔走呼籲在當時有所得著，並因此有了一些宗教寬容法令。

　　然而，憐憫式的寬容是脆弱的。對那些清教徒或加爾文教派，得到寬容時固然值得慶倖，但這畢竟是皇恩浩蕩恩准的，不知哪一天又是恩情了斷。這在歷史上確實就發生了。法國是天主教國家，宗教改革後，法國北部的加爾文教派，即胡格諾派，和天主教有激烈衝突。最血腥的是 1572 年 8 月 24 日的聖巴多羅買之夜，僅巴黎就有八千胡格諾派的信徒被屠殺[2]。胡格諾派在 1598 年得到法王亨利四世的《南特法令》恩准寬容，稍許喘息。但這法令在 1685 年爲太陽王路易十四廢除。這一年洛克正在寫《論宗教寬容》。此後胡格諾派背井離鄉遠走北美。

2　沃爾克：《基督教會史》，孫善玲等譯，中國社會科學出版社，1991，第 487-488 頁。

有鑒於此，對這種向上乞憐式的寬容，來自新世界的托馬斯潘恩明確反對。他對此有精彩論述。「寬容，不是非寬容的反面，而是它的贋品（潘恩加的斜體）。兩者都是專制。非寬容自認可以限制良心的自由，而寬容則恩准了這自由。」[3]很清楚，潘恩反對的是一種干預宗教的權威，不管這權威是恩准還是禁止宗教，他反對的是這高高在上的權威自身。這權威本身就不應該存在。潘恩的意思很清楚，就是要把政府行爲從不該有政府行爲的領域驅逐出去。他由此反對宗教寬容的提法，與此相對，他提倡宗教自由的理念。這種自由不僅無須政府恩准，而且，要緊的是，政府無權過問。政府不僅無權過問，若是過問，就是違法。這種來自新世界的理解，完整體現在美國憲法的第一修正案，即政教分離，其中的表述乃是這樣，「聯邦政府不得建立，亦不得禁止宗教。」從另一個方面說，這實際上是限定政府的權利，使其不得干預宗教事務。當然，如果某個教派有違法亂紀之事，比如殺人放火，那政府當然要處理，但這是按民事法律辦事，並無關宗教。這種新世界的自由精神，還體現在，有許多人認爲憲法第一修正案根本就是多餘，憲法根本就不用提宗教之事，這是更徹底地要把政府權力從宗教事務驅除出去。潘恩不愧是《常識》的作者，而有常識的人往往最爲清醒。他對向上乞憐式寬容的批判，至今有效，無人可及。

這種對乞憐式寬容的批判，揭示對寬容的理解不可從權力和勢力大小強弱的角度來看。這種勢力比較的角度的錯誤還有其他形式。第二個誤解是把寬容看做是勢均力敵的各方的相互容忍，即彼此都無法吃掉對方，只好容忍下來。

第三個誤解是，寬容不僅是尊重對方，還是順服崇敬。這即是把寬容理解爲一方向另一方臣服順從的姿態。哲學家布勒本（Simon Blackburn）曾談到他經歷的一次禮拜五晚餐場景，當中的問題所在就是他的猶太同事對寬容有這個錯誤的理解[4]。在當時場景中，邀請客人參與猶太安息日禮儀，本來是很好的一件事，但不能有一個預設，即認定客人必須參與禮儀，不參與就是對自己不尊重不寬容。這背後其實是要求對方順服。這是個基於同意的選擇，不可強加給人。布勒本所述的場景，那猶太主人正是有這個預設，因此不能

---

3 Thomas Paine, *RIGHTS OF MAN: BEING AN ANSWER TO MR. BURKE'S ATTACK ON THE FRENCH REVOLUTION*（London: G.P. PUTNAM, 1894）, P.74.

4 Simon Blackburn, "Religion and Respect", in Louise Athony, ed., *Philosophers Without Gods*（Oxford University Press, 2007）.

接受客人的不參與，並因此有了一個不愉快的晚餐。這種臣服順從的寬容即是無原則的接納。在這種立場裏，對某種行為和現象的寬容不是因其合理，乃是因其中當事人的權勢。事實上，這種寬容應該稱為縱容。當人們都同意如此，那麼就會有強權即合理。

這些誤解都是源於缺少了一個以他人為平等的前提，都不是真正的寬容。這些寬容事實上只是力量強弱對比下的一種應對策略。一旦力量對比的天平有改變，這寬容就無法維持。比如，其中有一方力量強大起來，他原來可以容忍的，現在不再願意容忍，就會以強力來對待對方。而真正的寬容是建立在清楚的理性之上的，認識到了每個人的尊嚴不可侵犯，並知道對方的與自己不相容的信念不妨礙他人，就要寬容待之，不論自己的勢力是大還是小，也不論自己是否有能力去強制別人，都不應當以強力對付別人，都要對人寬容。

無法否認，這裏提出的寬容概念有些理想化，有些寬泛，有一些現實的困難。對此概念的一個重要的挑戰是，似乎現實中有許多反例，在其中有些不相容的信念是基於同意的，但並不是當事人願意接受的。這在社會現實中廣泛有的例證就是，強權勢力主宰了各種選擇的機會，許多事情上普羅大眾儘管完全不願意，但惟一的選擇是同意。比如，某些強權壟斷的行業，提出的條款讓人難以接受，但你惟有接受。收入雖是倒數，可以媲美非洲，但電費卻是世界前列，貴過紐約巴黎，但沒有第二家可選擇，不用電用什麼？總不能改用月光吧？而且，即使我願意用月光，現在塵霧彌漫的城裏一年到頭也見不到幾次。祖國雖可愛，房子到處都貴到要傾家蕩產，也不能結廬而居，即使願意，也恐怕廬子沒有結好，強拆隊也到了。而且，祖先的土地也早已地契竹帛煙消，界碑摧毀湮沒，到哪里去結廬？思前想後，只好誓將去汝，適彼樂土。樂土樂土，爰得我所。這裏提出的問題是，我們是否要對強權行業寬容？沒有人喜歡它，但它是經你同意的。這看似是個反例，但卻不是。這裏要把寬容上升一級來回應這個例子，就是要追問，這個強權本身是否基於同意的。你是同意這個產品的條款，因為你別無選擇。但你是否同意了這個壟斷的行業呢？是否同意了這種只有一種選擇的局面？這樣的一個局面是你的選擇還是被強加的？很明顯，基於同意的原則還是適用於這些反例的。

（二）人的尊嚴可以辯護嗎

上一節的討論明確了寬容的兩個原則，基於同意和人的尊嚴，而前者又是以後者為基礎的。所以，最終的問題是要對人的尊嚴作辯護，即，人僅憑其為人，無須其他任何限定，人本身就是尊貴的，就是與任何人都平等的，未經同意，任何人不可把自己信念加諸於人。人的尊嚴不可犯這個命題是可以辯護的嗎？還是只能是個無法辯護的預設？此節嘗試從他心問題和知識局限的角度來對人的尊嚴作辯護。

理論上，很多人也許認為人的尊嚴是自明的，天經地義的，無需辯護的，也是所有人都該認同的。回顧一下歷史，並以現實的眼光來看世界，就會知道事情沒有這麼樂觀。事實上，不僅在實踐中有許多人被認為是劣等的，理論上認為人有貴賤之分也大有人在，甚至上升為國家意識形態。種族理論早已廣為人知，現在依舊不乏追隨者，只不過聲音小了些而已。許多人也許認為近現代以來人類日益昌明進步，所以對人的尊嚴的認識也日益清晰。但是，這種普遍的意見恐怕經不起推敲。近現代固然人類大有進步，但大規模的對人類尊嚴的踐踏也前所未有。更重要的是，近現代的這些人類尊嚴的悲劇是有一些系統的理論支持的，比如人種貴賤和階級差別等理論。這些理論的出現恰好背後是一種所謂的科學的進步的觀念，即啓蒙運動以降，經達爾文以來所形成的一種普遍的價值觀念，即自然主義和進化論混合而來的，這種價值體系權且稱之為進步觀念。

按照進步觀念，人是從猴子進化而來的，當然進化有高低有先後。人類之所以不對猴子寬容，因為它們還沒有進化為人。問題接踵而至，既然有如此進化圖景，那麼很自然那些進化慢一些水平低一些的種族就比較接近猴子。那麼高級的種族對低級種族不那麼寬容似乎就是天經地義，嚴重一些甚至可以認為他們本來就還是猴子，本來就不需要對他們寬容。當然，我可以提倡保護環境和動物權益，但這是為了我自己的益處，因為我發現環境不好物種滅絕對我的生存進化大大不利。與此類似，進步階級與落後階級的觀念也有這樣不寬容的後果。這樣的一種普遍的觀念，在歷史上是第一次。而世界範圍內，在同一種觀念下，不同國家和民族大規模發生不寬容的悲劇，也是第一次。最主要的原因就在於，進步觀念中沒有一種絕對的價值。而這種絕對價值在近現代以前是有的，這就是東方的"天生蒸民，有物有則"，或者西方的"上帝按照自己形象造人，乃是造男造女"，這些觀念背後都有一個絕對的價值，這種價值就是是普遍的人人同等的尊嚴，而這價值的來源在於那至高的絕對存在。

所以，人的尊嚴這看似是普遍接受的價值，細究之下會發現，這價值不僅在觀念和理論上都已讓位於進步觀念，在實踐上更加已被許多人拋棄。回到上面提的問題，人的尊嚴是可以辯護的嗎？雖然道德理論可以很豐富，就根本而言，人的尊嚴是不可辯護的，而只能作為理論的前提。而進步觀念則是一種與此對立的前提。兩者都不能辯護，只是不同的理論前提。承認人的尊嚴，就承認有絕對價值，就會有憐憫、仁慈和無條件給與的愛。而承認進步觀念，就會以生存進化為目標，這價值體系裏優先地位的就是進步、剛強、優秀和征服等等。這種理想的高峰當然就是尼采的超人，這種理想的另一種表述就是進步階級或者新人類。

但這並不表示寬容不可論證。下面嘗試給出一個知識上的論證。大致思路是，他心的不容否認，表明唯我論不能接受，因此無人可代替別人思想，無人可以把自己信念加給別人。其次，從主體交往的圖景看，一個主體對其他主體的知識　，總有無知之處，由於這種無知，人也不能代替別人思想，就要承認他人和自己平等。

唯我論是往往容易和哲學王傳統聯繫一起。應該說，唯我論是有很強的直觀的。維特根斯坦說世界是我的世界。這個圖景是錯的嗎？這恐怕涉及複雜的數學集合論。這裏不討論這是否為真，只是指出唯我論無法解決他心的問題，而對他心的確認是生活的一個必要條件。其次，這裏提出主體之間交往知識圖景，說明每個主體對其他主體都有無知的領域，因此無人可以代替他人思考，不可把自己信念強加給人，這即是人的尊嚴。

現在來看他心問題。寬容他人有個預設，即是他人作為主體與自己一樣。有心靈有生命，與自己相比價值並無二致。但人們如何知道他人的心靈？這在心智哲學上稱為他心問題，這一直無法在哲學上討論得清楚。但寬容原則必須作此預設，若無此預設寬容原則就不可能，唯我論者就可以認為只有自己的心靈才是真實的而他人則是虛幻的。世界一切依據自己的心靈而存在，由此當然可認為他人價值依賴於我，不能與自我相提並論，這樣對他人不寬容就成為可能，甚至可犧牲他人為自我服務。能夠理解他人，即認為他人心靈中某些內容是與自己相同的，這是個預設前提而非可證明的結論。很有可能，當某個人說理解了另一個人某句話時，他所指的與另一個人所指的內容是不同的。從邏輯的觀點看，正如維特根斯坦所言，唯我論是無可辯駁的，但接受他心是交流可能的前提。

歷史上對他人的不寬容不尊重引發的悲劇層出不窮，如果把此歸於唯我論者的作祟，恐是言之過重，但若說唯我論者有不寬容的傾向，則是合乎情理。試想一個以天下爲己任的哲學王，一個自認"吾心即宇宙"的"超人"，又或某人自認已達到天人合一境界，要爲天地立心，爲生民立命，爲往聖繼絕學，爲萬世開太平。他要厚德載物，承擔世界。這樣的哲學王，毫無疑問，他要以美德來陶育教化一個理想國。哲學王的唯我論傾向，使得他要建立的新世界只會是他自己所構想的新世界，而他人都屬於這個世界，唯我論世界中不可能存在平等的他人，也許有哲學王會說由於這個世界即是他自己的世界，他會如此愛這世界甚至爲此獻出生命，由此不可能不善待這世界上的人，這的確是可能的，但這種熱誠這種愛越強烈，就有可能對他人更可怕。理由很簡單，哲學王理解的眞，所理解的美好生活只能代表他自己，他人可不一定感同身受，哲學王的善，在他人眼中可能是惡，哲學王設計的美好生活他人有可能如做囚牢，所以哲學王要致力給世界帶來光明，首先得放下唯我論，先問他人是否覺得世界黑暗。若要拯救世界則要問問他人的世界是否在沉淪，若要致力啓蒙引領別人進入高尙的境界，則要問他人是否覺得身處蒙昧趣味低級。毫無疑問，在倫理價值領域，在社會生活層面，寬容和尊重都是常識，人人都以此爲當然，不暇多思。然而不少人恐怕還懷抱兼濟天下，以天下爲己任的雄心，他們也許不覺得這和寬容有和衝突。一旦這些有志之士權利在握，衝突就可能發生。那根植於雄心壯志背後的哲學王唯我論，有機會就會復蘇成長，最終是以萬物爲芻狗。所以，寬容最終的基礎在於對他心的確認，無條件的確認他人與自己同等地位的尊嚴。

現在介紹主體交往的知識圖景。大意是，每個主體作爲一個知識載體，相當於一個集合，而各個主體間的交往，就相當於集合的交集。交集的知識內容有兩部分，一是先天知識，是無須彼此同意就共同接受的，如時空和數學的基本概念，另一種是經驗知識，是要彼此同意的。這些經驗知識也有分類。一種如科學知識，這些是大家都一致同意的。當然，這只是一個大致的圖景。更深入一些看，科學知識也並非都是共識，如關於世界起源、微觀基本粒子的種類和性質等主題，科學家就至今爭論不休。另一些經驗知識是更多個人性質的。這些信念多樣，比如，一種食物味道如何，口味各異；而國家大事，更是意見紛呈。這些知識要成為彼此的交集部分，是要對方同意的。而且，每個主體都會有些知識領域是別人無法窮盡的，再忠誠的友誼也不可能把心底秘密倒空。

一種信念體系，不管是宗教的，文化的，政治經濟的，倫理的或是審美的，若與其他信念體系對話，可能的方式有如下。設想某當事人 S 信念體系為 A，與其他信念體系相遇。其他信念體系為 P（P1，P2，……Pn），那麼，S 無疑認為自己的 A 為真，S 對某個 P 的判斷就有三種情況。第一，A 為真，P 為假。第二，A 為真，P 亦都為真。第三，A 為真，P 的真假無法判斷。但 A 有可能是為假的，或是真假無法判斷。在這兩種情況下，相對應的信念 P 都有三種情況，真、假或無法判斷。這樣，兩種信念體系的關係情況就共有九種。

這裏考慮的是 A 的主體為出發點。實際上的信念對話會比這些情況複雜。如有的人會認為自己的信念體系 A 是半真半假，其他信念體系 P 也半真半假。這裏只考慮信念體系是協調一致的情況，要麼全真全假，要麼整體上無法判斷。這裏假定有些情況是無法判斷真假的。這裏討論的信念體系，也不包括重言式如數學，或常識信念如時空觀念等。這是人類共有的知識，沒有這些公有的知識人類就無法有效交流，設想市場上買賣雙方的算術不同會有何結果。

A 的主體對進入對話範圍的對象，即另一主體的內容作出判斷，作出真、假或無法斷定的判斷，但並不意味實際上如此，因為這判斷是僅基於 A 的主體自身的知識背景，由此僅為 A 的信念。對同一對象，P 的主體作出的判斷與 A 可能一樣也可能相反。然而不論是何種判斷，從休謨問題不可能角度看，這都是不可驗證的。信念體系依賴於主體信念判斷，而非群體公有的知識。

這個複雜的信念交往的圖景，運用到社會理論就要認識到，由於我們的無知，就沒有理由斷言自己的價值判斷比別人優越，而至多可以說這種價值判斷對自己是合適的。由此無人有理由可為他人設計生活。除非得到他人同意。但現實中不斷有人認為自己的價值判斷普遍適用，也不斷有人熱衷於為他人設計美好生活。這種人往往稱為哲人，即聰明的人。一旦這種人掌握了權力，就成為哲學王。他就要把自己的美好生活設計藍圖付諸現實。不管別人願意不願意都得按照此模式生活。19 世紀的馬克思有感於德國的書報審查制度，曾寫下一篇文采飛揚的討伐文章，我忍不住要引用一兩段以奇文共賞。

你們讚美大自然令人賞心悅目的千姿百態和無窮無盡的豐富寶藏，你們並不要求玫瑰花散發出和紫羅蘭一樣的芳香，但你們為什麼卻要求世界上最豐富的東西──精神只能有一種存在形式呢？我是一個幽默的人，可是法律卻命令我用嚴肅的筆調。我是一個豪放不羈的人，可是法律卻指定我用謙遜的風格。一片灰色就是這種自由所許可的惟一色彩。每一滴露水在太陽的照耀下都閃現著無窮無盡的色彩。但是精神的太陽，無論它照耀著多少個體，無論它照耀什麼事物，卻只准產生一種色彩，就是官方的色彩！精神的最主要形式是歡樂、光明，但你們卻要使陰暗成為精神的惟一合適的表現；精神只准穿著黑色的衣服，可是花叢中卻沒有一枝黑色的花朵。精神的實質始終就是真理本身，而你們要把什麼東西變成精神的實質呢？謙遜。歌德說過，只有怯懦者才是謙遜的，你們想把精神變成這樣的怯懦者嗎？也許，這種謙遜應該是席勒所說的那種天才的謙遜？

當你能夠想你願意想的東西，並且能夠把你所想的東西說出來的時候，這是非常幸福的時候。[5]

寫下這篇文章時，馬克思二十三歲，已經獲得哲學博士學位。他固然是天才，但他當時應該沒有想自己要作哲學王。但他無法預見到，後來人們把他作為哲學王，強制推行據說是他的理想社會設計。在這個理想社會，不僅書報千篇一律，所有日用品都由全知全能的權力部門制定生產。曾風聞前蘇俄時代關於婦女衛生巾尺寸的可悲又可笑的故事。可惜人之間的差別實在太大，生活是否美好，只有自己知道。馬克思是對的，花草都五彩繽紛，人難道不如花草豐富多彩？對那全國一個牌子的衛生巾，馬克思若地下有知，當大喊冤枉。也許不應該懷疑哲學王，他們或許是真誠的要為全人類謀福利，但這些聰明的精英還須多一點智慧，還要知道通往地獄的路總由美好的願望築成。

主體間的交往，或是個體之間，或是集體間，或是主體集體相互間，即是兩個封閉知識世界間的交流。兩個主體間當然有重合的部分，即人類共有

5　馬克思：《馬克思恩格斯全集》，第一卷，（蘇）蘇共中央馬克思列寧主義研究院編譯，中共中央馬克思恩格斯列寧斯大林著作編譯局譯，北京：人民出版社，1956，第 7-9 頁。

的知識，如先天觀念和重言式等，這些即人類固有知識。但亦有些部分不可能重合，這些非重合的部分主體間是相互無知的，這些即是不可判定的部分，非眞亦非假。對這些不可知部分，主體的態度只能實事求是表明不知道眞假，否則就是超出自己的知識範圍作判斷。

這是個複雜的知識圖景。海耶克他們正是從此角度來論證集權和計劃要必然失敗。海耶克和他的老師馮·米塞斯一樣，看到了集權和計劃的一個要點就是預設了權力的全知全能，能夠把整個社會的各種需求和供給都計算精確。而這背後其實又是預設了哲學王能夠代替別人思想。與此相反，海耶克他們堅持個人的獨一無二的特性，認爲每個人的需求是隨時變動的，因此各樣的需求一定是不可能得到精確計算的[6]。換言之，集權的計劃必然要失敗。在 20 世紀大部分時間，尤其上半世紀，社會主義思潮在知識人中廣爲接受。除了蘇聯及其追隨者，西方雖然不是社會主義體制，但知識人中普遍認爲社會主義是必然潮流，尤其是經濟領域，必須實行計劃和公有化。凱恩斯等人的國家干預主張，就是在此背景下發生。因此，與社會主義陣營相應，西方大多數國家都曾有大規模的國有化舉措。當年的論戰中，海耶克勢孤力單，支持他的寥寥無幾。正如另一位諾貝爾獎得主科斯指出，只要你是對的，你總能夠看到你的思想被承認，只要你活得夠長。到了七八十年代，西方的國有化普遍陷入困局，人們才開始重視海耶克的思想，他也由此獲得了諾貝爾獎。西方國家紛紛調整國有化政策，而蘇東陣營則整體破產。

海耶克的思想，有一個很重要的影響來源，就是波蘭尼（Michael Polanyi）。如同海耶克在倫敦經濟學院（LSE）和一幫以拉斯基和凱恩斯等人爲首的社會主義者有不斷的思想鬥爭，有趣的是，波蘭尼也有自己的一個思想鬥爭對象，不過，這人是他自己兄弟 Karl。兩兄弟中 Michael 親近古典自由傳統，Karl 則親近社會主義。兩人都成了名家。Karl 一直是個政治經濟學領域的活躍人物，Michael 則一生以科學家和教授爲職業。他兩個學生和一個兒子都拿了諾貝爾獎。波蘭尼在哲學和社會理論方面也多有貢獻。他提出知識都是個人的，科學、知識的探索，到社會經濟活動，背後都有一種個人的委身（commitment）。他尤其關注科學探索中每個人獨立的探索，背後是他們對

---

6 Ludwig von Mises, "Economic Calculation In The Socialist Commonwealth", translated by S. Alder in F.A. Hayek, ed., *Collectivist Economic Planning*（London: George Routledge & Sons, 1935）, pp. 87-130.

Friderick Hayek, *Road to Serfdom*（London: George Routledge & Sons, 1944）.

追尋眞理的熱情。正是這種委身，使他們連結一起，協同工作，最終作出有效的工作。波蘭尼稱之爲自發秩序。反過來，如果先入爲主以龐大計劃來組織研究工作，將導致創造性的喪失。

> 任何要在一個單一權威下掌控一個群體的努力，都會使他們的獨立原創化爲烏有，從而消弱他們的聯合有效性，而變爲一個人一個中心的主導。這其實就是毀掉了他們的合作。[7]

後來海耶克沿用了自發秩序的概念，來分析社會經濟和政治，論證他們的自由社會主張。應該看到，這種思想的要點是理解何爲自發秩序。其中的困難是，什麼程度上就不是自發秩序了？什麼程度上就是不可接受的集權計劃？任何領域人的社會經濟活動，都難避免與他人的協作，當這些協作達到一定規模程度，集權和計劃是不可避免的。在完全自由的經濟體制下，出現那麼多跨國公司和大機構就是明證，而這些大機構都有很強的計劃。另一個例子，就是各大教會，特別是天主教，某種意義上是最大的計劃組織。但這些大機構和大教會，他們的集權和計劃都是自發結盟而形成的。就教會的具體情況而言，就是每個信徒自己接受信仰，並自願委身教會。一個信徒不接受教會律法，如不參加禮拜，不交十一奉獻，甚至離開教會，都是自由和不受約束的。他們也有約束，不過這是內在良心的約束，是每個人自己面對上帝，向上帝交賬。這些秩序是從內部自發生長出來的，不是外部設計好框架並強加下來的。所以，追根到底，自發秩序和社會政治無法分開。從政治哲學的角度來說，自發秩序其實就是洛克的"基於同意的管治"（government by consent）。

海耶克他們的論證背後，有明確的預設，即每個個體都是獨一無二的，無人可以代替別人去思想。海耶克論證的也是知識論的，但偏重於經濟社會的領域。這可以說是從經濟學角度論證了人的尊嚴。運用到寬容的討論，這個每個主體對其他主體的無知，就是寬容的基礎。正是因爲其他主體的知識總有無知之處，所以無人可以代替別人思考。即每個主體都獨一無二。這即是人的尊嚴的基礎。

哥德爾的思想可對無知提供另一個說明。對於哥德爾，以往人們對他的瞭解只局限於他的不完全性定理，只知道他是邏輯大家。隨著王浩一系列的

---

7 Michael Polanyi, "The Republic of Science: Its Political and Economic Theory", *Minerva* 1:54-74, 1962.

追憶和研究著作面世，人們才知道了哥德爾也是個哲學家，包括對社會文化問題都有深刻洞見。很有意思的是，王浩對不完全性定理給出了好幾個不同的表述，如"數學是不可窮盡的"，"每個一致的形式數學理論一定包含不可判定的命題"，等。而哥德爾則給出了此定理在社會領域的表述：

> 一個完全不自由的社會（即處處按"統一"的法則行事的社會），就其行為而言，或者是不一致的，或者是不完全的，即無力解決某些問題，可能是極端重要的問題。在困難的處境裏，兩者當然都會危及它的生存。這個說法也適用於個體的人。[8]

哥德爾理解的完全統一規劃的社會體系，有類於數學體系，都有不一致或不完全之處。換言之，一個龐大的規劃計算組織，自身必有盲目與無知之處，並因此導致社會問題。歷史上許多集權計劃的社會，所造就的荒謬矛盾的悲劇，可以說是印證了哥德爾的洞見。

所以，正因人的知識局限，要求尊重他人，要求不可代替他人思想。這即是對人的尊嚴的辯護。應當看到，上述兩個理由都非完備。他心的確認，並沒有無誤的論證；而主體間的知識圖景，只是個描述，也沒有無誤的論證。也許以後可以有一個更好的論證，可以駁倒哲學的唯我論，為個體的人的尊嚴作辯護。這值得期待。

（三）無知是最大的惡

前面討論明確了何為寬容和寬容的兩個原則。現在來看什麼時候這寬容原則失效了？原因是什麼？答案當然是不寬容，即拋棄寬容的兩個原則。但這裏問的是具體的什麼樣的形式，反過來，這也是在問，在什麼條件下可以維持寬容，實現寬容有什麼條件。這節要論述人的尊嚴和基於同意，這兩個原則的被拋棄有兩種情況，一是人性軟弱情況下，人們明知故犯。二是無知情況下的無知之失。一是可以指責的，二卻無法指責，儘管後果會是令人遺憾。明知故犯下的惡是有限的，而無知所致的惡是無限制的，因此最需防備。

歷史和現實都表明，寬容及其兩個原則並非所向披靡。在眾人都同意不要寬容時，比如在一個眾人都同意隨時隨地製造爆炸是合理的群體，這原則就失效了。這種人人隨時隨地可以製造爆炸的理論權且稱之為爆炸鬥爭主體

---

8 王浩：《邏輯之旅：從哥德爾到哲學》，邢滔滔等譯，浙江大學出版社，2009，第3頁。

思想。當然，這可以放大來看，如支持爆炸主體思想的只是某個支派，那就可以擴大來看整個大宗派是否接受爆炸理論；又如果這群體是整個國家，那也可以擴大到國際社會來討論，看其他國家是否同意人人製造爆炸。當然，也有可能，真有一天全人類都認爲爆炸主體思想是合理的，那就無話可說。這裏並非討論遙遠的可能世界，並非僅僅是思想實驗，現實中這並非不可能。曾有一位偉大導師授徒有方，教導種稻穀可以畝產十萬百萬斤，言之鑿鑿，白紙黑字，全民相信，深信不疑。同樣，在這位偉大導師教導下，曾經全民行動，人人鬥爭，批鬥自己的師友親人甚至父母，個個揭發自己同床異夢的丈夫妻子，告發對方夢裏說了什麼話。就連在地底下千百年的屍骨，都要被挖出來遊街。要緊的是，從歷史記錄來看，人們這樣作的時候，都是興高采烈，歡天喜地，他們是真心喜悅如此這般聽從偉大導師的教導。你也許以此爲荒謬，但當時的人們都以此爲真理，而那些不相信的人不僅愚蠢，還是邪惡。既然可以教得全民乖乖，相信畝產百萬，師友可批，父母可辱，那爲何不可能教得全民相信人人可以製造爆炸？哪樣更難教一些？相信父母師友皆可背叛，這距離相信人人可以製造爆炸還有多遠？是的，人是有可能以惡爲善，以惡爲榮的。這不是小說，不是思想實驗，惡的現實遠超藝術家和思想家的想像。

上面所述的不寬容的罪惡，都是其中人們真誠相信自己在行善。這裏涉及的問題，其實非常古老，就是蘇格拉底所說的，無知是惡的根源。在《美諾》（Meno 89C）和《理想國》篇裏，蘇格拉底討論何爲美德。他的答案是知識即美德。他論證的思路乃是這樣，惡總是對自己有害，這裏蘇格拉底強調對靈魂有害。所以沒有人會去作自己知道有害的事。因此，人去作惡，總是因爲不知那是惡。人若知何爲善惡，就會總是行善並遠離惡。因此，知識即是美德，並最終確認，無知是所有問題的源頭。

蘇格拉底有時也以智慧的概念來討論美德。在 Meno 中，他列舉了勇氣、健康、高貴的家世等美德，但他指出，如果沒有智慧，這些美德都有可能不僅帶來善，還有可能帶來惡。比如，勇氣和健康，如果沒有智慧的指引，就有可能一個人勇氣百倍精力過人地去作一件大錯特錯的事，從而造成巨大的惡。因此，智慧乃爲所有美德之首。這其實可以視爲"知識即美德"的另一表述。

蘇格拉底是對的，無知是惡的源頭。人們不要寬容而作惡，上面的討論說明其中人們乃在無知的境地。蘇格拉底式的宣稱，認爲惡的源頭是無知，沒有人會明知惡還作惡[9]。這是個很強的斷言。這裏有個質疑，即人們作惡是否都是在無知的境地？有無可能人們明知道惡也故意作惡？而且以惡為樂，樂此不疲？奧古斯丁在《懺悔錄》裏就講述了自己年輕時的一件惡事，這就是出名的偷梨事件[10]。這日後的聖徒，那時十幾歲，和一幫蠱惑仔混在一起。他們看到人家的一棵梨樹，結滿果實，就去搖撼，果實落了滿地。他們只帶了幾個，即便這幾個，也是只咬了幾口，其餘全扔給豬了。聖徒回憶這事時候，最痛心的是那種罪中之樂。他偷竊並不為那些梨子，他說自己家裏有更好的梨子。奧古斯丁清楚講明，他們偷梨子，純粹為了罪中之樂，沒有任何益處。

但對很多人而言，明知故犯和無知，兩者很難有明確的界限。局外人，比如一個法官，他要面對一個由於不寬容而殺人放火者，這個人是有知還是無知？是癲狂還是清醒？這在法律案例上的爭議層出不窮，美國甚至有刺殺總統的人被無罪釋放。即使是當事人自己，許多時候恐怕也不容易清楚自己是有知還是無知。當年那些響應導師號召批鬥父母師友的革命青年，他們的熱血頭腦，恐怕就是這種模糊一鍋粥的情形。他們真不知道尊老愛幼嗎？好像不太可能。他們真知道嗎？好像也不是。

這裏的結論是，蘇格拉底式的斷言有些過頭，惡並不都是無知所致。可以肯定的是，儘管有奧古斯丁所述那樣的純粹罪中之樂，惡的最可怕的源頭還是無知。因為，如果人們認識何為罪惡，那麼他們的罪惡就總是有限度的，一旦反悔，就不再作惡。如奧古斯丁，他如果沒有偷竊為罪的知識，就會一直偷下去。事實上，他後來良知發現，就再沒有偷竊了。就上面所論的德國愛國人士屠殺猶太人或中土革命青年批鬥父母師長，他們如果知道這是惡，就至少不會出手太狠。

人性是善還是惡，當然這大有爭議，既有人之初性本善的說法，也有不少人會認為人性全然敗壞。權且把人性的善良作為一個預設，那麼有知的情形下，不寬容的悲劇就至少是有限度的。一個人明知故犯，只是經不住私欲引誘的時候才會如此，並不會作惡到底，也不會壞事作盡。然而，無知之下的行為，那種可怕是無止境的。所以，無知是最可怕的惡，也是最需要防範的。

9　Plato, *Protagoras*, 358.
10　Augustine, *Confessions*, book 2.

不寬容的惡，其原因有兩極，即罪中之樂和無知。在這兩極之間還有中間地帶，這就是一些人性的軟弱，比如從眾，懦弱，名利，貪財，邪情私欲等。其中從眾之罪尤其要留意。奧古斯丁的偷梨事件和革命運動，其中不少參與者就是從眾。新舊約對人性洞察細微，所以摩西律法有一條誡命，"不可隨眾行惡"。相應地，福音書也教導，通往地獄的路是寬闊平坦的，往這去的人也多。而通往天國的卻是窄路，往這去的人少。

上面的討論明確了不寬容的惡，來源既有明知故犯，也有無知。而無知是最可怕，也是最需防患的。現在的問題是，那無知又從何而來？

（四）柏拉圖的洞穴囚徒

前面論到無知是惡的源頭。這裏還可以繼續往下追問，無知的源頭又在哪里？這節要論述，無知的源頭在一個封閉的知識形成環境，即柏拉圖的洞穴。

首先來看一個思想實驗。設想在某個地方，暴君橫行，臣民卻都惟命是從，不以為苦，這樣還可以稱為暴君嗎？一個局外人站在旁邊，可以對那些水深火熱中的人們發憐憫嗎？或者，可以去呼召他們起來反抗暴政嗎？也許，對那局外人來說是暴政，那其中的人們卻甘之如飴。這強有力的君王，這有序和平的生活，正是他們所同意的。這就是無知的問題。上面提到的那些暴君之下的順民，在外人看來是無知和悲慘。前面第二節也提過"不知者不怪"的例子。對於無知者的無知之過，當然難以指責。但這裏要追問的是，這無知從何而來？根源何在？是無中生有也無人負責？還是有人故意為之造成這種無知的結果？這正是要討論的所在。

首先要看到，無知的形成既有外部的因素，即知識形成環境，也有內部因素，如人的智力稟賦和個性等。但內部因素基本上是給定的，一個人的智力高低不是後天能改變的。不管是上帝給的，還是自然演化誤打誤撞碰出來的，總之沒有多少選擇餘地。所以，導致無知的內部因素不在討論之列。這裏要討論的只是外部的知識形成環境。

外部的知識形成環境，也有無法掌控不能選擇的情況。當然有可能有些無知是無中生有的，因此也無人可指責。考慮一下魯濱遜漂流記，天上大風，船沉大海，以至流落孤島。多年以後，他終於得以重返文明世界，踏足倫敦。但時移世易，大英帝國已經是新天新地。魯濱遜側身其間，他的無知處處可見，也由此造成許多錯誤。他的命運造成了這種悲劇，他無法找什麼人來對此負責。相應地，人們對他的無知當然無法指責。這是無中生有的無來由的無知。

　　孤島孤客的例子固然無法否定，但大多數情況下，無知的根源總是有跡可考的，總是冤有頭債有主。回到柏拉圖的洞穴，前面所提暴君下的無知順民就在這樣的處境中產生。且把洞穴寓言改爲大南瓜山谷的場景。設想一個南瓜山谷，住著南瓜谷主和南瓜居民。南瓜山谷所信奉的是南瓜教。南瓜教義第一條就是，南瓜山谷就是整個世界，別無他矣。南瓜教義第二條就是，南瓜山谷的南瓜飯南瓜湯，就是美好生活，別無他矣。現在來考慮一下幾種可能。一，大南瓜山谷的谷主，在山谷裏有絕對權威，他相信南瓜教，他教導並命令執行南瓜教條，而且他眞誠相信這是對南瓜山谷居民最大的善。而且，他生來除此南瓜教義，別無所知。第二種情況稍有變化，南瓜谷主除相信南瓜教，他具有其他南瓜教以外的信仰知識，只不過他相信南瓜教以外皆錯。第三種情況，南瓜谷主不僅對南瓜教心存疑慮，對其他信仰也沒有把握，不知到底哪個對錯。但是，因爲懶惰不願深究，也不願改變現狀，或也爲維護自己權力，他選擇維持南瓜教的地位。第四種情況，南瓜谷主不僅知道南瓜教是錯的，他還知道有個與南瓜教對立的信念才是對的。但純粹因爲私利，純粹爲維護自己的權力地位，山谷裏只允許有南瓜教。有天賦稟異者，得窺奧秘，知道南瓜教條純爲謬誤。他於是對大家說，我知道南瓜山谷外尚有廣闊世界，南瓜飯湯之外尚有瓊漿佳餚。沒有人相信他。有人說他，瘋了，瘋了。有人說他，反了，反了。對此南瓜異端，南瓜王國之公民無限憤慨，人人踴躍追捕，人人得以誅之，無需審判，無需申辯，皆以顚覆南瓜教義之罪，一律殺無赦。

　　上面的不同情形下，都有共同的行爲結果，就是維持南瓜教的獨一局面。只有第一種是可以寬恕並不能指責的，這即是南瓜谷主的無知者之無知之失；而且由於南瓜王對南瓜教義是生而知之，也無法把這無知責任溯源而上。其他的三種情況都無法逃脫指責，只因違背了信念倫理，沒有以追求眞信念爲目標。這無知的源頭，就是這個南瓜山谷的哲學王。但就山谷居民而言，他們是無辜的，也無法指責。

　　從上面南瓜山谷的思想實驗可以知道，無知的源頭有兩種，一是沒有選擇的封閉知識環境，二是出於私利和軟弱而故意造就和維護的封閉。現在知道了不寬容的惡，最大的源頭是無知。而無知的最大源頭是封閉的知識環境。

　　這個大南瓜山谷故事還可以繼續下去。大南瓜山谷的谷主，他可以爭辯說，南瓜教最適合南瓜山谷，讓南瓜山谷居民得到最大的善，最大的幸福。南瓜谷主哲學王，他設計的南瓜生活就是最好的最適合南瓜居民的。相反，把他們引出山谷，是對南瓜山谷居民的誤導，讓他們陷入痛苦和彷徨。南瓜王的例子不僅適用於群體，也可擴展到家庭和個人，特別是父母與孩子的關係。父母有權力教導孩子他們的信仰並排除其他的信仰嗎？比如，孟母三遷就是為了讓孩子與父母自己不認同的信仰環境隔離，孟母的權力可以辯護嗎？常識和直觀而言，這些權力不是個是否能辯護的問題，而是在什麼範圍什麼程度上上層對下層的權力是合理的，比如父母對於兒女，父母在什麼範圍內教導兒女自己的信念？南瓜教徒只向兒女輸灌南瓜教條是不合理的，但如何才合理？找出這些界限才是最重要的。

　　這裏與南瓜谷主的爭論，就是善是什麼？你說走出山谷是善，他說呆在山谷裏山中無曆日寒盡不知年才是善。他說哲學王設計的才是好的，民不知何謂善惡，可使由之不可使知之。你說生活是否美好，只有南瓜山民自己知道，你我都不知道，哲學王也不知道，只有他們自己知道。鞋子合不合腳，你我無法代替他們去穿鞋子。哲學王和民眾，到底誰說的才對？

　　這裏有個怪圈。當人們說要走出洞穴，走到陽光下，難道不可能這洞穴外的光明世界，其實是一個更大的洞穴？當然，更大的洞穴外還可能另有洞穴。這是個無窮的倒退。生也有涯，知也無涯。人有無法突破的知識局限，那歸根到底的無知，是無法擺脫的。這其實是笛卡爾的懷疑論到底能否反駁。換成中國的表述，就是莊子能否知道我夢蝴蝶還是蝴蝶夢我？這裏不討論玄遠的哲學難題，只就目前場景而論，洞穴中，或外面陽光下，這兩個場景中如何處理具體的問題，到底善惡誰說了算？到底要哲學王還是不要？

（五）哲學王的無知

　　這一節要討論對於何為善惡何為美好社會，哲學王的設計為何無法辯護。哲學王的兩個預設，知識和道德完備，都無法辯護。最可怕的是哲學王會導致封閉的知識形成環境，使人們並最終使自己陷入無知，從而導致更大的惡。最後，基於悲觀的人性的預設，指出沒有一個完美和一勞永逸的方案，但對封閉的哲學王洞穴的警惕是最重要的。

　　上一節討論了無知的根源在封閉的洞穴。從這裏會引出爭議，為何不可以要封閉的洞穴？這裏所講的封閉洞穴，就是一個被一個或少數的他人所設計的知識形成環境，其中民眾被隔離開來。用柏拉圖的概念，這些設計者就是哲學王。哲學王及其追隨者可以這樣爭辯說，哲學王擁有完備知識，同時道德修養也達到完備。他知道何為善，何為惡。他知道什麼才是美好生活。由於知識完備，他就可以為眾人設計理想生活。由於他道德完備，眾人就可以把權力交到他手中，由他來操作，而無需擔憂腐敗和濫用權力。相反，群眾是有待啟蒙的無知大眾，他們既不知道何為善惡，也不知何為美好生活。之所以把他們放在洞穴裏，一者防備外部不好的因素來污染侵襲這些無知民眾，二者防備民眾濫用自由，自取滅亡。這問題另一種提法就是，卑微無知的賤民，是否應該讓他們選擇自己的低級趣味生活？還是要由哲學王來為他們設計高尚情操的美好生活？再繼續往下的追問就是，低級趣味與高尚情操究竟是什麼？誰來定的標準？

　　蘇格拉底所討論的知識即美德是個體之事，事實上，這裏所論美德常涉及群體和社會。荒島上的魯濱遜，只有自己一個人，何為善惡無需過問他人。當他回歸文明社會，重新踏足倫敦，何為善惡就不是他自己的事。所以，除非隱居孤島，何謂美德實際上為群體和社會之事。前面所述南瓜谷主的爭辯，認為自己設計的南瓜生活乃是美善，如果任由南瓜居民自己胡鬧，就會走向低級趣味的惡劣生活，既不美也不善。這自然引出一個問題，在一群體或社會中，何謂美和善？善惡的標準是什麼？什麼該作什麼不該作的標準在哪里？決定何種標準，當然是人的事情，問題是這決定的人該是誰？這自然走到了社會事務安排，最終引出了權力歸誰的問題。

　　長話短說，社會事務安排的模式大體有兩個方向，哲學王模式和分權模式。當然，這兩者有許多的變化，比如，分權的方式既有所有成員平等的一人一票，也有代議制，讓一些人代表眾人；而哲學王模式可以是皇帝一統天下，也可以是如柏拉圖的設想，是個哲人群體，即某政黨或某精英集團領導，等等。但概而言之，大致就是集中和分散兩個模式。在一個制約權力的分權制度裏，權力源於眾人，當然也為眾人服務，何謂善惡，什麼該作什麼不可以作，都基於民眾同意。在分權制度下，參與決定盡可能代表眾人意願，但如何才是眾人所願，就免不了討論爭辯，要討論爭辯就需要知識。所以，分權制度下知識形成環境是盡量開放的，就是為避免無知造成的惡。

　　哲學王模式和分權模式，這兩個方向是一個光譜的兩端，兩者之間是寬闊的中間地帶。靠近哲學王一端的，權力集中多些，靠近另一端的，權力分散一些。一邊走到極致就是柏拉圖的洞穴，另一邊走到極致就是無政府主義。現實中的權力安排往往是在兩者之間擺動。這裏涉及一個更基本的問題就是，兩種模式各自的提倡者，背後有什麼理由？哲學王主張強權是可行的，為何可行？分權說主張權力危險，有必要制約權力，這又有何理由？為何權力危險？

　　社會的理論，其實都源於對人性的預設。哲學王模式和分權模式，背後是哲學王理念和猶太－基督教傳統。這兩種傳統可看做是兩種不同的關於人的本質的預設。哲學王理念對人性有較為樂觀的預設，相信可以通過個人努力使修養美德達到完美地步，同時也主張知識上，人有可能知識完美。哲學王理念認為可能有知識和道德都完美的哲學王，他們可以代替別人思想，替人設計美好生活。猶太－基督教傳統對人性有不同理解，可視為另一種預設，對人性比較悲觀。猶太－基督教傳統認為人的墮落造成人有局限，這不僅是道德局限，沒有人可以達到道德完美；人還有知識上的局限，他無法跳出作為被造物的本體，他不可能窮萬物之理，不可能知曉上帝的所有奧秘。這種對人的理解，自然會抗拒代替他人思想的思想，並引出分權的社會模式。已有許多人留意到這點，在社會理論尤其是憲政制度的討論中，指出猶太－基督教傳統關於人的普遍罪性的觀念，和警惕權力的分權制度有天然的親緣聯繫，而世界上各種文明，也只有猶太－基督教的傳統對人性的質疑和對權力的馴服最為執著。

　　哲學王主張的兩點，人不僅可以知識完備，道德也可以完美。關於知識完備的主張，在第二節已有論述人的知識局限，說明人的尊嚴恰在於每一個體的知識領域是他人無法窮盡的，由此無人可以代替別人思想。這可以說對哲學王的知識主張構成了反駁。至於道德完美之說，必須承認沒有什麼確定的反駁，因為這其實是從古到今的人性善惡之爭。柏拉圖哲學王的概念，中國的修身齊家治國平天下的成聖工夫，某種意義上，都是對人性的樂觀。儘管對柏拉圖而言，他是否持性善說是有爭議的，但無疑哲學王的概念隱含了人可以達到知識和道德的完美。

　　但是，哲學王的概念是包含知識和道德兩方面的。單有對人性的樂觀，或者人性善的觀點，不能構成哲學王。一個道德高尚的人，可能會因知識缺乏犯下嚴重錯誤，好心作壞事。哲學王不僅要道德完美，還要知識完美。而前面第二節恰恰論證了人的知識局限，即從知識上論證了哲學王的不可能。相比之下，猶太─基督教的關於人的局限的觀點比較可取。因為，人性局限的觀點，在道德方面也許同樣沒有什麼決定性的論證，但知識的局限在前面已經得到論證了。

根據斯密的自利說，哲學王當然也是自利的，權力首要任務是服務權力所有者。何謂善惡，什麼可作什麼不可，哲學王當然希望自作主宰，然後再昭告天下，讓臣民亦步亦趨。討論到這裏，不難明白為何歷史和現實之中，強權都熱衷於控制思想，因為，外在力量來控制臣民，不僅成本高，還往往不可靠。畢竟，狗急還跳牆，把他們逼急了，拿把菜刀揀塊磚頭也要和你拚命，這可以理解為何有些外來蠻族天朝要留意菜刀。曾有馬上得天下的可汗，嚴令十戶一菜刀。可憐我泱泱華夏，等到三星在戶，嗷嗷待哺才第九家切完了菜。對於這外族強權來說，看管菜刀也大大麻煩。所以，控制臣民的最理想的狀態當然是控制他們的思想，讓他們心甘情願為自己效力，樂在其中，甘之如飴，風雨無阻，至死方休，願打願挨，死而無悔。因此，強權無一例外關注臣民的知識，力圖使其知識限定在自己所定範圍之內，其奧妙即在蘇格拉底所論之無知，即在知識即美德，而這美德往往與強權相違。無知有利於強權。強權者有自己的美德，凡與己不合皆非美德，而且他們要強制使臣民只有這種美德的知識，其他皆排除在外。"民可使由之，不可使知之"，此中奧妙，不僅泰西大秦之蘇格拉底，吾華夏古聖先賢也早已道破天機。

按照前面論證的兩個寬容原則，人的尊嚴和基於同意，哲學王模式無疑有違這原則。社會學的一個原理就是，官僚體系會自我擴張，為自己謀利。因它要為自己謀利，就不免犧牲和損害他人利益，而達到此目的的最佳模式就是思想的馴服。為此目的，他們就要控制知識的生成，控制什麼該教導什麼不該教導。最終的後果就是無知。根據蘇格拉底的論證，無知是所有惡的根源。這個無知的結果，絕非符合寬容，既非以他人為平等，也非基於同意。

哲學王傳統和猶太─基督教傳統引出的兩種不同社會安排模式，波普爾的開放社會/封閉社會的區分，可視為這兩者的另一種表述。波普爾的《開放社會及其敵人》誕生的背景是二戰之前，納粹德國和斯大林兩大獨裁勢力的興起。他看到了這其實源於一個古老的傳統，就是追求完美社會的設計，這就是柏拉圖的哲學王傳統。這種傳統一方面認為有一些絕對的理念，如正義，美德等。另一方面，也認為人可以在美德和知識上都達到完美，就是哲學王。
波普爾認為這不可避免走向封閉社會，而此困境的源頭就是柏拉圖。波普爾
的書第一卷的副題就是"柏拉圖的魔咒"。

波普爾的開放社會和封閉社會的概念，他自認是借自柏格森。他也指出，
柏格森的概念是以宗教的區分為出發點的，而他的出發點則是理性的區分。他
對這兩者的最好表述，並不在正文裏，而是在腳註。這裏且引用這注腳如下：

> 封閉社會的特徵是，其中人們有對一些魔力禁忌的信念；開放
> 社會的特徵則是，其中人們知曉，在一定程度上要對各種禁忌持批
> 評態度，而決策的依據，則是在經過討論後，由他們自己的理智為
> 准。[11]

波普爾所述封閉社會的禁忌，無疑就是如納粹黨那樣的意識形態，和諸
如斯大林的《聯共布黨史》那樣的教材，這些都是絕對正確不得批評的禁忌。
這些作為封閉社會基礎的意識形態，背後就是哲學王傳統，認為有一個絕對
正確的理念，有一個知識和道德都完美的領袖或組織。與此相反，開放社會
就要拋棄這些俗諦，而以理智為準則。這其實就是蘇格拉底"追隨論證"的
真精神。

哲學王洞穴困局最後的也是最壞的結果，就是哲學王自身也成為囚徒，
也陷入無知。哲學王原來營造洞穴，製造幻影，是為了馴服大眾，奴役賤民。
但年深日久，哲學王自己也以幻影為真實了。當無知民眾對哲學王說，他如
何偉大正確榮耀，他真的就以自己為真理和天命的化身；當民眾對他山呼萬
歲，他就真以為自己可以長生不老。哲學王作為智慧的化身，卻陷入無知。
話又說回來，這種洞穴的集體無知，如果他們都以此為樂，都以洞穴為天堂，
這又有何不可？這是另一個問題了。

---

11 Karl Popper, *Open Society and Its Enemies*, Volume 1（Princeton University Press,
1971），p.202. 關於腳註，這裏且贅言幾句。老一輩一些學者，他們的著作力求思
路緊湊，行文一氣呵成，常作言簡意賅的短文。但他們腹中有料，就往往寫下大
段的腳註，而這些腳註不乏真金白銀。波普爾的這本書就是這樣的典型，第一卷
正文才兩百頁，腳註加附錄有一百四十頁，頁數幾乎旗鼓相當。考慮到腳註用很
小的字體，若論字數當超過正文。其腳註中論尼采，湯因比，斯賓格勒等華彩段
落，本身就振衣千仞，提綱挈領，恍如香象渡河。這些段落若作擴充，就是一篇
好文，甚至是一本好書。柏亭格則在 WCB 採用另一種手法處理和波普爾同樣的問
題。他沒用注腳，而是把正文排成大小兩種字體。涉及論證主要框架的段落用大
字，其他補充的論述用小字。

　　哲學王構造洞穴，把民眾囚禁其中，讓他們陷入無知，甚至，連王自己也陷入無知。這確實是個非常悲觀的圖景。而事實上，歷史的種種也讓人不能樂觀。如幾百年把婦女的雙足硬生生弄得骨頭變形，變成畸形小腳，還有更悠遠古老的殘殺嬰孩的傳統，等等。虎毒不食子，人比老虎更兇猛。這樣的種種都表明人這樣一種被造物，他們的無知和殘忍，確使人不容樂觀。

　　更悲觀的是，哲學王的無知，反過來又使民眾陷入更深的無知。哲學王和民眾，這關係的特別處在於，權力的下層不僅是權力的弱勢，還是知識的弱勢，不僅權力上依附，知識上也依賴上層的教導。南瓜谷居民和無知的孩子，他們有什麼樣的知識，端在乎上層和父母如何教導和教導什麼。根據信念倫理學，人有責任以真信念為目標，不然就不僅是知識上無辯護，還有道德的缺陷。以此來看上面的例子，這裏提出的是一個要求，即人有責任，特別是上層，包括各類群體，也包括家庭，尤其是父母，都有義務要維護一個開放的知識形成環境。

　　上面的例子，對信念持有者提出了一個新的要求。即基於同意的原則背後，還要求要維護一個開放的知識形成環境，尤其是對各類群體中的上層有這個要求，比如父母，因為兒女有什麼樣的知識，很大程度上取決於父母安排的知識環境。對於群體的上層，如果為自己的利益，以各種手段來維持一個封閉的知識環境，不僅是知識上的無法辯護，還是道德的缺陷，因為這其實是剝奪下層選擇的權力。南瓜谷主或者孟母，都有義務維護一個開放的知識形成環境。

　　再回來要還是不要哲學王的問題，如果問是要無知笨蛋還要哲學王來治理國家？答案當然是要哲學王。精英和哲學王當然是擁有更多的知識，他們應該更懂得珍惜美好價值，其中最重要的就是守護個體權力和自由。相反，如果由無知大眾自己選擇，出來的結果反而很可能會是一個無約束的強權並走向暴政。魏瑪共和走向第三帝國就是最有力的例證。也即是，自由和權力是要由精英和哲學王來守護的。這就是古希臘和羅馬的護民官。這裏的難題就是，大眾自己的無知和低級趣味，很可能會導致強權和低級趣味；而一開始就交給哲學王和精英護民官，難處就在如何保證哲學王不會成為只謀私利的暴君。歷史上的各個賢明君主，無一不是最後走向無知霸王。總之，不管是由無知大眾來決定，還是由哲學王來決定，最終的命運都很可悲。

　　哲學王（可簡稱為哲王，或明君，與霸王對應）當然比無知暴君要好，作為必要的惡的權力，交給聰明並節制的人，總比交給無知又暴虐的霸王要好。但要看到，不能期待哲學王總會有節制，不能期待他們總能智慧洞達。坐在高位上而又有自知之明的，是少之又少的貴族，如華盛頓和傑弗遜。所以需要限制哲學王，不讓他們蛻變為傷害民眾的怪獸。從另一方面說，這也是對哲學王的保護。開明有知的民眾，知道如何保護整體，如何和解，而頑梗無知的暴民，則很容易以暴易暴把哲學王斬草除根。要承認，這裏沒有完美的最終方案。但是，有一樣是可以肯定的，就是一個開放的知識形成環境優於封閉的哲學王洞穴。只有一個開放的知識環境，才可能知道何為好的還是壞的哲學王，才可能作出正確選擇。也只有在一個開放的環境，出現錯誤時，才可能知道錯在哪里，才可能糾正錯誤。反過來，如果是個封閉的知識形成環境，比如，選擇了一個壞的哲學王，就難以有糾錯的機會。壞的哲學王會把所有錯誤都掩蓋，甚至把錯誤說成正確。而在一個封閉洞穴裏，民眾就無從識別真假，也就無法糾錯。所以，維護一個開放的知識形成環境，防備哲學王洞穴，才是最重要的。

　　從另一個方面看，維護開放的知識形成環境，也可歸在基於同意的原則下。連其他信念的知識都不具備的情況下，肯定沒有所謂不同意，因為本來就沒有選擇。要維護基於同意的原則，就必須使不同意成為可能，而這首先要有不同意的知識，這就要求維護一個開放的知識形成環境。用另一個社會理論的概念來表達，就是自由，尤其是思想的自由。

　　這裏要留意，開放的知識形成環境不一定能造就理想的結果。這裏有這樣一個對開放知識環境的反駁。即，在一個有大量的壞的可能的環境，而孟母，或一個群體，或一個國家，之所以要一個限定的知識環境，是為了一個好的結果，讓人們遠離惡而親近善。這回到了前面討論的問題，誰來決定何謂善何謂惡？所以這個反駁不成立。

　　固然，開放的知識環境無法保證好的結果，但對比封閉的知識環境，危害肯定要小一些。這就是比較的優勢。沒有完美，只有壞的程度低一些。確實很有可能，在一個完全開放的環境下，會出現一種封閉和排他的信念。一個開明的家庭裏，會出來一個很極端的人，這不足為怪。一個群體，甚至一個國家，都有可能如此。一戰後的魏瑪共和國就非常自由開放，但卻造就了第三帝國。人們只知道指責納粹，卻不知道第三帝國的出現是通過民主程序一步步把元首送到權力頂端。對此有何可說？寬容的原則有可能在一個完全開放的環境失去，在人人都不要寬容時，寬容原則就失效了。

　　沿著這思路，人們想到這裏要增加一條原則，一條絕對命令，不能更改的原則，即，對不寬容的不寬容，來消除前面所說的可能的開放環境下出現的封閉後果。在任何情形下，都不允許不寬容。立一個絕對命令，這是否可能？具體到社會理論，這就是這樣的一個問題，在比如憲法這樣的契約文件裏，能否有這樣的一個條款，規定某某條款後世子孫不得修改？這是可能的嗎？祖先和子孫後輩立約，要求他們不得更改某條律法，這可能嗎？對近現代中國人來說，很多人恐怕想起有一位領袖過世不久，曾討論這樣一個命題，"凡是領袖的指示都要忠實執行"。遠一些的例子，有百年前晚清變法，也有討論"祖宗之法不可變"。兩者的結果都失敗。如要追溯古遠年代，舊約的摩西律法可以視為祖宗與後世子孫的立約，因為上帝就是亞當的父親，天上的父親。除了十誡，還有至今很多保守猶太教徒每日吟誦的"示瑪"：

> 以色列阿，你要聽。耶和華我們神是獨一的主。你要盡心，盡性，盡力愛耶和華你的神。我今日所吩咐你的話都要記在心上，也要殷勤教訓你的兒女。無論你坐在家裏，行在路上，躺下，起來，都要談論。也要系在手上為記號，戴在額上為經文。又要寫在你房屋的門框上，並你的城門上。(《申命記》6：4-9)

　　這是最明確的為子孫後世立法了。很多猶太人把這話牢記在心，他們真的把經文帶在額上系在手上。世界上很多地方，可以看到有些人家門上有個木盒子，由此可以判斷這是一家猶太人，而那木盒裏裝的就是"示瑪"。但這樣的立法是無保障的。不少以色列人後來選擇了不要上帝，其中包括一群十二世紀左右來到中國開封的猶太人，後來變成了中國人，拜關公和土地財神。啟蒙運動以後，在猶太人中，知識精英拋棄上帝成為主流，而橫掃全球的 19-20 世紀的無神論社會運動，其核心團隊多為猶太知識人。很明顯，祖宗之法是無法完全約束子孫的。律法追隨人心。人心改變，律法就改變。人性很脆弱多變。人心曲曲彎彎水，世事重重疊疊山。這也更提醒人們，很多價值，如仁愛、寬容、平等、尊嚴等等，之所以寶貴，原因之一是這些價值同時也很脆弱。寫在紙上的完美條文很容易，但要行出來則很艱難。眾所周知，很多地方有完美法律，卻沒有法治，有憲法卻沒有憲政。而在一些憲政制度穩固的國家，如以色列和英國等，都沒有成文憲法。他們習慣說，這律法寫在心裏。在一個人心裏知道權力的危險，人心知道制約權力的地方，憲政法治是自然生長出來的。一勞永逸的美好社會是不可能的，有的是長久的對哲學王的警惕，和對美好價值的愛護，這是人所能作的。

最後要留意到，不管洞穴和無知如何牢固，都不是牢不可破的堡壘。不管洞穴囚牢如何密實，總有人逃出去。不管無知如何深入骨髓，總有人反思質疑，並最終發現錯誤。發現自己在洞穴中，發現無知，很大可能是來自外頭的啓示，有外來者告知眞相。也可以是洞穴中人天賦稟異，自己發現，自己找到出路。如果把中國數千年的皇權看做一個洞穴，黃宗羲等人就可視爲自覺者。他們對人性的洞察，和對傳統的深刻批判，遠在西來的天賦人權、權力制衡等觀念進入中國之前。黃宗羲甚至對太學有相當周詳的設計，和現代議會政治驚人相似[12]。他們的思想和西方啓蒙以來的政治理念吻合一致。而曾經千百年的女子纏足和溺殺女嬰的傳統，在傳教士進入中國之前，就已經有不少批評。所以，如果承認人都會追求美好價值，就會知道理性自己會尋求出路，並發現出路。從這點上說，對人性的局限，也不必悲觀。

此章討論的雖然只是宗教信念，但很明顯其中困境和相應原則，也出現在一個群體的其他生活領域，如經濟政治、道德倫理等。此中所論，頗爲複雜，且整理概要如下：

（1）哲學王的兩個預設，知識完備和道德完備，都無法辯護。

（2）由於知識局限和人性的局限，就沒有一個完美的社會方案，因此，只能在各種壞的可能選項中選擇一個最輕的惡。

（3）知識即美德，封閉的柏拉圖洞穴將導致無知。因此，要維護一個開放的知識形成環境。

（4）封閉的哲學王洞穴，將導致普遍的無知，是最需要警惕的惡。

（5）理性會自己尋找出路，從長遠看，人最終能擺脫無知。

（六）結語

C. S. 路易斯是二十世紀知識界的傳奇。作爲小說家，他寫出了如《納尼亞傳奇》這樣的名著；作爲學者教授，他在牛津執教數十載，他的廣博和睿智令人生畏。作爲朋友，他和托爾金等人組成了"墨友會"（Inklings）

---

12 黃宗羲："學校"，《明夷待訪錄》，中華書局，1981。

[13]，常年累月在咖啡酒館留連。在美酒咖啡、紙張鉛筆和煙斗中消磨歲月，他們海闊天空的漫談中誕生了《納尼亞傳奇》和《指環王》等巨著。作為情人，他留下了《卿卿如晤》，記錄了一生中唯一的愛情，稍縱即逝、催人淚下。作為虔誠信徒，他寫出了《返璞歸真》等護教名篇。

路易斯還是蘇格拉底俱樂部的創辦人。這是開放辯論會。從 1942 年開始，每週一晚上圍繞上帝是否存在等問題激辯。在路易斯的主持下，辯論會以蘇格拉底的“追隨論證”為信條，以理智為美德，以坦然、勇敢的心直面古老問題，以開放的胸襟歡迎不同立場的人們一起探索真理。路易斯是俱樂部的首任主席，有時他也親自上陣擔任辯手。最出名的一次是和維特根斯坦唯一的女弟子安斯伉（Elizebeth Anscombe）辯論自然主義和有神論孰優孰劣。Athony Flew 的名篇“神學與證偽”也源自此辯論會。

此舉在當時頗有開風氣之先的氣象。此前，嚴肅的學術界排斥關於上帝的主題已經很久，除非你是在神學院裏自說自話。而知識界以不友好的謾罵來對待神學已成慣例，其中有尼采等人百無禁忌的豪言壯語。一種心平氣和並理智嚴肅的態度來討論上帝，使人們耳目一新。這種風氣慢慢開始產生影響。連老牌反神學家羅素都開始轉變。他也許嫌牛津的舞臺太小，就和資深的哲學史家 Frederick Copleston 跑到英國廣播公司去辯論，題目就是上帝是否存在。學界對上帝封閉的態度也在轉變。哲學-神學的主題慢慢成為學術上嚴肅的問題。在後來的幾十年裏，宗教哲學的一步步崛起就是發端於此。時至今日，儘管還是有一些“戰鬥的無神論”，大體上而言，在西方，尤其在英語世界，圍繞上帝的學術討論是健康的友好的。羅威廉在過去幾十年裏是令人敬重的哲學家，惡的問題的討論一大部分和他的名字連在一起。他本人是無神論者，卻和柏亭格、懷士察等人是惺惺相惜的老友。在他的著作裏，他倡導一種“友善的無神論”[14]。有理由相信，也應當樂觀，這種友好的共同探索還將繼續在路上，並將有更多人加入其中。

本書至此走完了漫長的論證之路。現在作個簡單回顧。本書思考兩個問題，第一問題，有神信念是否為真；第二問題，有神信念知識上地位如何，有無辯護，有無保證等。到此為止，本書的得到的答案是，有神信念是否為

---

13 Inklings 來自古英語，其實是輕聲細語的意思，引申為想像、暗示、跡象等。但托爾金說他們之所以如此自稱，也因聚會時常各自誦讀墨蹟未乾的初稿。

14 Rowe, William, *Philosophy of Religion*, Belmont:Wadsworth, 2007, p.131.

眞，學理上而言正和反的立場都沒有決定性的結論。而知識上而言，有神信念可以得到辯護，並比與之相對的其他信念有優勢。

本書第一部分考察有神論證，引入休謨問題不可解的結論，說明歸納的有神論證都無法保證爲眞。演繹的有神論證即是本體論證，而由於上帝這個特殊的概念，本體論證都不免陷入循環。現代的模態本體論證，挖掘了一個古老的本體論證版本，並在可能世界理論下對有神論證有了更深的理解，但本體論證的本質沒有改變，同樣不能得到一個確定的結論。

反有神信念的論證最重要的形式是惡的問題。惡的問題有矛盾的和證據的兩種形式。矛盾的惡的問題，是指有神信念和惡的存在之間是不一致的，不可能同時爲眞。由於惡的存在無可否認，有神信念就是假的。對此的回應是自由意志辯護。自由意志辯護目標不在爲惡的存在提供理由，而是要闡明有神信念和惡的存在沒有必然的矛盾。這需要引入自由意志和人的普遍墮落的概念，並在可能世界的理論下，得出兩者可以相容的結論。證據的惡的問題，不再指責有神信念的矛盾，而是強調現實中無數的惡與苦難，明顯是毫無目的毫無意義，這些無意義的惡就構成證據，足可表明並沒有有神信念所理解的那樣一位上帝。對證據的惡的問題的回應，指出這問題背後有一個預設，即人類理解的善惡與上帝的理解等同。但這個預設是很可疑的。有神信念理解的上帝和人類，兩者之間有深深的知識鴻溝，即，在人看來毫無意義的惡，很有可能在上帝的計劃裏是合理的和有意義的。從此出發的對證據的惡的回應，其中代表是 Noseeum 類比。因此，反有神信念的論證也是不成功的。結合有神論證的不成功，就得到本書第一個問題的結論，即有神信念的眞假都無法得到確定的答案。

本書接下來考察有神信念的知識地位。柏亭格爲代表的改革宗知識辯護，前後期有不同的側重點，可看做是有神信念辯護的兩個不同目標。前期的重點是要建立有神信念知識上的合法地位和合理性，比如有神信念是知識上有辯護的或者是有保證的。柏亭格一方面拒斥古典基礎主義的知識圖景，另一方面接受另一種基礎主義，在其中有神信念和他心、記憶等基本信念有等同地位，都是恰當基本的，無需論證無需證據的。

有神信念的知識辯護要面對一種信念的多元困境。即，有神信念能夠在知識上得到辯護，比如論證自己是恰當基本的信念，那麼其他對立的信念是否也可以？在信念的多元困境中，如果無法論證對立的立場有知識的缺陷，堅持自己的立場就是武斷的非理性的。因此，後期的改革宗知識辯護重點就在反駁對立的立場，尤其是哲學上的自然主義。作爲與有神信念對立的立場，自然主義的主要形式是一個久遠的傳統，即對有神信念的啓蒙批判。柏亭格認爲啓蒙批判的代表是佛洛伊德和馬克思等人的宗教理論。他在 WCB 中重點反駁這些理論。但本書指出，WCB 對啓蒙批判的理解有誤。柏亭格的辯護最終要取決於反自然主義的論證。反自然主義論證的中心論題是，自然主義有潛在的自我挫敗，而有神信念則是自洽融貫的。因此，如果承認有些根源論證是符合常識的，就可以接受有神信念比之競爭的立場有優勢。本書的結論是，有神信念不僅可以得到辯護，還比之對立的立場有優勢，由此有神信念的知識辯護是成功的。

有必要指出，這是一個很有限也很溫和的結論，既沒有論證有一個上帝，也沒有論證自然主義是假的。上帝，有還是沒有？那最終的答案，也許是個被設計的謎團。有神信念辯護能夠建立的論題是很弱的，是保守謙卑的。這個辯護甚至沒有在知識上爲有神信念給出決定性的結論，而僅僅是從比較優勢的角度說明，相對於相反的立場，有神信念是比較合理的一個選擇。儘管這辯護很有限，對自然主義構成的挑戰還是非常明顯的。首先，不管在經驗和科學的角度，還是哲學論證的角度，它都無法建立有神信念爲假的命題。其次，它也無法從知識的角度來指責有神信念沒有辯護或沒有保證，相反，它自己要面對這樣的指責，即自然主義者無法自我辯護。正是從這意義上說，有神信念的知識辯護是成功的。

本書最後討論了信念分歧和寬容原則，論證有神信念的獨一論能夠得到辯護，多元論則站不住腳。本書指出處理信念分歧的原則是寬容。不寬容的惡，其源頭是無知，因此有必要保障一個開放的知識環境。而哲學王的危險，恰在於會導致整體陷入封閉的知識環境。最後指出，哲學上而言，無知的困境是始終可能的，沒有一勞永逸的方案，不能放棄的是對無知的警惕，在眾多的壞的選項中選一個不那麼壞的選項。本書始於有神論證的討論，卻最終走到信念分歧的分析，由此涉及了社會和倫理的原則。這看似是意外和突兀，卻是追隨論證，一步步到達。這可以說是一個例證，說明思想的整體不可分。人文的或社會的理論，不管如何專業化，背後總有形而上的預設。從另一方面而言，形而上的預設，看起來遙遠玄虛，卻最終引出具體的人文和社會理論的結論。這種思想的整體不可分割，並不是新的發現。柏拉圖的對話錄，從討論如何學習幾何，卻一步步走到美德培育和哲學王的安邦治國。本書可以看做一個嘗試，即是從有神信念的形而上預設開始，可以推演出什麼，而與其相反的自然主義的預設，又可以推演出什麼。結果是自然主義得到一個壞消息。

然而，對許多人來說，這恐怕不是關於上帝問題的一個好答案。也正因如此，可以期待一個更好的論證，一個更好的答案。尤其期待華語學界在此領域有新的突破。如前面導言所述，基督教進入中國已有一千多年的歷史，但在有神信念的基本議題上，華語學界鮮有純粹之思。唯願本書是個開始。不管如何，可以相信追隨論證能到達一個更好的前景。所以，這裏以蘇格拉底的故事結束此書。在《理想國》裏，蘇格拉底和朋友討論何為正義。他們提出了一個個方案，但都好像不夠好。後來，他們談起了文學。蘇格拉底說，要討論一下可不可以允許詩人吟誦時採用模仿的方式。他的朋友說，你看來就要進一步討論是否允許喜劇悲劇進入我們城邦。蘇格拉底回答，可能不僅限於此，但我自己實在不知道。他接著就道出了自己的格言，"我們要追隨論證，不管結論如何"（Follow the argument wherever it leads）（Republic, 394d）。

參考文獻

1. Alston, William, Perceiving God：the Epistemology of Religious Experience, Ithaca：Cornell University Press, 1991.

2. Anderson, C. Anthony, "Lewis' Anti-naturalism Argument", http：//www. philosophy.ucsb.edu/faculty/anderson/lewisanti.html, downloaded Mar 29, 2010.

3. Anselm, Basic Writings, translated by Sidney Norton Deane, Chicago and La Salle：Open Court Publishing, 1962.

4. Aquinas, Thomas, Basic Writings, Random House, 1945.

5. Augustine, Confessions, translated by F. J. Sheed, Indianapolis：Hackett Publishing, 2006.

6. Ayer, Alfred, *Language, Truth, and Logic*, London：Gollancz, 1936.

7. Baker, Deane-Peter, Ed., Alvin Plantinga, Cambridge：Cambridge University Press, 2007.

8. Beilby, James, ed., Naturalism Defeated, Ithaca：Cornell University Press, 2002.

9. Calvin, John, Institutes of Christian Religion, translated by Henry Beveridge, Grand Rapids：Eerdmans, 1989.

10. 陳方正：《繼承與叛逆：現代科學爲何出現於西方》，北京：三聯書店，2009。

11. Clark, Kelly James, Return to Reason, Grand Rapids：Eerdmans, 1990.

12. — ed., Philosophers Who Believe, InterVarsity Press, 1993.

13. Copi, Irving M. Cohen, Carl. Flage, Daniel E. Essentials of Logic, Upper Saddle River, NJ：Pearson Education, 2007.

14. Corcoran, Kevin, Rethinking Human Nature：A Christian Materialist Alternative to the Soul, Grand Rapids：Baker Academic, 2006.

15. Craig, William L., Sinnott-Armstrong, Walter, God? - A Debate Between a Christian and an Atheist, New York：Oxford University Press, 2004.

16. Davies, Brian, An Introduction to the Philosophy of Religion, New York：Oxford University Press, 2004.

17. 笛卡爾：《第一哲學沉思集》，龐景仁譯，北京：商務印書館，1998。

18. 笛卡爾：《談談方法》，王太慶譯，北京：商務印書館，2001。

19. Dole, Andrew, Chignell, Andrew, ed. God and the Ethics of Belief, Cambridge University Press, 2005.

20. Draper, John, History of the Conflict Between Religion Science, New York：Appleton, 1874.

21. Edwards, Paul, Madigan, Timothy, God and the Philosophers, Prometheus Books, 2008.

22. Feldman, Richard, "Plantinga on Exclusivism", Faith and Philosophy, Vol 20, Issue 1, Jan 2003.

23. ― Epistemology, Upper Saddle River, NJ：Pearson Education, 2003.

24. ― "Respecting the Evidence", Philosophical Perspectives, 2005, 19：95-119.

25. ― "Epistemological Puzzles About Disagreement." In Epistemology Futures, ed. Stephen

26. Hetherington, Oxford University Press, 2006.

27. ― "Reasonable Religious Disagreements." in Philosophers Without Gods：Meditations on Atheism and the Secular Life, edited by Louise Antony, Oxford University Press, 2007.

28. ― Disagreement, with Ted Warfield（eds.）, Oxford University Press, 2008.

29. Feuerbach, Ludwig, The Essence of Christianity, translated by George Eliot, （Prometheus Books, 1989）.

30. Flew, Anthony, MacIntyre, Alasdair, ed., New Essays in Philosophical Theology, London：SCM Press, 1955.

31. Flint, Thomas, and Rea, Michael, edited, The Oxford Handbook of Philosophical Theology, Oxford University Press, 2009.

32. Gettier, Edmund, "Is Justified True Belief Knowledge", Analysis 23（1963）.

33. Goetz, Stewart & Taliaferro, Charles, Naturalism, Grand Rapids, Michigan：Eerdmans, 2008.

34. Hacking, Ian, The Emergence of Probability, Cambridge University Press, 1975.

35. Harris, James F., Analytic Philosophy of Religion, kluwer Academic, 2002.

36. Peter Harrison, The Bible, Protestantism, and the Rise of Natural Science （Cambridge University Press, 1998）.

37. Hartshorne, Charles, Man's Vision of God and the Logic of Theism, Willett, Clark & Company, 1941.

38. ── Anselm's Discovery：A Re-Examination of the Ontological Proof for God's Existence, La Salle：Open Court, 1965.

39. Hayek, Friderick, Road to Serfdom, London：George Routledge & Sons, 1944.

40. Hick, John, The Existence of God, ed., Macmillan, 1964.

41. ── God Has Many Names. Philadelphia：Westminster, 1982.

42. An Interpretation of Religion, New Haven：Yale University Press, 1989.

43. Evil and the God of Love, 2d. ed. New York：Palgrave Macmillan, 1966/2007.

44. Hoitenga, Dewey, Faith and Reason From Plato to Plantinga, Albany：SUNY Press, 1991.

45. Hooykaas, Reijer, Religion and the Rise of Modern Science, Grand Rapids：Eerdmans, 1972.

46. 休謨：《人類理解研究》，北京：商務印書館，1997。

47. 黃宗羲：《明夷待訪錄》，北京：中華書局，1981。

48. Hume, David,Dialogues Concerning Natural Religion, Part V（1779） in Philosophy of Religion, ed. Eleonore Stump and Michael J. Murray, Malden, MA：Blackwell Publishing, 1999.

49. ── An Enquiry Concerning Human Understanding, Indianapolis：Hackett Publishing, 1977/1993.

50. Hurley, Patrick J., A Concise Introduction to Logic, Wadsworth / Thomson Learning, 2003.

51. James, William, The Varieties of Religious Experience, New York：Longmans, Green, 1916.

52. 鞠實兒：《非巴斯卡歸納概率邏輯研究》，杭州：浙江人民出版社，1993。

53. Ju, Shier, The Proofs of the Unsovability of Hume Problem in 《邏輯、哲學與人工智能》，廣州：中山大學出版社，1999。

54. Kant, Immanuel, Critique of Pure Reason, translated by Norman K. Smith, Macmillan Press, 1933.

55. 康德：《純粹理性批判》，藍公武譯，北京：商務印書館，1997。

56. Leibniz, G. W. Discourse on Metaphysics and Other Essays, Indianapolis：Hackett Publishing, 1991.

57. ── Theodicy, La Salle：Open Court Publishing, 1985.

58. 李之藻、傅汎際：《名理探》，北京：商務印書館，1935。

59. Locke, John, *Two Treatises of Government*, Peter Laslett（ed.）, Cambridge：Cambridge University Press, 1988.

60. 馬建忠：《馬氏文通》，北京：商務印書館，1998。

61. Mackie, John L., "Evil and Omnipotence", Mind 64（1955）.

62. — The Miracle of Theism, Oxford：Clarendon, 1982.

63. Malcolm, Norman, 1960, "Anselm's Ontological Arguments", *Philosophical Review*, 69：41–62

64. Martin, Michael, Atheism：A Philosophical Justification, Philadelphia：Temple University Press, 1990.

65. Mason, Stephen, A History of the Sciences, Collier Books, 1968.

66. 馬克思、恩格斯：《馬克思恩格斯全集》，第一卷，（蘇）蘇共中央馬克思列寧主義研究院編譯，中共中央馬克思恩格斯列寧斯大林著作編譯局譯，北京：人民出版社，1956。

67. Meeker, K, and Quinn, P.（eds.）, *The Philosophical Challenge of Religious Diversity*, New York：Oxford University Press, 2000.

68. Merricks, Trenton, "Warrant Entails Truth", Philosophy and Phenomenological Research, 55（1995）.

69. Merton, Robert, Sciences, Technology and Society in 17th Century England, Harper & Row, 1970. Moore, G. E., G. E. Moore：Selected Writings, T. Baldwin（ed.）,（London：Routledge, 1993）,

70. Nagel, Thomas.（2008）. "Public education and intelligent design", Philosopy & Public Affairs, 36（2）, 187-205.

71. Nagel, Thomas, The Last Word, Oxford University Press, 1997.

72. Needham, Joseph, Sciences and Civilizations in China（SCC）, Cambridge University Press, Volume I-VII, 1954-2004.

73. Paine, Thomas, RIGHTS OF MAN：BEING AN ANSWER TO MR. BURKE'S ATTACK ON THE FRENCH REVOLUTION, London：G.P. PUTNAM, 1894.

74. 帕斯卡：《思想錄》，何兆武譯，北京：商務印書館，1997。

75. Pirece, Charles, Values in a Universe of Chance：Selected Writings of Charles S. Pierce, Stanford University Press, 1958.

76. Plantinga, Alvin. The Ontological Argument, ed., Garden City：Anchor Books（Doubleday）, 1965.

77. — God and Other Minds, Ithaca：Cornell University Press, 1967.

78. — God, Freedom and Evil, New York：Harper Torchbook, 1974a.

79. — The Nature of Necessity, Oxford：Clarendon Press, 1974b.

80. — Does God Has a Nature, Milwaukee：Marquette University Press, 1980.

81. — Faith and Rationality, ed. With Nicholas Wolterstorff, Notre Dame, 1983.

82. — Warrant：The Current Dabates, New York：Oxford University Press, 1993.

83. — Warrant and Proper Function, New York：Oxford University Press, 1993.

84. — Warranted Christian Belief, New York：Oxford University Press, 2000.

85. — with Dennett, Daniel. Science and Religion：Are they Compatible?, New York：Oxford University Press, 2010.

86. — Where the Conflict Really Lie：Science, Religion and Naturalism, New York：Oxford University Press, 2011.

87. Plato, The Dialogues of Plato, Vol 1-3, translated by Benjamin Jowett, Oxford：Clarendon Press, 1871.

88. — Meno, collected in Readings in Ancient Greek Philosophy, ed. S.Marc Cohen, Patricia Curd, C.D.C. Reeve, Indianapolis：Hackett Publishing, 2005.

89. — Republic, collected in Readings in Ancient Greek Philosophy, ed. S.Marc Cohen, Patricia Curd, C.D.C. Reeve, Indianapolis：Hackett Publishing, 2005.

90. — Theatetus, collected in Readings in Ancient Greek Philosophy, ed. S.Marc Cohen, Patricia Curd, C.D.C. Reeve, Indianapolis：Hackett Publishing, 2005.

91. Polanyi, Michael, The Logic of Liberty. University of Chicago Press, 1951.

92. — Personal Knowledge：Towards a Post-Critical Philosophy, University of Chicago Press, 1958.

93. Popper, Karl, Open Society and Its Enemies, Volume 1, Princeton University Press, 1971.

94. — Unended Quest; An Intellectual Autobiography. Fontana, London, 1976.

95. Rea, Michael , World Without Design, New York：Oxford University Press, 2002.

96. Rowe, William, "Evil and Theodicy", Philosophical Topics 16, no. 2 （1988）：119-132.

97. 1996. "The Evidential Argument from Evil：A Second Look," in Daniel Howard-Snyder（ed.）, The Evidential Argument from Evil, p.263.

98. God and the Problem of Evil, Ed., Blackwell, 2001

99. — Can God Be Free, Oxford University Press, 2004.

100. Russell, Bertrand, Why I am Not a Christian and Other Essays on Religion and Related Subjects, London：George Allen and Unwin; New York：Simon and Schuster, 1957.

101. — The Problems of Philosophy, Oxford：Oxford University Press, 1959.

102. Salmon, Wesley, The Foundation of Scientific Inferences, Pittsburgh University Press, 1967.

103. ─ "Religion and Science：A New Look at Hume's Dialogues" Philosophical Studies 33（1978）.

104. Schuessler, Jennifer, "Philosopher Sticks Up For God", The New York Times, December 14, 2011, New York edition, p.C1.

105. Selinger, Suzanne, Charlotte von Kirschbaum and Karl Barth：a study in biography and the history of theology, Pennsylvania State University Press, 1998.

106. Sennett, James F., Ed, The Analytic Theist, Grand Rapids, Michigan：Eerdmans, 1998.

107. 司馬遷：《史記》，北京：中華書局，1972。

108. 斯賓諾莎：《神學政治論》，溫錫增譯，北京：商務印書館，1963。

109. 孫尚揚：《宗教社會學》，北京：北京大學出版社，2001。

110. Swinburne, Richard, The Coherence of Theism, Clarendon Press, Oxford, 1977.

111. ─ Responsibility and Atonement, Clarendon Press, Oxford, 1989.

112. ─ Is There a God? Oxford University Press, 1996

113. ─ Providence and The Problem of Evil, Clarendon Press, Oxford, 1998.

114. ─ The Resurrection of God Incarnate, Oxford：Clarendon Press, 2003.

115. ─ The Existence of God, Second edition, Clarendon Press, Oxford, 2004.

116. Tien, David, "Warranted Neo-Confucian Belief：Religious pluralism and the affections in the epistemologies of Wang Yangming（1472-1529） and Alvin Plantinga", International Journal for Philosophy of Religion 55：31.55, 2004.

117. Tillich, Hannah, From Time to Time, Stein & Day Publishers, 1973.

118. Tomberlin, James E., van Inwagen, Peter, ed. Alvin Plantinga, Dordrecht：D. Reidel, 1985.

119. van Til, Cornelius, Why I Believe in God, Reformation Translation Fellowship, 2007.

120. von Mises, Ludwig, "Economic Calculation In The Socialist Commonwealth", translated by S. Alder in F.A. Hayek, ed., Collectivist Economic Planning, London：George Routledge & Sons, 1935.

121. ─ Human Action：A Treatise on Economics, Yale University Press, 1949.

122. Wang, Hao, Reflections on Kurt Gödel, Cambridge, MA：MIT Press, 1987.

123. 王浩：《邏輯之旅：從哥德爾到哲學》，邢滔滔等譯，浙江大學出版社，2009。

124. Walton, Douglas, Informal Logic：A Pragmatic Approach, Cambridge University Press, 2008.

125. White, Andrew D., A History of the Warfare of Science and Theology, New York：Appleton, 1896.

126. Wittgenstein, Ludwig, *Tractatus Logico-Philosophicus*, C.K.Ogden（trans.）, Routledge & Kegan Paul, 1955.

127. ─ *Philosophical Investigations*, G.E.M. Anscombe and R. Rhees（eds.）, G.E.M. Anscombe（trans.）, Macmillan, 1953.

128. 沃爾克：《基督教會史》，孫善玲等譯，北京：中國社會科學出版社，1991。

129. Woltorstorff, Nicholas, Lament for a Son, Grand Rapids：Eerdmans, 1987.

130. ─ Divine Discourse：Philosophical Reflections on the Claim That God Speaks,Cambridge University Press, 1996.

131. ─ Thomas Reid and the Story of Epistemology, Cambridge University Press, 2003.

132. Wunder, Tyler, "Review of Warranted Christian Belief", Philo Vol.5, No.1, 2002.

133. Wykstra, Stephen, J. 1984. "The Humean Obstacle to Evidential Arguments from Suffering：On Avoiding the Evils of 'Appearance'," International Journal for Philosophy of Religion 16：73-93.

134. "Rowe's Noseeum Argument from Evil", in Daniel Howard-Snyder（ed.）, The Evidential Argument from Evil, Bloomington：Indiana University Press, 1996.

135. "'*Not Done in a Corner*'：How to be a Sensible Evidentialist About Jesus", Philosophical Books 43, no. 2, April 2002.

136. "Does Skeptical Theism Force Moral Skepticism? Hesitations over Bergmann's Defense", Reason, Metaphysics and Mind, edited by Kelly James Clark and Michael Rea, Oxford University Press, 2012, pp. 30-31.

137. 徐光啓：《徐光啓集》，王重民輯校，北京：中華書局，1963。

138. 許志偉：《基督教神學導論》，北京：中國社會科學出版社，2001。

139. 禤慶文："自然主義的下降之路"，《基督教思想評論》，許志偉主編，第11輯，2010。

140. ─ "保證與基督教信念"，《邏輯學研究》，2010。

141. Zagzebski, Linda, "The Inescapability of Gettier Problems" Philosophical Quaterly 44（1994）.

142. 周禮全：《模態邏輯引論》，上海：上海人民出版社，1986。

143. 周偉馳：《彼此內外：宗教哲學的新齊物論》，北京：宗教文化出版社，2008。

144. 趙紫宸："對於信經的我見"，《生命》1920年11月。

致　謝

此書初稿爲博士論文，以下是原博士論文的致謝。

自重返校園求學到博士論文完成，期間經歷，有如個人的出埃及。所幸求眞路上，有眾多師友同行。學問於我，不是個人成就之事，乃爲多人的關愛所成。

感謝鞠實兒老師的栽培。當年讀本科時，鞠師就鼓勵我走向學術之路。後來我曾多年遠離學問，每有見面機會，他都引爲憾事，都督促我重返校園。現最終在鞠師門下完成博士論文，師門之情，難以言表。

張憲老師多年前引領我走入西方哲學的門徑，後來在其指導下學習基督教哲學。張師不僅言傳身教，每有學者來訪，也都召我聽課或接待。這些年海內外基督教哲學的各流派學者都有接觸。無數次的講座和餐敍，使我的學問不覺間上升一層。張師的關懷提攜，也使我有機會海外訪學。

我從馮達文老師那裏得到中國哲學的啓蒙。得馮師指引，不僅沉思本體，也心儀白沙之詩那鳶飛魚躍的自由之境。我重返校園後，馮師亦多有關懷。

感謝陳少明和李蘭芬伉儷。本科時常得陳師指點，並指導我的畢業論文。讀研究生時李老師則給我上第一門課。重返中大求學，我有幸從陳師習得半部論語。後來我海外奔忙，再無緣後半部。然新會梁任公有言，論語精華在前半部，後半部則多僞作。半部論語，其天命乎？

感謝劉小楓老師，從他所學不僅希臘文和拉丁文，座上春風，熙育良多。蒙劉老師厚愛給我拉丁文優等成績，並鼓勵我多作譯事。今日於我，拉丁文止於查考傑柔米譯本，並在 Kyrie eleison 樂聲裏，才會想起劉老師的課堂。至於譯事，至今幾爲空白。有負所望，實爲慚愧。

感謝龔雋老師，我不僅在課堂上跟他學到知識，更在他的茶桌上聆聽教誨。使我驚喜的是，龔老師也是古典音樂的知音。

邏輯所的諸位師長，給我幫助良多。尤其是任遠和周振忠，論師門之年，他們是我師弟，但我讀博士，他們是我的老師，且是難得的好老師。我的論文所涉，一為基督教哲學，二為邏輯和分析方法。兩位老師的分析方法訓練，於我的論文至關重要。

從本科到博士，我都在中大就讀。我好讀書而不求甚解，率性馳騖，不知所之。所幸得遇良師甚多，負笈嶺南，如沐春風。在不同的領域，都得遇良師益友。我感謝諸位師長，這裏難以一一列舉他們的名字。尤為感觸的是信任和寬容。他們認為我是讀書人，卻從不過問成績分數。我問學多年，臨近畢業還沒有一篇論文發表，幾成傳奇。這種信任，使我感激，也生愧意。

楊熙楠先生和道風山的諸位師長，為我的訪問付出辛勞。林雅各博士（Dr. James Rimbach）尤其厚恩惠我。他到中大講授舊約，我曾聽課一學期。後問學道風山，再從林博士學習希伯來文，每週到他家聆聽教誨。林博士學問淵深，述而不作，乃古典學的博雅君子。一次見他朗誦錄音一段拉丁文，原來他要指導一個聖樂團的演出排練。我案上許多研經書籍乃林博士所贈。去歲驚聞林博士辭世。手撫經文，每有疑難，已無處問津，其痛何如。

我到 UBC Regent College 訪學，許志偉博士和 Regent 中研部的老師關懷備至。美麗溫哥華，大海雪山，浩浩林海，在此不僅得良師教益，更有天風滌蕩胸懷，與蝸居中土不可同日而語。我從 Dr. Oliver Crisp 修讀一門 Incarnation，深入基本教義問題，所得甚豐。許博士安排我報告論文題目，得到 Dr. John G. Stackhouse, Jr. 指點，並惠贈他的著作。Loren & Mary-Ruth Wilkinson 殷切關懷，恍如昨日。

密西根 Calvin College 的懷士察博士（Dr. Stephen Wykstra）是我的良師。懷氏授徒，大有我中土書院山長之古風，又如蘇格拉底求真之藝術。然而，他的言傳身教（他稱之為 hand to hand mentoring）令許多學子視為畏途。一次幾個劣徒懶惰頹廢，引來他一頓獅子咆哮。改革宗知識論，我原有諸多疑難，經懷博士課堂錘打雕琢，始得豁然明朗。得窺懷氏授徒之藝的奧妙，尤為可喜。Dr. Kevin Corcoran 不僅引領我深思靈魂的本質，我家初抵大溪城時，他還充當我們的車夫。Dr. Kelly J. Clark 為我的訪問多有辛勞，還幫我收集資料書籍。其餘 Calvin 諸師，都熱情有加。

　　我亦感謝諸位學友的厚誼。林淵雷是技術專家，於我論文多有中肯建言，這些年來和淵雷的討論，使我受益匪淺。東區的文虎堂，曾有兩年我們一家三口蝸居於此。此間諸友，如徐敏、陳召萬、黃劍、肖有志、李松華\小王夫婦等，都曾幫忙照看小兒哲培。我更懷念那參天古樟下的品茗暢談。

　　不管我飄泊何處，都有教會的弟兄姐妹在身旁。我們家在密西根期間，大溪城華語教會陳廣善牧師和眾弟兄姐妹給我們無微不至的關懷。我到各地都有參與帶領查經小組，我感謝所有曾參加查經的人，特別是在溫哥華和中大北門外富江閣團契的朋友們。這些查經班，也許是我所知的最好的神學研討會了。富江閣團契的眾聖徒這些年和我一起奔跑天路歷程。我感謝他們無止息的愛。我付出的微薄，得到的卻是豐盛。

　　感謝家人的支持。他們都不知我的學問為何物，卻都支持我一路走來。父母曾是南嶺深處山村小學教師，養我育我，教我讀書識字。我負笈遠遊，父母前難有侍奉，全賴姐姐、哥哥和弟弟。母親在我訪問加拿大期間辭世，之子萬里，不在親旁。如今子欲養而親不在，思之尤痛。

　　感謝妻子玉梅的陪伴和操勞。她的理想即是家庭主婦。這是無有比之更大可想的職份（a vocation than which nothing greater can be conceived）。她還是我們家的理髮師。我為她驕傲，也感愧疚，我們家還沒有更好的廚房。我尤其要感謝兒子哲培（Jacob）和女兒哲蘭（Eva），他們是我生命中最美好的恩賜。他們的降生來臨，向我啟示的真理，遠超安瑟倫等人的論證。Eva在我們訪問密西根期間出生，帶來出人意外的驚喜和平安。回想飛雪中樹樹瓊瑤的大溪城，和無數的關愛問候，心內至今溫暖。在這舉世瀟灑的世代，蚱蜢成為負擔，孩童不受歡迎，若生兒育女甘之如飴，恐為異類。但我以哲培和哲蘭為喜樂，這論文即是獻給他們。

2010夏於廣州中山大學

補記一：

博士論文答辯後，我到 TCU Brite Divinity School 訪問一個學期，此書的修訂寫作即完成於此。感謝 Dr. Leo Perdue 和楊熙楠先生的慷慨相助。沒有TCU二十四小時開放的圖書館，此書寫作無法想像。那是讀書寫作的美好時光。我懷念圖書館舒適的沙發和咖啡的芳香。今秋到南京東南大學任教，得到樊和平博士和東大諸位同仁的關愛。這是個愉快的學術共同體。感謝王俊博士的邀請，曾在他主持的學術沙龍報告第四章"惡的問題"，與會諸友的熱情，使我知道，求眞之路上，吾不孤也。

2011 於南京的梧桐落葉秋聲裏

補記二：

　　此書出版頗費周折。在此過程中，許多師友都關心此書的命運，給我關懷和鼓勵。包兆會、趙浩、張洪銘、任春強、劉秦閏、卜俊蘭閱讀了部分書稿，找出許多筆誤疏漏並提出批評指正。時日加增，我對朋友們就所欠越多。但一本書中的錯誤總還會有。不管錯誤多少，都是我的，而感激之情是給朋友們的。九龍湖邊每週五的下午茶時間，不少學生和朋友都有參與討論此書相關主題。同學們尤其對洞穴和知識的問題有興趣。湖邊花木四時變幻，對真（truth）的追尋始終如一。風乎舞雩，綠竹猗猗。為學之樂，乃至如斯。這一切都如此美好，我對此深深感激。

2013 夏於江甯九龍湖

臺灣版《追隨論證》致謝

感謝張欣博士，是她的熱心使得這本書能夠有個臺灣版。一個偶然的機會，與其他朋友參加香港長洲島上鮑思高 Salesian House 的一個神學討論班，並由此認識張欣。一周的時間裏，蒼天碧海，小鳥飛鳴。在奇妙的創造中，朋友們一起切磋暢談。這個版本可作爲友誼的紀念。

此書 2013 年在大陸出版時，有關部門審查刪改了部分內容。此次臺灣版都補全了。臺灣在華人世界中，是獨特寶貴的一部分。這個完整版在台出版，就是一個明證。

此書出版以來，不少朋友給我鼓勵和回應。熟悉基督教學術的人容易看到，這本書涉及許多論證和分析，固然是哲學的和邏輯的，但從討論的議題來看，此書也是神學的。今日中國，神學與教會是脫節的。中國教會雖然發展迅猛，但神學-哲學的話語和資源依然是西方學界所主導。這並不是說中國知識人缺少理智思考的傾向和能力。這背後的一個基本事實就是，中國大陸還沒有一個開放的神學教育和神學討論的環境。在這情況下，臺灣和海外華人開放的神學環境，尤爲重要。

基督教進入中國已有一千多年歷史，只是在近幾十年才有異乎尋常的迅速成長。基督在中國，這是個事實，而非僅僅是個討論的議題。但基督教信念是合乎理性的嗎？基督教教義的基本內容，到底學理上是否講得通？這是亙古常新的問題。這是面對終極奧秘的思想歷險。世俗化以來的西方，知識人常要面對這些問題。現在，基督在中國的時代，更多的中國知識人也進入這個思想歷險。這本書無意提供一套答案，只期待這個臺灣版能在更廣的華人世界，激發更多人來思考這些基本問題。

福音書上說，時候到了，現在就是。這裏說的時候到了，是那自由永有者自己的時間。在經上，這個時間常常就是凱諾斯（kairos）。凱諾斯，時機之女神，就是關鍵的時刻。有理由相信，這個時代正是中國的關鍵時刻。

2015 年夏，江寧